人文与社会译丛
刘东 主编　彭刚 副主编

启蒙的时代

十八世纪哲学家

[英国]以赛亚·伯林 著
孙尚扬 杨　深 译
韩水法 校

译林出版社

图书在版编目（CIP）数据

启蒙的时代：十八世纪哲学家 / (英) 伯林 (Berlin, I.) 著；孙尚扬，杨深译. —南京：译林出版社，2023.9

书名原文：The Age of Enlightenment

ISBN 978-7-5447-9697-2

Ⅰ.①启… Ⅱ.①伯… ②孙… ③杨… Ⅲ.①哲学家-评传-欧洲-18世纪 Ⅳ.①B504

中国国家版本馆 CIP 数据核字 (2023) 第 079237 号

著作权合同登记号　图字：10-2020-216号

For more information about Isaiah Berlin visit https://isaiah-berlin.wolfson.ox.ac.uk/

启蒙的时代：十八世纪哲学家　[英国] 以赛亚·伯林 / 著　孙尚扬　杨　深 / 译

责任编辑　陶泽慧
装帧设计　胡　苨
校　　对　韩水法
责任印制　董　虎

原文出版　New American Library, 1960
出版发行　译林出版社
地　　址　南京市湖南路 1 号 A 楼
邮　　箱　yilin@yilin.com
网　　址　www.yilin.com
市场热线　025-86633278
排　　版　南京展望文化发展有限公司
印　　刷　江苏凤凰扬州鑫华印刷有限公司
开　　本　880 毫米 × 1240 毫米　1/32
印　　张　7.875
版　　次　2023 年 9 月第 1 版
印　　次　2023 年 9 月第 1 次印刷
书　　号　ISBN 978-7-5447-9697-2
定　　价　66.00 元

主 编 的 话

刘 东

总算不负几年来的苦心——该为这套书写篇短序了。

此项翻译工程的缘起,先要追溯到自己内心的某些变化。虽说越来越惯于乡间的生活,每天只打一两通电话,但这种离群索居并不意味着我已修炼到了出家遁世的地步。毋宁说,坚守沉默少语的状态,倒是为了咬定问题不放,而且在当下的世道中,若还有哪路学说能引我出神,就不能只是玄妙得叫人着魔,还要有助于思入所属的社群。如此嘈嘈切切鼓荡难平的心气,或不免受了世事的恶刺激,不过也恰是这道底线,帮我部分摆脱了中西"精神分裂症"——至少我可以倚仗着中国文化的本根,去参验外缘的社会学说了,既然儒学作为一种本真的心向,正是要从对现世生活的终极肯定出发,把人间问题当成全部灵感的源头。

不宁惟是,这种从人文思入社会的诉求,还同国际学界的发展不期相合。擅长把捉非确定性问题的哲学,看来有点走出自我囿闭的低潮,而这又跟它把焦点对准了社会不无关系。现行通则的加速崩解和相互证伪,使得就算今后仍有普适的基准可言,也要有待于更加透辟的思力,正是在文明的此一根基处,批判的事业又有了用武之地。由此就决定了,尽管同在关注世俗的事务与规则,但跟既定框架内的策论不同,真正体现出人文关怀的社会学说,决不会是医头医脚式的小修小补,而必须以激进亢奋的姿态,去怀疑、颠覆和重估全部的价值预设。有意思的是,也许再没有哪个时代,会有这么多书生想要焕发制度智慧，这既凸显了文明的深层危机，又表达了超越的不竭潜力。

于是自然就想到翻译——把这些制度智慧引进汉语世界来。需要说明的是，尽管此类翻译向称严肃的学业，无论编者、译者还是读者，都会因其理论色彩和语言风格而备尝艰涩，但该工程却绝非寻常意义上的“纯学术”。此中辩谈的话题和学理，将会贴近我们的伦常日用，渗入我们的表象世界，改铸我们的公民文化，根本不容任何学院人垄断。同样，尽管这些选题大多分量厚重，且多为国外学府指定的必读书，也不必将其标榜为“新经典”。此类方生方成的思想实验，仍要应付尖刻的批判围攻，保持着知识创化时的紧张度，尚没有资格被当成享受保护的“老残遗产”。所以说白了：除非来此对话者早已功力尽失，这里就只有激活思想的马刺。

主持此类工程之烦难，足以让任何聪明人望而却步，大约也惟有愚钝如我者，才会在十年苦熬之余再作冯妇。然则晨钟暮鼓黄卷青灯中，毕竟尚有历代的高僧暗中相伴，他们和我声应气求，不甘心被宿命贬低为人类的亚种，遂把迻译工作当成了日常功课，要以艰难的咀嚼咬穿文化的篱笆。师法着这些先烈，当初酝酿这套丛书时，我曾在哈佛费正清中心放胆讲道：“在作者、编者和读者间初步形成的这种‘良性循环’景象，作为整个社会多元分化进程的缩影，偏巧正跟我们的国运连在一起，如果我们至少眼下尚无理由否认，今后中国历史的主要变因之一，仍然在于大陆知识阶层的一念之中，那么我们就总还有权想象，在孔老夫子的故乡，中华民族其实就靠这么写着读着，而默默修持着自己的心念，而默默挑战着自身的极限！”惟愿认同此道者日众，则华夏一族虽历经劫难，终不致因我辈而沦为文化小国。

一九九九年六月于京郊溪翁庄

目 录

导 论

当人们提出有关自己或他人的问题时——尽管这些问题迥然相异,却具有一些共同特征——哲学问题便应运而生。这些问题往往是非常一般性的,包括一些原则问题,并且很少或者根本不关心实际功用。但是,使这些问题更具特征的是:似乎没有明显的普遍为人接受的程序以便回答这些问题,也没有任何我们可以自动求助的专家能解决这些问题。的确,关于这些问题本身,有一些独特的东西;那些反躬自问的人对他们需要什么样的答案,甚或对怎样着手去发现这些答案似乎没有任何把握。举个例子:如果我们问"1955年在冰岛发现了大乌鸦吗?",我们知道如何开始回答这个问题——正确的答案必须基于观察,而博物学家正是我们能够求援的专家。但是,当人们问"宇宙中有物质客体吗?(或者,也许相反,它是由种种心灵及其状态构成的吗?)",我们采取什么步骤解决这个问题呢?表面上,这两个句子仍有一种相似性。再者,如果我问"滑铁卢战役发生在十七世纪吗?",我们知道怎样去寻求相关的证据。但是,当被问及"宇宙在时间上有开端吗?",我们该怎么办呢?我们晓得怎么回答"你敢肯定他认识你吗?",但是,如果有人想知道"我能永远明了另一个人头脑中所发生的一切吗?",我们怎样给他一个满意的答案呢?回答"为什么爱因斯坦的理论优于牛顿的理论?"比回答"为什么科学家的预言比巫士的预言更为可信(或者相反)?”容易;回答“等式$x^2=2$的正数根是多少?”比回答“有无理数吗?”容易;回答“‘蒙昧主义者’一词的精确意义是什么?”比回答“‘如果’一词的精确意义是什么?”容易;回答“我应该怎样修理这台损坏的打字机?”比回答“我(或者一般意义上的人)应该怎样生活?”容易。

在上面各例中,试图回答每对问题中的第二个似乎都要遇到障碍。正如每对问题中的第一个都有证据充分、广为接受的求解方法一样,第二个问题却没有这种方法。然而,这些问题似乎相当明确,而且对一些人来说,这类问题已经表明它们是令人迷惑不解的,而且着实使人萦怀烦恼。那么,为什么要得到一劳永逸地解决这类问题的答案有如此之多的困难,并且这些问题世世代代总是不断以新的形式出现呢?想提供明确的答案却又屡试不得,由此而产生一种印象:哲学中没有进步,而只有意见的主观分歧,没有发现真理的客观标准。

这些问题及用来提供答案的方法的历史,实际上即是哲学史。不同时代的不同思想家们,都试图在各种观念的构架中,通过各种方法达到关于这些问题的真理,而这些观念的构架和方法,即这些问题本身得到解答的方式自身,由于众多力量的影响而嬗变。这些力量中有年代稍早的哲学家所给的答案,时下流行的道德、宗教和社会信仰,以及科学知识的状态,最主要的还有当时的科学家们所运用的各种方法,尤其是当他们取得了惊人的成就并因而使他们的理解影响他们自己及后代的想象时。

这些问题的一个基本特性是——这一点似乎只是在我们的时代才变得更加显著——无论如何,它们都既不是经验的问题,也不是形式的问题。也就是说,哲学问题不能像经验的问题——无论是科学的还是常识性的——那样通过引证观察结果或经验来予以回答。诸如“什么是至善?”,或者“我怎么能肯定你的感觉与我的感觉相似?”,或者“我怎么能肯定在任何时候都真正地理解你所说的一切,而不只是在我看来是这样?”。这些问题从表面上看,是不能由人类知识的两个伟大工具中的任何一个来予以回答的,这两个工具一个是以经验为根据的研究,另一个是用于形式科学的演绎推理——比如说出现在数学或者逻辑或者语法规则中的那类论证。

确实,几乎可以说,与科学相关的哲学史部分地存在于把那些要么是经验的(归纳的)要么是形式的(演绎的)问题从大量充塞着人们头脑的问题中清理出来,并且把它们归在与之相关的经验或者形式科学的名下。正是通过这种方式,诸如天文学、数学、心理学、生物学等才从哲学的母体中分离出来(它们曾经是哲学的一部分),并开始了作为独立科学的富有成果的事业。只要这些科学解决它们的问题的各种方法尚不明晰,因而易于与其他和它们相对而言少有共性并且彼此间的区别也尚未充分辨明的问题相混淆,它们便滞留于哲学的领地。科学和哲学二者的进展似乎与经验的和形式的成分在其适当领域的累进分配密切相关。然而,由于通常留下没有得到解决(主要是没有得到分析)的问题的核心,这些问题的普遍性、模糊性,最主要是其显著的(或真实的)在经验或形式上的不可解性,赋予它们一种特有的状态,我们倾向于称之为哲学的状态。

达到对这一真理的认知(如果它是一个真理的话)历时甚久。自然的倾向乃是将哲学问题与其他问题一视同仁,并认为哲学问题可以通过类似的方法,尤其是通过在回答这些“其他问题”时甚为成功的方法予以解答。事实上,这些“其他问题”要么呈现为经验的问题,要么呈现为先验问题,尽管二者的区别并不总是被自觉地划分开来。当人类探究的一些分支比如物理学或生物学通过运用这种或那种新的收获丰富的方法,从而赢得令人注目的成功时,总有人试图也将类似的方法用于解决哲学问题,其结果难料。这种企图是人类思维史中一个持久的因素。因此,十七世纪数学方法所取得的史无前例的成功影响了哲学,这不仅是因为当时数学没能明确地从哲学中分离出来,而且因为数学方法也被用于哲学,这种方法即是按照固定的规则从“自明”的公理出发所进行的演绎、内在一致性的验证、先验的方法,适于数学的明晰而严格的标准;这种方法用于哲学的结果是,上面这种特定的模式在这时期的哲学中,也在当时的自然科学中占据统治地位。它导致了引人注目的成功和失误,因为对这些方法的狂热和盲目的运用在一个领域里能取得丰硕的成果,但当它被机械地用于另一个领域里时,并不必然类似于第一个运用这些方法的领域那样产生相同的结果。如果说统治十七世纪的是数学模式,那么,在十八世纪到处被模仿的则是力学模式,更准确地说,就是牛顿的理论体系。事实上,哲学问题是独具特色的,它之类似于力学问题并不多于它类似数学(或生物学,或心理学,或历史学)问题;然而,一个模式与另一个模式对哲学的影响却是非常不同的。正是这一点形成了本书收录的所有非常不同的哲学家的共同特征。

十八世纪也许是西欧历史上认为人类的无限知识这一目标唾手可得的最后一个世纪。上世纪物理学和数学的空前发展改变了普遍持有的关于物理世界的本质,甚至关于真实知识的本质的看法。这种转变是如此之甚,以至于这个时代仍然像一道关卡一样横亘于我们和在它之前的年代之间,并且使得中世纪甚至文艺复兴时期的哲学观念看起来遥远模糊,奇异怪诞,有时甚至不可理喻。将数学的方法和语言运用于感觉所揭示的可测性质一时成为发现与解释的惟一可靠的方法。笛卡尔和斯宾诺莎,莱布尼茨和霍布斯,全都期求赋予他们的论证以数学式的结构。一切能说的必定可以用带有数学性质的语言陈述出来,因为缺乏精确性的语言可能会隐含谬误和含糊性、大量混乱的迷信和偏见,这些正是令人生疑的神学和其他形式的关于宇宙的独断学说的特点,而新科学已逐渐清除并取代它们。牛顿的影响是最强有力的惟一因素,这一状况一直持续到十八世纪。牛顿完成了解释物质世界这一没有先例的任务,这一任务也就是通过相当少的几条关于宏观领域和力的基本规律,使得至少在原则上去确定宇宙中每一物质实体的每一质点及其运动状态成为可能，并且还要一定程度的精确性和简明性，这是此前人们不曾梦想过的。现在，秩序和明晰性君临物理科学的王国：

> **自然和自然规律隐没在黑暗中。**
> **上帝说，要有牛顿！万物俱成光明！**

然而，形而上学、逻辑学、伦理学，以及所有与人类社会生活相关的古代学科却仍停留在一片混乱之中，臣服于以往冥顽不化的时代的思想和语言的混乱。那些被新科学解放出来的人们理应寻求将他们的方法和原理用于那些显然比外在世界更加急需秩序的课题上去，这是自然的，也确实是几乎不可避免的。的确，这一任务至关重要：因为如果没有一幅关于人类心灵的基本“能力”及其运用的可靠、清晰的图画，我们就不能确定应该怎样去界定人类知识的来源及其限度，也不能确定知识的各种形式之间的关系。除非弄清这些问题，否则无法彻底揭穿不学无术又假充内行者之流的主张，也不能将关于物质世界的新图画与对人类甚为重要的其他问题——道德行为、美学原则、历史和社会政治生活的规律、情感和想象的“内在”活动方式，以及其他一切对人类具有头等重要性的问题——充分地联系起来。一种关于自然的科学已被创立，而关于精神的科学也得以创立。二者的目标必须保持同一：在观察（“向内的”或“向外的”）的基础上，必要时在实验的基础上形成一般规律；当形成了这些规律时，由此出发演绎出一些特殊的结论。对每一个真实的问题都有过众多的错误解答，但只有一个是正确的，一旦发现了这个正确的解答，那它就是最终的——放之四海而皆准；最需要的乃是一种可靠的发现答案的方法，而举世无双的牛顿先生已经运用过与这种描述相符的一种方法，如果他的仿效者遵循同样的箴言，也将在人类精神领域里获得并不亚于牛顿的丰硕成果。如果诸种规律是正确的，它们赖以立脚的观察是可靠的，推理是合理的，那么，正确且无可辩驳的结论，将提供关于这迄今为止尚无人探究的王国的知识，并将一改目前无知而又毫无根据地加以推测的混乱状态，从而获得一种各个因素在逻辑上互相关联的明晰而又首尾一致的体系——自然的神圣和谐的理论版本或者类似的东西。而这种神圣和谐对出于人类的无知或懒散或任性的观察是隐而不现的。对一个理性的动物来说，理解它即是在他的所有信念和行动中遵从它，因为只有这样，才能使人幸福、合乎理性且自由无拘。

重要的是，在相信研究结果之前必须保证其手段的效力。这一认识论上的偏好成为从笛卡尔提出怀疑方法一直到十九世纪欧洲哲学的特点，并且在十九世纪哲学中仍是一种强烈的倾向。将有关人类知识的各种形式及其范围的研究成果直接用于政治学、伦理学、形而上学、神学等传统学科，旨在一劳永逸地结束它们的困境，是十九世纪的哲学家们竭力完成的规划。他们尝试运用的原理乃是十七世纪新的科学规范：如果没有实验证据，就不会有来自在中世纪被奉为金科玉律的"自然的"原理的先验演绎，诸如"所有物体在不受任何外力作用的情况下将渐趋静止"，或者为了自我完满天体运行的"自然"轨道必然是圆形的。建立在观察（如由丹麦天文学家第谷·布拉赫搜集的大量资料）和实验（伽利略自己进行的）基础上的开普勒或伽利略定律与这些"自然的"原理是矛盾的。这种对观察和实验的运用需要采用精确的测量方法，并且导致将许多不同的现象用非常精确的、以数学术语普遍地形成的定律联系在一起。其结果是：只有实在的可测量的方面才被认为是真实的，即被认为是可以用方程式描述出来的，这些方程式将现象的某一方面的变化与其他现象的可测量的变化联系起来。认为自然是由不可化减的特性与不可逾越的"自然的"品种复合而成的整个观念最终被抛弃了。亚里士多德的终极因范畴被当做不科学的东西抛弃了，而且实际上在涉及到没有意志和目的的无生命实体时，这一范畴被当做不可理喻的东西抛弃了——终极因范畴是根据每一个客体实现自己的内在目的或外在目标的“自然”倾向而对现象所作的解释。这种解释也是对客体为什么存在及它试图履行什么样的功能等问题的回答——而对这些观念在原则上不能找到任何经验的或实验的证据。那些形成现象的并存状况的规律——各种事物和事件之间被观察到的秩序和联系——足以描述宇宙中一切可以描述的东西，预测一切可以预测的东西，而不必引入不可感触的实体和力。空间、时间、质量、力、动量、静止等力学术语，逐渐取代了终极因、实体形式、神圣目的和其他形而上学概念。中世纪的本体论和神学那套玩意儿被完全抛弃了。人们转而支持有关宇宙被呈现给感觉或以其他方式被测量或推论的方面的符号论。

这种态度不仅在洛克和休谟的著作中，而且在贝克莱的著作中都是极其清楚的。洛克和休谟对自然科学敬重备至，贝克莱则深切地关注着否定自然科学的形而上学预设。对牛顿，实际上是对牛顿以前的物理学家来说，物质世界可以根据统一的微粒加以描述，而微粒运动的规律即是它的相互作用的规律。洛克对这些物理学家的著作可能相当了解。英国经验主义哲学家们的著作逐渐统治了欧洲人的思想，这些哲学家们采用了心灵这一概念，心灵被认为仿佛是一个盒子，其中包含了与牛顿的质点相似的精神等价物。这些精神的质点被称做“观念”。这些观念是清晰的、独立的实体，是“简单的”，没有任何可被分离的部分，就是说，它们是字面意义上的原子，来源于外在世界，就像沙粒落入沙漏一样降临于心灵之中。在心灵中，这些简单观念或者继续保持独立，或者被复合而形成复杂观念，就像外界的物质客体是被分子或原子的复合物化合而成的一样。洛克试图弄清我们心灵中观念起源的历史，并对心灵中观念的活动及诸观念彼此之间的结合与分离加以解释，就像一个当代化学家分析化合物的成分及其物理运动一样。对洛克来说，思维，至少是反省的思维，是一种与接纳外在世界的有形的眼睛相对应的内在的眼睛。当洛克把知识界定为“对观念的联结和符合或不符合及不相容性的知觉”时，他把这种“知觉”设想成能分辨两个观念——就好像它们是可分辨的微粒一样的某种东西，而内在的眼睛因此便能看清这些观念是否符合，以及断言这些观念的联系的命题是否正确，正如外在的眼睛能辨别两个有色物体并能看清二者的颜色是否相称一样。当贝克莱批判洛克抽象的一般观念理论时，他主要攻击的是这样的想法：既然观念是实体，那么就会存在一个并不是绝对确定的印象的观念；而且，在贝克莱看来，洛克为了解释一般名词怎样具有意义而援用的"抽象观念"在字面上就是矛盾的，因为如果它们是观念，它们必定就是具体的实体，而不能同时又是抽象的——即不确定的，没有任何呈现给感觉和印象的具体的性质。不论贝克莱对洛克的攻击公正与否，两人（和休谟及许多其他同时代的经验论者，特别是法国的经验论者们）的共同特点是假定心灵是个容器，在这个容器中观念就像筹码一样，在一个复杂的吃角子老虎机中滚动并构成图案。牛顿的三维空间在心灵的内在"空间"中有了它的副本，这副本由内在的眼睛即反省的能力所统辖。

哲学因此将被改造成一种自然科学。它要研究的事实将通过内省发现。正像任何一种别的真正的人类学问一样，哲学必须始于经验观察。休谟这样说道："由于关于人的科学是其他科学的惟一坚实的基础，所以，我们能赋予这门科学本身的惟一坚实的基础必须基于经验和观察。"哲学实际上是一种科学的心理学；在这一学说的极端追随者中，尤其是在法国的那些追随者中，哲学变成了一种生理学——行为主义或"物理主义"的一种早期形式。洛克和休谟的法国信徒们，如孔狄亚克、爱尔维修、拉美特利将这一点推向极端。孔狄亚克致力于以"简单"观念重建个人的经验——即最复杂深奥的思想或"心灵的运动"、想象的最精致发挥、最微妙的科学思辨。而这些"简单"观念也就是被呈现给我们的某一个正常感官的可分类的感觉，实际上，在感觉之流中，每一个感觉都能被确定分派在它的恰当位置上。这一时代的伟大普及者们——由伏尔泰、狄德罗、霍尔巴赫、孔多塞领导，他们的著作影响了法国国界之外的许多国家的有教养的读者——以及他们的追随者们都一致赞同感觉主义研究的无比重要性，无论他们有多少别的分歧。在狄德罗和莫伯尔丢及博尔德的著作中出现了“有机的”（反原子论的）思想，其中一些思想可能对康德产生过影响。但主流思想是支持将每一事物，不论它是物理的还是心理的，分析到终极的不可化简的成分。休谟相信“数学科学和自然哲学（即自然科学）及自然宗教依赖于关于人的知识”，原因是哲学的任务即是研究所有存在的终极成分。他关于心灵的理论是机械论的，是通过与牛顿的万有引力理论进行类比构想而成的，观念的联结在心灵中被委任去履行与万有引力在物质世界中相同的功能。他把这种观念的联结描述为一种“吸引作用，这种作用在精神世界中将像它在自然界中一样产生同样奇特的功效，并表现于同样多的、同样富于变化的形式之中”。拉美特利将真正的哲学家设想成一种能将人类心灵这种装置分解成片段的工程师。伏尔泰把真正的哲学家描写成卓越的解剖学家，他能解释人类的理性，正如他能解释人体的活力一样（在这一点上，伏尔泰赞扬洛克）。在法国的哲学家以及他们在外国的信徒们中，充满着科学的想象。十八世纪初，巴特勒把自然设想成一种有机体，半世纪后，帕莱教长又将自然比做一座钟表。像植物或动物的生命一样，“自然道德”和“自然宗教”（人所共有的，但在最淳朴的——乡村的或原始的——社会中更为明显）可以得到科学的研究。狄德罗将社会生活比做一个巨大的制作工厂。

贝克莱非但不因为他是一个基督教徒和主教而觉得这种经验主义不合口味，相反，他发现这种经验主义与浸染着他的一切信念的唯心主义简直一模一样。在他看来，如果说洛克是一个经验主义者的话，也并不是一个十足的经验主义者。确实，在某种意义上，贝克莱是正确的。洛克推崇并试图运用到精神现象之中的十七世纪科学绝不是严格的经验主义。相反，伽利略和笛卡尔认为，感觉世界是模糊的、有欺骗性的、含混不清的，充满了只能以定性词汇描述的现象，也就是说，感觉世界不能容纳恰当的、定量的、科学的世界图式。科学所研究的“第一”性质本身并不是直接呈现给感官的。存在着两个领域:定量的、可以精确测量的存在于空间的客体领域,具有诸如运动和静止、一定的形状、体积、作为微粒运动的特定温度等性质;这与颜色、气味和味道、冷暖程度、声音高低等领域正相反对,后者是主观的,因而是不可靠的。洛克从“除了来自感觉的知识外,我们没有任何别的知识”这一原则出发,却发现:对他来说,如果想保持一致的话,就难以解释为什么“第一”性质必须和“第二”性质一样依赖于感觉的证据,然而又必须给予第一性质以似乎是物理学赋予它们的首要地位和权威。因此,他在下面二者之间必居其一:前后矛盾和半心半意地去尝试着把第二性质描述为由第一性质以某种方式引起的,而第一性质与其说是明显可感的,倒不如说是莫名其妙地在因果关系上对感觉材料负责。关于物质实体,洛克也发现他陷入了类似的困难,对物理学家来说,物质实体当然不是直接呈现给感官的,也没有任何事物能这样直接呈现给感官,因而,对严格的经验论来说,物质实体必定是不可接受的。贝克莱极其一贯地抵制物理学“姑息”的企图,并且抵制一切与这种企图的所谓要求妥协的努力。确实,他认为这种二元论与他所倡导的彻头彻尾的经验论是不相容的。主观感觉与事物的客观性之间的差别是似是而非的。感觉是知识的惟一来源。世界是由思想、情感、感觉——也就是由存在于上帝的代理者和他的创造物人的心灵中的“观念”所构成的。至少就物质世界来说,观念之外别无他物。他把关于物质世界的经验论与对精神实体——永恒的灵魂和精神——能动的存在的实在性的信念结合起来,这种能动的实体的存在并不像被动的实体一样依赖于被感知到,或者要不然就依赖于成为某人的经验内容——对这种实体我们没有任何“观念”而只有(就像他的十七世纪先驱们称呼这种不可感知的意识一样)“概念”,既然这种实体也是明显不可感知的,它也可能包含诸种关系。贝克莱在这一点上的观点——对柏拉图主义和感觉主义的一种独特的结合——并非像自休谟以后批判他的人所认为的那样是自相矛盾的。

对贝克莱来说，外界实体的概念与可能的感性经验是如此割裂无关，以至于没有任何关于这些实体的观念能在原则上被形成，因而是不可理喻的。他既是个唯心主义者，也是个一以贯之的感觉主义者。他的整个论证立足于这样的观点：如果我们不想使自己迷惑于那些暗示不可感知的事物的存在的科学术语，而与此同时将我们所有的知识都建立在而且只建立在那些可以被感知到的论据的基础之上，那么，我们将达到一种正统的基督教立场，即宇宙在本质上是精神的。相反，对洛克和休谟来说，数学代表知识的最完美形式——确实，所有其他关于知识的主张与这种明晰性和不可辩驳的确定性的典型相比较而言都是有缺陷的——对贝克莱来说，数学则暗示了并不存在于世界中的虚构的实体的存在。对他来说几何形体不是理想的实体，真实的实体必须通过经验的观察来证明它们自身的存在，而几何形体却无需这种证明，相反，几何形体之为感觉的内容并不逊于任何别的东西。一条直线是由一定数量的、原则上可数的感觉极小点构成的——并且，如果它是由奇数的感觉极小点构成的话，那么，无论几何学家怎么说，它也不能被精确地平分为二。只要它只是作为极端的经验论和唯名论所能达到的结论的证明，这种偏执的思想就是有趣的。

洛克和休谟两人对数学都持有似乎相当合理的观点，而且，尽管他们对数学推理的解释并不总是令人信服，但他们与莱布尼茨一样明白地认识到数学推理与经验事实的陈述之间的区别。尤其是休谟对形式蕴含陈述即逻辑和数学或代数的陈述（他对几何学的看法模糊不清且犹疑不定）与事实蕴含陈述即对存在的断定之间的区别了如指掌。的确，休谟的主要成就恰恰是建立在这样的认识的基础上：既然严格说来诸如必然性和同一性等概念属于形式学科的世界——即唯理论者所称的“推理的真理”，它们被这样认识是因为它们的矛盾是自相矛盾（与“事实的真理”相反，这种真理不能由任何纯形式的程序予以验证）——那么，这些概念在关于世界的陈述的领域里就不能占一席之地，这些学科所包含的假设对形而上学这种伪科学的存在本身负有主要责任。

必然性和同一性是这样一些关系，它们既不能通过对外界的观察而被发现，也不能通过内省发现，更不能通过对这些“能力”的材料的联结发现。因而，它们既不是联结实在实体的实在关系，在现实世界中也是不可发现的。所以，知识必然具有两种类型：或者它声称是“必然的”知识，在这种情况下，它以形式的标准为基础，但不能提供任何关于世界的消息；或者它声称提供了关于世界的消息，在这种情况下，它不能超越或然性，也并非永远正确；如果我们的意思是只有通过逻辑或者数学才能得到那种必然性的话，那么这种知识就不能具有必然性。这两种类型的判断的区别跟“综合判断”与“分析判断”及“后天判断”与“先天判断”之间的区别密切相关，这种区别是一场伟大的争论的起源，而正是这场争论使康德从独断论的梦中清醒过来，从而改变了近代哲学的历史。

想使哲学成为自然科学，这一大胆尝试通过与发展迄今的唯理论和经验论两种传统的决裂而宣告结束。这一决裂由康德发起，他的哲学观点是十九世纪众多思想的来源，但这不在本书讨论范围之内。正是康德第一次牢牢地把握了这个真理：哲学的任务不是——而且永远不是——为关于事实的经验的问题寻找答案，这种问题只能由具体科学予以解答，或者在另外一种水平上由一般常识予以解答。它也不可能是被诸如逻辑或数学所运用的那种纯粹的演绎学科。康德是第一个弄清了以下问题的伟大哲学家：哲学的主要问题，既不是那些可以通过经验研究（比如说关于观念的起源问题，即一种想探寻它们“从何处来”的企图，就是一个应交给生理学家、心理学家、人类学家等的问题）而找到明确解决方法的问题；也不是可以通过从自明的或先验的公理出发的演绎而得到解决的问题，正如经院哲学家和唯理论者所认为的那样，因为所谓自明——或者信仰和直接天启之事——会因人而异。康德正确地认为，演绎对我们关于事物或人性的知识都不能有所增益；并且也不能回答那些看起来是独特的哲学问题，或者解决那些看起来是独特的哲学困惑。他所提出的问题及他所运用的方法（不论可靠与否）主要涉及对我们最一般、传播最广的概念和范畴的分析。他根据陈述所需要的证据的种类及陈述所包含的概念之间的相互关系而对陈述进行分类。

康德对一个问题尤其清楚，关于这个问题所产生的混乱占据了十八世纪哲学的主要错误的核心。这个问题就是：关于包含在通常经验中的判断的类型和范畴的种类问题，与关于我们的材料或信念或态度的"来源"问题毫不相同。很显然，在诸如"每一事件都有其原因"或"这张纸不能同时既是蓝色的又是褐色的"这些命题，与诸如"爱尔兰没有蛇"或"我昨天头痛"这些命题之间，必定有逻辑原理（而不只是来源）的差别。如果有人怀疑每一事件是否有其原因，或者怀疑毕达哥拉斯定理是否正确，或者怀疑这张纸是否同时既是褐色的又是蓝色的，那么，为他积累越来越多的彼此以这种或那种方式联系着的事件的例子，或者为他积累更多的纸张的例子——其中一些纯褐色的，其余的是纯蓝色的，但没有兼具二色的——这都是徒劳无益的。这些反驳怀疑者的方法是无用的，因为使人们信服这些命题的真实性的方法与我们用来证明关于世界的事实命题的真实性的方法，即通过某种经验论据的结果证明其真实性的方法显然是非常不同的。这里的问题是："为了某某命题的真实性，什么是我们必须提供的正确证据或保证？"这一问题与诸如"我或者你（或者一般意义上的人）怎样认识到某某命题的真实性？"这类问题是完全不同的。对后面这个问题的回答属于发生心理学，并且依赖于很多经验的偶然事件和一个人的生活变迁。混淆这两类问题，并且假定对后面这类问题——即关于知识的起源或认识的方法的问题——的某种回答自动地以对第一类问题——即什么是确定一个既定命题的真实性的正确程序和在这个既定命题中包含什么概念的问题——的某种回答为前提，这是伟大的古典经验论者们的特点（甚至也是休谟的特点，他非常敏锐地意识到了逻辑类型的区别，并且相当成功地证明了恰恰因为归纳论证永远不能变为演绎论证，所以存在着关于事实的确定性在其中乃属不可能的感觉。他证明的结果是具有破坏性的)。

这种混乱产生的方式是，这些哲学家倾向于把两个个别的问题合并为一个很不明晰的探讨:“我们怎么能认识命题X?” 这个问题既不是问“什么是像X这样的命题的正确证据或者证明?”,也不是问“我们从什么地方得到关于X的知识(或印象)?”。这种混乱的一个最好的例子可在洛克的《人类理解论》的第一卷中找到。在那里,他告诉我们:比如说儿童就不是生而具有关于非矛盾律的知识；他似乎认为这对这类命题的逻辑地位有所证明。知识的来源问题是一个事实的问题,那些追随霍布斯和洛克的经验论者们认为,知识既不是“天赋的”,即不是在出生之前就由上帝或自然“印”在心灵上的;也不是来自“直观”,即不同于并且优于感觉的其他途径。这些经验论者实际上是在说,对这些问题的回答只能由心理学提供。他们倒是正确地将心理学设想成一门经验科学。正是那种想表明哲学存在于经验的过程当中的尝试(因为如果哲学不建立在观察的基础上,它能有什么价值呢?)导致了十八世纪思想中最光辉灿烂的洞见,同时也导致了败坏这种洞见的重大谬误,即以科学证明哲学。

康德本人也绝没有摆脱这种错误;然而,他却转移了哲学强调的中心,即从“根据什么可以演绎出什么?”和“无论是在外在的世界中,还是在心灵的世界中,存在哪些实体?”这两个问题转移到考察我们据以思考和推理的最一般的概念和范畴——参照构架和关系系统——诸如空间、时间、数、因果性、物质性,这些概念和范畴看来是我们不能抛弃的,哪怕是在想象中只是不完全地抛弃它们也是不可能的；在各种专门的具体科学的教科书中,这些范畴和概念也没有得到论述,因为它们太普遍太广泛了,而且无论如何,它们确实不适于分类——不论是将它们归于经验的还是归于形式的都不适合。哲学的历史主要地存在于对这些问题的研究之中,而这些问题的主题是难以划分归类的;它也存在于解决或者至少是阐明这些萦人心怀的难题的努力之中，而这些难题与一些具体科学中的困难烦扰人们的方式是相当不同的，找到对后者的答案的方法虽然困难，但这些方法本身并不是一个谜。这些哲学问题从一个时代到另一个时代不断变化，但并不呈现为直线式的进步（或后退），这正像人类的思想和语言在决定着人们用来思想、感受、交流的形式和概念等各种因素的影响下不断变化一样——这些因素似乎并不寻求那种可以明确分辨的有规则的形式。

这些考虑对那些在本书中可以见到他们著作精选的十八世纪伟大的经验论哲学家们来说是较为陌生的。每一事物对他们比对除了他们为数不多的后继者以外的任何人都更为清楚明白。科学在物质世界领域里已获得的一切，当然也能在精神领域里获得，更进一步，也能在社会和政治关系的领域里获得。牛顿已经确切证明了的物理世界赖以构成的合理结构，并且也是洛克和休谟及其在法国的信徒们似乎用来着力解释思想和情感的内在世界的合理结构，同样也能运用到社会领域里。人之为自然中的客体并不亚于树和石头之为自然中的客体；人们之间的相互作用可以像原子和植物的相互作用一样得到研究。一旦发现了支配人类行为的规律，并使之在一门类似于物理学或动物学的理性社会学中得到具体化，那么，就能研究并揭示人们的真正意愿，并能通过那些与物理和精神事实的本质相符合的最有效方式使这些意愿得到满足。自然是个和谐体，其中不会有任何不和谐；既然诸如会做什么、怎么生活、什么将使人公正或合乎理性或幸福这类问题全都是事实的问题，那么，对其中任何一个问题的正确回答都不可能与对任何别的问题的回答不相容。因此，建立一个完全公正、完全有德性、完全令人满意的社会这个理想，便不再是空想了。

这种观点并不局限于自然科学家及其盟友与代言人之中。莱布尼茨的唯理论追随者们及其信徒沃尔夫也同样自信地持有这种观点。他们认为，合理的思想是一种获得关于宇宙真理的方法，这种方法大大优于经验论方法。他们也相信真理是一个惟一的、和谐的知识整体,在这一点上与他们的经验论的论敌相比,如果说有什么不同的话,那就是他们有过之而无不及。他们坚信以前的一切体系——各种宗教、宇宙发生论、神话——都只不过是通向同一合理目标的各种不同途径罢了。其中,有些长远些或者宽广些,有些更曲折并且更幽暗些。他们相信所有科学和所有信念、最荒诞的迷信和最野蛮的习俗,当它们的不合理因素通过文明的进步而被"清除"后,都能与终极的真正的哲学和谐一致,这种终极的真正的哲学能为所有人在任何地方任何时候解决所有理论的和实践的问题。这种崇高的信念激发了坚信理性的莱辛和坚信科学的杜尔哥,也激发了信仰上帝的莫泽斯·门德尔松和不信仰上帝的孔多塞。尽管他们的气质、观点及信仰有很大的差别,这却是他们的共同基础。有神论者和无神论者、自发进步的信仰者和怀疑论悲观主义者,寡情的法国唯物主义者与多愁善感的德国诗人和思想家们,在一个信念上似乎统一起来了,这个信念即是认为所有的问题都可以通过发现客观的答案而得到解决,一旦发现了这些客观答案——它们为什么不该得到发现呢?——它们对所有人都将是清楚明白的,而且是永远可靠的。确实,只是在这个世纪中期,首先是在德国,然后在英国,才开始引起一片反对的声音;持异议者们坚持认为不管是人还是他们的社会都不类似于无生命的客体,甚至不类似于动物的王国;并认为像过去那样研究人们及其社会必然要导致灾难。约翰逊和柏克、哈曼和赫尔德(在某种程度上甚至包括孟德斯鸠和休谟)开始了这场注定要日益壮大的反叛,但这些人还停留在孤立的怀疑之中。

毫无疑问,通过把科学的方法运用于人事法则的谨慎的尝试,已经做了大量有益的事情:减轻了人类的苦难,避免或者阻止了不公正,揭示了无知;教条得到了反驳,偏见和迷信成功地受到了公众的嘲笑。人们日益确信求助于主义、无知和权威以证明专断行为的合理性,全都是隐含着自私的利益或者理智的懒惰或愚昧的无聊的众多托词,这种信念通常能得到成功的证明。但是,主要的梦想,即证明世界上的每一事物都按照力学的方式运动,所有的灾难都能通过适当的技术步骤而得到消除,在人类灵魂和肉体上都存在着工程师,却被证明是虚妄不实的。然而,事实最终表明,这种理想与十九世纪通过同样错误却在理智上和政治上更为不祥和更具压迫性的论证而对它发动的攻击比较起来,却更少引人误入歧途。十八世纪天才的思想家们的理智力量、诚实、明晰、勇敢和对真理的无私的热爱,直到今天还是无人可以媲美的。他们所处的时代是人类生活中最美妙、最富希望的乐章。

第一章 约翰·洛克

洛克的哲学对整个十八世纪的思想产生过无可争辩的影响。他生于1632年,二十六岁时在牛津大学获硕士学位。他断断续续地生活并执教于牛津大学,一直到1683年,也就是“光荣革命”四年之前。他的思想对这场革命的形成贡献颇多。由于有参与辉格党特别是他的庇护人莎夫茨伯里勋爵密谋的嫌疑,洛克被驱除出境。他曾做过莎氏的政治顾问和医生。洛克流亡到荷兰,只是在得到威廉·奥伦治的准许之后才回到英国。在生命的最后十五年里,他平静地生活在乡村。正是在这段时间里,他出版了大量改变了人类思想的哲学和政治论文。

他为人彬彬有礼,羞怯而又秉性和蔼可亲,广泛地受人爱戴和尊敬,没有敌人,而且天生有一种吸收并以简练的语言解释一些有创造性、革命性思想的惊人能力,这些思想只有在他的时代才是丰富的。他同他的时代谐调一致,他所涉及到的一切课题无不成就辉煌。他是西方世界,尤其是美国的主要哲学和政治传统之父,他的实践才干也不是无足轻重的。因为他的健全的思想给近代英国的经营机构特别是处理商务的机构留下了印记。

如果说笛卡尔通过尝试运用数学和自然科学的方法、标准和一些概念而消弱了经院哲学的魅力(他本人对数学和自然科学的进步贡献很多),那么可以说,在科学上造诣很平庸的洛克则把哲学从哪怕是这种程度的专门化中解放出来了。对十八世纪来说,他至少不再把哲学描绘成一门深奥的学问,而只是一门基于经验观察和常识判断的正常能力之上的学科。笛卡尔仅仅认为,那些得自严格演绎的论据才是值得注意的,这些演绎都是从自明的或被认为是正确的先天前提出发的,洛克则求助于对自然界的观察,试图追溯心灵的当下信念与状态的心理来源,并解释它们由此而来的“自然”的增长。像霍布斯一样,他首先把人看做自然中的客体,与其他自然的客体并没有本质的区别;并且把人看做是可以通过心理学的自然科学的发生学方法予以描述和解释的——尽管他并没有这样称呼那种方法。他的一些理论经常是十分奇异怪诞的,他所犯的错误在于有很多前后矛盾、暧昧不清的地方,并且陷入了他本人应该反对的思维方式。然而,他的思想或者至少是他表述这些思想的技巧所产生的后果(十七世纪后半叶和整个十八世纪的文学趣味显然与我们不同)确实是革命性的。他认为很多基本的错误都应归于指称事物的词的误用。心灵——或者它们的思想——能写就其自然史而并不逊于植物或动物,且同样令人惊叹,富有成果;哲学家的发现不应远离稳定的常识信念(几乎可以说是洛克发明了常识这个概念);哲学问题并不通常都起源于哲学家心灵中的混乱,倒不如说起源于问题固有的困难——所有这些观点都改变了人们的思想,仅仅是伏尔泰的无限倾慕就足以证明洛克著作的影响。他认为自己正在实践牛顿的方法,而事实上他更像一个试图医治各种疾病(这里指对外界和人的精神能力所产生的错觉)的医生(他曾做过医生)。而追溯这些疾病的根源,考究它们的症状则是这过程的一部分;由此洛克发现他自己正在编纂的东西部分地是一部解剖学教科书,部分地是一册治疗方案指南。这部著作是以朴实明晰的语言写就的,这种语言极大地有助于揭示许多思想本身的含糊与暧昧。开场白《致读者》就具有理智上谦逊而有魅力的特点。他告诫读者,要得到正确的知识,并不需要和神学家一块飞入云端,也不需要和形而上学家们一起潜入黑暗之井，而只需要研究他自己的本质。这一点如果做得谨慎小心，将清除“虚荣与无知的庇护所”——即无意义词语的浮云——并因此为坚实的、关于人的经验科学扫清道路。通过这种告诫，洛克感染了当代读者，从而赞同他的思想。

下面所有洛克的引文都选自《人类理解论》[1]。

〔致读者

如果你们不嫌厌烦，那么我可以把这篇论文的来由告诉你们。有一次，有几位朋友在我屋里聚会，并且谈论与这个题目相距甚远的一个课题，很快，我们发现各方面都面临着困难，因此便都停了下来。在迷惑片刻之后，既然对烦扰我们的问题的解决没有一点进展，我就想到我们选择了一条错误的路，想到在开始考察那类问题之前，我们必须先考察自己的能力，并且看看什么对象是理智所能解决的，什么对象是我们的理智所不能解决的。我向朋友们提出这个建议后，大家都立即同意；都愿意以此为我们研究的第一要务。下次聚会时，我就把自己对于自己以前从未考虑过的草率、粗疏的思想记录下来，作为这篇谈论的入门。不过这个议论的开始既由于偶然，其持续又是由于敦促；写的时候又是东鳞西爪的，毫无连贯；又是长时间的搁置，随后全凭兴之所至或机缘的允许，才予以重理；最后，避世闲居，修身养神，方得闲暇，这本书才能呈现出今日的模样。

……目前，学术界并非没有大师宗匠，他们那些促进科学的伟大设计将留做永久的纪念碑，以为后人倾慕；但并不是人人都必须期望成为一个波义耳[2]，或者一个施坦汉姆[3]：在一个产生了像哈根留斯[4]和举世

① 所有洛克引文都是参考关文运译本《人类理解论》(商务印书馆，1981年版)及《西方哲学原著选读》(北京大学哲学系编译，商务印书馆1984年版)而译出的。——译注

② 可敬的罗伯特·波义耳(1627—1691)是英国物理学家和化学家，皇家学会的创始人之一。

③ 托马斯·施坦汉姆(1624—1689)，英国医生。

④ 克利斯提安·哈根留斯(1629—1695)，荷兰数学家、物理学家、天文学家。

无双的牛顿先生这样的大师及其许多其他同类人的时代，我只想当一个小工，来扫清地基，清理通向知识的道路上所堆积的垃圾，这也就够野心勃勃的了；现在的聪明勤恳之士的努力如果不曾受到妨碍，那么世界上的知识一定有了很大的进步；可现在的人们竟自矜博雅，虚伪造作，在各种科学中应用了奇怪、荒诞而不可理喻的许多名词，炮制一套玩意儿，以致使本应成为关于事物的真正知识的哲学被认为不适合或不能引入大雅之前、高谈之中了。含糊而又无意义的说法，同牵强附会的言辞，久已被认为是科学的秘密所在；而且生僻误用而又很少或全无意义的词语，由于约定俗成，竟具有被错认成博学深思的表现特权，以至于我们很不容易使说者和听者都相信那些词语只是对无知的掩饰，对真知的阻碍。因此，我想，要是单刀直入，砸碎虚荣和无知的庇护所，对人类的理智一定是一种功劳；尽管人们不易相信在运用文字时，他们自己骗了别人或被人所骗；也不易相信他们所处的宗派运用的语言含有任何应当考察修正的错误。因此，如果在本书第三卷中论及这个问题时稍嫌冗长的话，还希望得到读者的原谅；我竭力想表明任何根深蒂固的邪说，任何流行的风尚都不足以辩护人们为什么不应当留心自己文字的意义，为什么不应当让人来考究自己用语的含义。〕

在详细论述了这一中心问题之后，洛克更详细地解释了他提议应该做以及怎样做的东西，勾画出如下艰巨而又必要的任务的轮廓；这个任务也就是使人们转而考察自己的对象——即“试图抓住自己的尾巴的思想”——自从这个任务成为近代哲学的核心后，就取代了那些未受敏锐的自我意识烦扰的明晰、素朴的观点，正是这些观点形成了大多数古典的和中世纪的思想的特点。

下文引自第一卷《论天赋观念》。

〔**第1章 引论**

1. 对理智的研究愉快而有用——既然正是理智使人高出于其余一切有感觉的生物，并且赋予人们以一切优势及对这些生物的统治权，那么，哪怕只就理解的高贵性来讲，它也是值得付出劳作加以研究的课题。理智就像眼睛一样，它虽然可以使我们观察并知觉别的事物，但对自己却不注意；因此，如果想把它置于一定的距离之外，使之成为自身的对象，那是需要技巧并付出一定辛苦的。但是，不论这种研究的道路上有多少困难，也不论有什么东西使我们自己陷于暗中摸索，不得究竟，但我确信，任何我们能够接纳的照耀我们心灵的光芒，以及我们对自己的理智所能得到的任何了解，不但会使人愉快，而且在探究别的事物时，也会在指导我们的思想方面给我们带来很大的便利。

2. 构想——既然我的目的是探讨人类知识的起源、确定性和范围，以及意见、同意的各种根据和程度，那么，眼下我不愿意从物理学方面来干预我对心灵的思考，不愿意为了考察心灵的本质由何物构成而烦恼自己；也不愿研究是凭精神的什么样的运动或者什么样的身体的变化而使我们通过感官得到感觉，或者在理智中得到一些观念，也不愿意研究那些观念在形成时是否部分地或全部地依赖于物质。这类思辨虽然奇异而有趣，我却要抛弃它们，因为它们全在我的构想之外……

3. 方法——因此，值得一做的是搜寻出意见与知识的界限，并且考察我们应当凭什么准则对于我们还没有确定知识的事物来规定我们的同意，缓和我们的信仰。为了达到这一目的，我将遵循下述方法：

第一，我将研究人们所观察到并且在心灵中意识到的那些观念、概念（不管你愿意怎么称谓它们）的起源；并且要研究理智由什么方式得到那些观点、概念。

第二，我将努力表明理智通过那些观念能得到什么样的知识，并且要指出那些知识的确定性、证据及范围。

第三，我将对信仰或意见的本质和根据作些探讨；我这里所说的意见，是指我们把尚未确知其为真的那些命题认做真的，并由此给予它们的同意。这里我有必要考察同意的各种根据及其程度。

7. 论文的缘起——这便是原来我所以要写关于人类理智论的理由,因为我想,要满足人们极易陷入的各种研究,第一步应该是观察自己的理智,考察自己的各种能力,看看它们适合于什么样的事物。在做到这一点之前,我总怀疑我们是从错误的一端开始的;如果让我们的思想驰骋于存在的大海之中,就好像无限的范围都是理智自然而无可怀疑的所有物,其中任何事物都离不了它的判断,逃不了它的识别,那么想心安理得、确定不移地把握我们最关心的真理,以求对自己的满足,都只能是徒劳无益的。〕

这概括了洛克对哲学的"认识论的"探讨,以及他对哲学家的任务的想法("当一个小工,来扫清地基,清理通向知识的道路上所堆积的垃圾");他认为哲学家的工作有助于科学家发现客观事实的工作。

他继续采用"观念"一词,这个词对他的阐述是很关键的,并且注定要在后来的哲学中起决定性的作用。

〔8. 观念代表什么——关于人类理智论的写作缘起,我想必须说的也就这么多。不过,在我进而发表我对这个论题所有的思想之前,在这入门之初,我还得请读者们原谅我常常运用"观念"一词,在下面的论述中你会发现这一点。这个名词,我想最足以用来代表一个人在思想时理智中的所有对象;因此,我就用它来表示假象、概念、种,或心灵在思想中所能运用的任何东西;我常常采用这个词实属在所难免。

我猜测,人们都容易承认在人心中是有这些观念的;人们不但意识到自己有这些观念,而且别人的言语和行为也会使他相信别人的心灵中也有这些观念。

因此,我们第一步将研究这些观念是如何在心灵中产生的。〕

对“观念”一词的运用是心灵这一半机械性概念的重要组成部分，也是下述观念的重要组成部分，这种观点认为哲学家好像是在从事于研究被称为心灵中“观念”的一些实体的自然史(描述观念的起源、发展、活动)。“观念”一词比后来的一些概念诸如“印象”、“现象”、“外观”、“知觉”、“感觉”、“感觉材料”、“给定的东西”等要宽泛得多,但与它们又有明显的密切关系。

〔第2章 人心中没有天赋原则

1. 由我们获得知识的方式看来，足以证明知识不是天赋的——在有些人中间流行着这样一种根深蒂固的看法，认为在理智里面存在着某些天赋原则,即是说,存在一些基本概念、共同的思想、记号,这些东西好像是印在人心上一样；灵魂在最初存在时就获得了它们,并且把它们一同带到这个世界上来。为了使没有偏见的读者相信这个假定的错误,我只要指出(我希望在论文的下面各部分中这样做)这一点就够了：人们单凭运用他们的自然能力,不必借助于任何天赋的印象,就能够获得他们所拥有的全部知识；他们不必有任何这样一种原始的概念或原则,就可以得到确定可靠的知识……

2. 人们以为普遍同意是最大的论据——再也没有比下面这一点更为一般人视做理所当然的了:有某些思辨的或实践的原则(因为这两方面他们都谈到)是全人类普遍同意的。因此,他们争辩道:这些原则一定是一些恒定的印象,是人的灵魂在最初存在时就获得的,是人们把它们一同带到世界上来的，犹如人们必然要而且事实上确实把自己的任何一种内在能力一同带到世界上来一样。

3. 普遍同意不能证明有任何天赋的东西——不过得自普遍同意的这一论据却有自身的不幸。因为,即使事实上有一些为人类普遍同意的真理,那也不能证明它们是天赋的,如果能够指出人们对于他们所同意的那些事物还可以有别的途径达到这种普遍同意的话；而这一点我相信是可以做到的。

4. 人们不能普遍地同意:“凡存在者存在”,“同一物不可能既存在又不存在”——更糟糕的是,普遍同意这个论据本来是被用来证明天赋原则的,但在我看来却正好证明了没有任何的天赋原则的,因为根本就没有什么全人类普遍同意的原则。我首先来谈思辨方面的原则,例如,就可以把那些备受推崇的论证原则提出来考察,其中一个是“存在者存在”,另一个是“同一物不可能既存在又不存在”。我想这两个原则乃是所有原则中最可以被称为天赋原则的。而且这些原则具有如此确定的被普遍承认的公理的声誉,以至于只要有人似乎要怀疑他们,便会被认为是奇怪的。但是,我敢大胆地说,这些命题不但未曾得到普遍的同意,而且大部分人根本就不知道这回事。

5. 所谓天赋原则不是自然地印在心灵上的,因为儿童和白痴都是不知道它们的——首先,所有儿童和白痴显然一点也没有理解或想到这两个原则,既然他们想不到这两个原则,这就足以消除所谓普遍的同意了,这种普遍同意乃是一切天赋真理必不可少的伴随物。说有些真理印在灵魂上而灵魂并不知觉到或理解它们,那在我看来近乎一种矛盾;因为所谓“印”,如果有任何意义的话,不外是使某些真理被人知觉到的意思。因为,把任何东西印在心灵上而心灵并不知觉到它们,在我看来几乎是不可理喻的。因此,如果儿童和白痴的灵魂、心灵有这些原则印在上面,那他们不可避免地必定会知觉到它们,并且必然会认识和同意这些真理;既然实际上不是这样,显然可见并没有这些东西印在它们的心灵上。因为如果它们不是天然地印在心灵上的,又怎么能是天赋的呢?它们如果是印在心灵上面的,又怎么能不为人所知呢?说有一个概念印在心灵上面,同时又说心灵并不知道它,并且从未注意到它,那就使得这个印象归于虚无。凡是心灵从未知道过、从未意识到的命题,不能说是存在于心灵中的。〕

在展开他自己的知识理论（在《人类理解论》第四卷中）之前，洛克试图推翻他认为是与自己对立的认识论理论，即那种认为至少有一些知识是天赋的理论。

洛克的论据是一种二难推理。要么就说那种命题（如“存在者存在”或“同一物不能既存在又不存在”；即所谓的同一律和古典逻辑的非矛盾律）是天赋的，从字面上我们意指每个人一出生时，关于这些命题的真理的知识就已经明晰地呈现在他的意识中；要么，我们意指不太偏激的一些东西，比如说，所有人都生而具有知道这些命题的真理性的能力，这种能力只是在我们“运用真理”时才使用。但是，建立在实际经验证据之上的第一种主张，正如他在上文中所证明的一样，是错误的；因为这种主张真理性的必要条件（正像洛克在上文中所指出的一样，尽管不是充分条件）是所有人都必须同意这些“天赋”命题，而实际情况显然不是这样——洛克援引了儿童和白痴这一事例。相反，如果我们考虑一下这个二难推理的第二方面，那么运用“天赋”一词是“一种非常不妥的谈论方式”，但更糟糕的是，这种理论现在已不能区分那类小而具特权的假设的天赋命题和任何其他其真理性人能逐渐认识的命题（比如说数学命题）。

使洛克的后学困惑（至今仍使他们困惑）的是洛克论敌们的精确的同一性。他的同代人中很少有人能坚持知识在字面意义上是天赋的理论（尽管有人把这种理论归诸柏拉图）；很多人煞费苦心地明确否定这种理论。可能的攻击目标有三：（1）混乱地使用“天赋观念”[①]一词的笛卡尔和他的一些追随者；（2）某些当代英国哲学家，即剑桥柏拉图主义者，尤其是亨利·摩尔，他也坚持一种极为温和的天赋知识理论；（3）许多顽

① 莱布尼茨在他的《人类理智新论》中抨击过洛克，他持一种较“温和的”关于人类所共有的天赋能力的理论，他承认绝对的“推理的真理”——这些真理是潜能而不是呈现给人心的永恒实有的真理——就像雕刻家必须考虑的大理石石纹一样，而且不论他考虑与否，这石纹也已形成了它的特征。

固的经院哲学的追随者，他们坚持认为所有知识都是通过从一些已经被认为是自明的真理出发演绎而得到的。洛克要直接驳斥的可能主要是第三种人。在这里和第四卷的攻击中，洛克不仅达到了摧毁对立的知识理论这一较狭隘的哲学目标，而且在更广泛的战线上，他断定了个人判断优于权威和教条的地位在神学和政治上的基本重要性；既然“这（即天赋知识理论）一旦被接受，它将使那些懒于艰苦探索的人心安理得，并阻止人们研究在所有被称为天赋的东西上产生的怀疑。这对那些矫揉造作、好为人师的人来说，倒不是太小的便利，这些人使天赋知识理论成为原则之原则，‘那些原则是不能怀疑的’。”

从历史上来说，这种对天赋观念的攻击，如果说不是经验论对基于不能找到证据的公理方面庞大形而上学建筑物的最早打击，也是最大的一击。所有这些对立的体系都声称它们的来源及其可靠性存在于对纯粹理性的运用之中：洛克——像他前辈霍布斯一样——尽管有些犹疑和不一致，也怀疑任何这种发现世界事实的工具的存在。形而上学的可能性直接依赖于它的存在。洛克在下面几段论述中（选自第二卷，《论观念》）提供了他自己关于这个问题的明确解释。

〔**第1章 观念通论及观念的起源**

1. 观念是思维的对象——既然每一个人都意识到自己在思维，并且意识到他在思维时，他的心灵是运用在心中的观念上的，那么，毫无疑问，人们心中有一些观念，诸如像“白、硬、甜、思维、运动、人、军队、酒醉”等词所表达的那些观念。所以首先要研究的就是人怎样获得这些观念。我知道，被人接受的学说是：人在出生之初，就有一些天赋的观念和原始的标记印在他们的心灵上。这种主张我已详细地考察过；而且我估什，如果我能表明理智是怎样得到它所具有的一切观念，及那些观念是由什么方式，什么层次进入心灵的，那么我在前边所说的一切，一定更容易得到人们的承认。说到观念进入心灵的方式和层次，我将诉诸各人自己的观察和经验。

2. 一切观念都来自感觉和反省——那么，让我们假定心灵就如我们所说的一样，是一张白纸，没有任何记号，没有任何观念。心灵是怎样得到那些观念的呢？它是从何获得由人的匆促而无拘的想象以几乎无限多的花样描绘在它上面的那许多贮藏物的呢？它是从何处得到理性和知识的所有材料的呢？我用一句话来回答这个问题：它们都得自经验。我们的一切知识都是建立在经验上面的，而且所有知识最终都导源于经验。我们对外界可感物的观察，或者对我们自己知觉到、反省到的我们心灵内部活动的观察，就是供给我们的理智以全部思维材料的东西。这两者乃是知识的源泉，从其中涌出我们所具有的或者自然地能具有的全部观念。

3. 感受的对象是观念的一个来源——首先，我们熟识个别的可感觉对象的感官，按照那些对象影响感官的不同方式，把对于事物的一些清晰的知觉传达到心灵里面。这样，我们就获得了我们对于黄、白、热、冷、软、硬、苦、甜以及一切我们称为可感性质的观念。当我说感官把这些观念传达到心中的时候，我的意思是说感官把能在心中产生知觉的那些东西从外物传入心中。这个我们绝大多数观念的巨大源泉完全依赖于感官，并被传达给理智，我把这个源泉称为“感觉”。

4. 心灵的活动是观念的另一个来源——其次，经验为理智提供观念的另一个来源，是对于我们自己心灵用于所得到的观念时各种活动的知觉：当灵魂对这些活动加以反省和考察时，就为理智提供了另外一套观念，这套观念是不能从外面得到的。这就是知觉、思维、怀疑、信仰、推理、认识、意愿，以及我们自己心灵的各种活动。这些活动都是我们所意识到的，都是我们在自身中所观察到的。我们从这些活动中接受一些清晰的观念传达到理智中来，正如我们从影响感官的物体取得清晰的观念一样。观念的这一来源是人人完全自身拥有的；尽管由于它和外物毫无关系，因而不是感官，但它却很像它，因此可以很适当地称之为“内感官”。不过，我把另外那个来源称为感觉，所以把这一来源称为反省。因为它所提供的观念只是心灵反省自身内部活动时所得到的。所以，在本论文的以下各部分中，所谓反省，我都意指心灵对于它自己各种活动及活动方式的那种注意，由于这种注意，理智里面才产生了这些活动的观念。这两种东西，即作为感觉对象的外界物质和作为反省对象的我们自己心灵的内部活动，在我看来，乃是产生我们全部观念的惟一来源。“活动”一词，我在这里用的是广义，它不仅包括心灵对它自己观念的各种活动，而且也包括有时从这些活动产生出来的某种激情，诸如从任何思想产生出来的满足或不安。

5. 我们所有的观念都是从两者之一而来——在我看来，理智所具有的任何微弱的观念无不是得自这两个来源。外物供给我们心灵的各种可感性质的观念，这些观念全是外物在我们心中产生的知觉。心灵则供给理智以关于它自己活动的观念。

如果我们充分考察这些观念和它们的各种情状、联结及关系，我们将会发现，它们包括了所有的观念，而且我们还会看到，我们心中所有的任何东西无不来自这两条途径中的一条。假设让任何人考察一下他自己的思想，彻底地搜索自己的理智，然后再让他来告诉我，他所具有的一切原始观念究竟是不是感官对象的观念，或者是不是作为反省对象的心灵活动的观念，无论他想象心中存在多少观念，在这严格的考察之后，他将看到他心中所有观念无不是由这两条途径中的一条印入的，不过人的理智可以把它们组合，增长而产生出无限的变化来；这一点我们将在下面看到。

24. 我们所有知识的来源——尔后，心灵又开始反省它自己在通过感觉得到的观念上所发生的作用，因此，它自己又得到一套新的观念，我称之为“反省的观念”。这些都是由心灵之外的外物和由人心自己内在的、特有的能力所产生的各种作用印在感官上的印象……

25. 在接纳简单观念时，理智大部分是被动的——在这一部分，理智仅只是被动的;它是否要有这些知识的起源也就是知识的材料,不是由它自己的力量所决定的。因为不论我们愿意与否,许多感官的对象总是把它们的特殊的观念强加给我们的心灵;而我们心灵的作家一定会让我们对这些观念至少有一些含混的想法。当一个人在思想时,决不会完全不知道自己在想什么。当这些简单观念被提供给心灵时,理智就不能拒绝接受,当心灵上印有这些观念时,理智也不能改变它们、涂抹它们、或者自己重新制造;这正如一面镜子不能拒绝、不能改造、不能涂抹它面前的各种物体在它上面所产生的各种影像和观念一样。由于我们周围的各种物体以不同的方式影响我们的感官,心灵便被迫接受这些印象,并且不能避免感知它们所附带的那些观念。]

没有任何别的引文提供了关于这些主要概念更清晰的图画——尤其是在最初两段里——而正是这些概念构成了十八世纪英国得到发展的新的认识论的基础:

(1) 作为实体的观念。在被设想成一种中空的器皿或容器一样的人的心灵中,有许多("大量贮存的")完全清晰而且可分的被称做观念的实体。这一点被看做是自明的。

(2) 作为自然科学家的哲学家。哲学家的出发点是像描述性的心理学家一样拟出一份这些实体的清单,再予以分门别类,描述它们的活动、变化,等等。

(3) 发生学的研究。这些实体一定得自别的什么地方——它们可能从虚无中产生;接下来哲学家的事情是回答如下的问题:"这些观念是从什么地方产生的?""它们的来源是什么?"

(4) 经验的方法。将通过一种简单的准植物学的研究完成这些任务。

在这一节中,洛克推进了十八世纪认识论中经典经验论的主题:"我们所有的观察都来自经验。"这一点后来表现为只有"简单"观念直接来自经验;“复杂”观念是通过“心灵的活动”由简单观念结合而成的;因此,它们也最终来源于经验。洛克把“经验”本身区分为直接指向外物(也是受其刺激而引起)的感觉和直接指向心灵本身的活动的反省(现在我们必须称之为“内省”)。

这里,我们已经能看清洛克将要遇到的众多困难的根源了。人们可能会问:如果他只有从假设而来的观念本身,而没有可供考察的外物,那么他怎么能仅仅通过观念来自外物这一事实而对感觉的观念加以区分呢?在这种条件下,观念是不能被区分开来的,除非存在一些对观念本身来说是内在的标准。这与洛克对认识论与关于感官的物理学和生理学的逻辑关系的错误概念密切相关。在下面段落里,洛克提供了一种分类学——一种关于经验的基本构成成分即观念的分类目录。

〔第2章 论简单观念

1. 非复合的现象——为了更好地理解我们知识的本质、方式和范围,对我们所具有的观念我们应仔细注意一件事,那就是:有些观念是简单的,有些是复杂的。

尽管那些影响我们感官的性质在事物本身当中紧密联结着,混合着,因而彼此之间不可分开,没有距离,但显而易见这些性质在心灵中所产生的那些观念却是经由感官单纯而不混杂地进来的。因为,虽然视觉和触觉常常同时以同一对象得到不同的观念——比如一个人同时看见运动和颜色,手在同一块蜡上感觉到的柔软和温暖——可是这些在同一个主体中那样联结着的简单观念,却是和那些经由不同的感官进来的观念一样非常分明的。一个人在一块冰上所感觉到的冷和暖,在心灵中是互相区分的观念,正如一朵百合花的香味和白色,或者糖的味道和玫瑰花的香味一样彼此分明。对于一个人,没有什么比他对于这些简单观念的清楚明白的知觉更明显了;这些简单观念每一个本身都不是复合的,它里面除了包含一个齐一的现象和心灵中齐一的概念外,什么也不包含，而且，它是不能分成不同的观念的。

2. 心灵既不能制造简单观念，也不能毁灭它们——这些简单观念，亦即我们所有知识的材料，只是由上述两种途径亦即感觉和反省提供给心灵的。理智一旦贮存有这些简单观念，它就有力量重复它们，把它们加以比较，甚至可用无限多的花样联结它们，并且因此能随意制造新的复杂观念。但是，最高超的才智或最发达的理智不论凭借多么敏捷和丰富的思想，也无力在心中制造或构造一个不是由上述途径得来的新的简单观念；理智的任何力量也不能毁灭那些现存的观念。只要试一试在人的理智中构成任何一个简单观念，而这个简单观念却不是通过他的感官从外物得来的，或者不是通过反省从他自己心灵对它们的作用得来的，那么每个人都会发现自己没有如此的能力。

3. 这就是为什么尽管我们不能不相信，上帝在创造一个生命时除了他所给人的那五个感官——通常认为是五个——以外，还可能使他具有更多的其他感官或途径而使理智注意到有形的事物，然而我却认为，除了声音、滋味、香气同可见可触的性质以外，任何人都不可能想象出物体中还有其他性质，不论那些物体是如何构成的——正是通过这些性质它们才得到注意。如果人生而只有四个感官，那么第五感官的对象就不能成为我们注意、想象的对象，正如现在可能属于第六、第七、第八感官的对象一样……我这里遵循认为人只有五个感官的一般意见，尽管可能真有更多的感官，但是两种假设都可以同样地用于我现在的目的。〕

这里，洛克指出了简单观念和复杂观念的区别，这种区别对他的心理学原子论（观念这个概念是不可化简的终极元素）来说是最为基本的。他坚持认为，当我们看、听、嗅……一个物质对象时，尽管这个对象本身有很多性质，我们心灵所接受的种种这类性质的“观念”却是各自分离的简单观念，它们是不能再予以进一步分析的。

复杂观念则是通过各种“心灵的活动”由简单观念构造而成的，这一点洛克将在下面予以描述。但是，简单观念本身又都来自经验。既然简单观念是构成一切思想、情感等最基本的东西，那么，想象所能产生的简单观念无不是先前被直接感觉到的，它只是复制这些简单观念并把它们转移到新的结合中去。这一点值得与休谟关于想象一种人们从未见过的颜色这个问题的研究加以比较（见本书第163—164页）。

给观念分类之后，洛克认为观念和物质实在的关系是我们与物质实在惟一的联系，有时这种联系能得到忠实的反映，有时则只能得到不太直接的反映。洛克的所有论述表现为一种想调和一般的感觉、知觉材料与物理学家研究结果的努力。洛克没有达到这一点，他的失败是想解决一个关键问题的最早的尝试之一，对这个问题直到今天哲学家们还存在着分歧。在现时的思想家中，其知觉理论导源于洛克的有彼此个性各异的贝特兰·罗素、桑塔雅那和列宁。不过，公平地附带说一句，列宁的哲学观点也许并不值得严肃考虑。

第一性的质与第二性的质的理论起源于希腊的原子论。在早期文艺复兴思想家如康帕内拉的著作中可以见到它的蛛丝马迹，不过，它的近代翻版和巨大影响则必须首先归于伽利略。自然科学在十七世纪取得了惊人的成就，这种进步不能归功于任何别的孤立的因素，而只能归功于放弃中世纪根据不可简约的性质差别描述客体的实践，转而集中描述数量上可测的性质。人们最终能够以纯数学的语言构成具有巨大预测力量的精确规律，从而将这些性质的各种变化联系起来。此外，在伽利略看来，只有某些可测量的性质即力学的性质才可进入他的规律。正如后来通常发生的一样，“只有事物的可测量的力学性质才值得构成科学的规律。”这一方法论的箴言被改造成一个形而上学的陈述：“只有事物的可测量的力学性质才是实在的。”通过说明他不能设想没有形状、大小、位置而且既不按某种确定方式处于静止也不按这种方式运动的物体，而与此同时能很容易地设想那些没有味道，气味或颜色的物体,伽利略证明了这些力学性质的实存性和一切其他性质(颜色、味道、气味等)的非实存性。他把后面这些性质断定为主观的幻象;只有前者在物体“自身中”才是客观的、实在的。

这一学说在十七世纪得到了广泛传播。到洛克时代已经与两种更深层的理论密切联系着:

(1)轨迹运动和碰撞是物质世界惟一的因果作用,因此一切解释最后都必须以此为依据。

(2)按照笛卡尔的人的概念,心灵是与身体在种类上完全不同的一种东西,身体像盒子一样包含着心灵,心灵本身这部分叫做大脑。

这两种理论结合从而产生下面这幅图景:发源于物质客体的微粒刺激人的感官,在神经系统里产生一系列反应,这些微粒最后产生一种与它们自身完全不同的实体——心灵中的观念。这种二元论——外界互相碰撞而且具有数学上可翻译的“第一性的”质的“实存的”实体和仅仅是这种实体在心灵中的主观副本或副产品的观念之间——直接导向洛克如下的具有代表性的知觉理论:

〔第8章 关于我们的简单观念的进一步考察

7. 心灵中的观念,物体中的性质——为了更好地发现我们的观念的本性,为了明白易晓地讨论它们,宜于从两方面来考察它们:一方面可把它们看做我们心中的观念或知觉;另一方面可以把它们看做那些在物体里面引起我们这种知觉的物质的变形;这样,我们可以像平常那样把观念认做主体里某种东西的精确映像或肖像。心灵中的大多数感觉观念并非与存在于我们之外的某种东西相似,正如象征这些观念的名称并不与我们的观念相似一样,虽然一听到这些名称就很容易在我们心中引起这些观念。

8. 心灵在自身中知觉到的东西,或者知觉、思想、理智的直接对象,我称之为观念。而那种在我们心中产生任何观念的能力,我称为这种力量之所在的主体的“性质”。例如,雪球具有在我们心中产生白、冷、圆等观念的能力,这种在我们心中产生这些观念的能力,作为雪球中的东西,我就称之为“性质”;作为理智中的感觉或知觉,我就称之为“观念”;这些观念,如果我有时把它们说成好像在事物本身里面,那我的意思是指物体里面那些在我们心中产生这些观念的性质。

9. 第一性的质——就这样被认为存在于物体中的性质,首先是这样一种性质,不论物体处于何种状态,它都绝对不能与物体分开;不论物体遭受什么改变或变化,受到什么力量压迫,物体都能永远保持它们;在一个体积大到足以被知觉到的物质微粒中,感官常常可以发现它,而且心灵发现它与每一个小到虽然不足以单独被知觉到的物质粒子不可分。比如,取一粒麦子,把它分为两部分,每一部分仍然具有凝性、广延、形状、可动性等;把它再分一次,它仍然保持这些性质;就这样一直把它分到各部分都看不出来,它们每一部分必定仍保持着同样的性质。因为分割(磨、捣或任何别的物体对另一个物质的作用)绝对不能取消任何物体的凝性、广延、形状或万能性,而只是把原来的一个物体变成两块以上分明分离的物质,在分割之后把所有这些互相区别的物体计算起来,就造成一个数目。这些性质我称之为物体的“原初性的”或“第一性的”质,我认为我们可以看到这些性质在我们心中产生一些简单观念,即凝性、体积、广延、形状、运动或静止、数目。

10. 第二性的质——其次,是这样一种性质,实际上并不是存在于对象本身中的东西,而是一种能力,这种能力可以借物体的第一性的质,亦即借物体的各个不可见的部分的大小、形状、组织运动等,在我们心中产生各种不同的感觉,例如颜色、声音、滋味等。这些我称之为“第二性的”质。除了这些之外,还可以加上第三种性质,这些性质通常被认为只是一些力量,虽然它们同样是主体中的真实性质,就像我按照平常的说法称之为性质,但为分别起见又称之为“第二性的”质的那些性质一样。因为,火里面那种借它的第一性质在蜡块或土块内产生一种新颜色或新密度的能力，也同样是火里面的一种性质，就像火借同样的第一性的质——即它的不可见的部分的大小、组织和运动在我心中引起一种我以前没感到过的新的热或烫的观念或感觉的那种能力一样。

11. 第一性的质怎样产生它们的观念——紧接着应该考察的，是物体怎样在我们心中产生观念；显然这是借一种冲击，因为这乃是我们所设想的物质的惟一作用方式。

12. 如果外物在我们心中产生观念时并不和我们的心灵相接触，而我们仍然知觉到那些分别落入我们各种感官范围内的东西的原初性质，那显然一定是因为有某种来自那些东西的运动，通过我们的神经或"生命精气"，通过我们身体的某些部分，把它传到我们关于那些东西的特殊观念。既然较大的可见物体的广延、形状、数目和运动，眼睛可以从远处知觉到，显然必定有一些不能单独被看见的物体，从那些大物体到了眼睛里面，并且通过眼睛把某种运动传给大脑。就是这种运动在我们心中产生出我们关于那些物体的各种观念。

13. 第二性的质怎样产生它们的观念——我们可以设想，第二性的质的观念的产生方式，与第一性的质产生观念的方式是相同的，亦即是由不可见的微粒作用于我们的感官而产生的。既然很明显地有许多细小的物体存在，每一个都细小到我们不能用任何一种感官来发现其大小、形状或运动——就像有空气和水的微粒，以及比空气和水的微粒小得多的微粒那样。也许后者小于空气和水的微粒的程度等于空气和水的微粒小于扁豆和冰雹的程度。现在让我们假定：这种微粒的各种不同的运动和形状、大小和数目，在影响我们的一些感觉器官的时候，就在我们心中产生出我们那些关于物体的颜色和气味的不同感觉。例如，一朵紫罗兰花，就是借这类具有特殊形状和大小、以不同的程度和形态运动的不可见的物质微粒的冲击，使那朵花的蓝色和香味的观念得以在我们心中产生。我们完全可以设想上帝把这些观念与这些同它们并无相似之处的运动联系在一起，就像可以设想上帝把刀片割我们肉的运动与同它毫无相似之处的痛苦的观念联系在一起一样。

14. 我所说的关于颜色与气味的一切,也可以适用于味道和声音以及其他类似的可感觉的性质。这些性质,不论我们错误地赋予它们什么真实性,实际上它们不是物体本身中的什么东西,而是在我们心中产生各种感觉的能力,而且像我讲过的那样,依赖于那些第一性的质,亦即各部分的大小、形状、组织和运动。

15. 第一性的质的观念是与原型相似的, 第二性的质的观念则不然——由以上所说,我想很容易得出这样的结论:物体的第一性的质的观念是和第一性的质相似的,它们的原型是确实存在于物体里面的;但是第二性的质在我们心中产生的观念则根本不可与第二性的质相似。在这方面,没有什么与我们的观念相似的东西存在于物体本身之中。这些性质,在我们用它们来称呼的物体里面,只不过是一种在我们心中产生这些感觉的能力;观念中的甜、蓝或温暖,只不过是我们称为甜、蓝或温暖的物体本身里面的不可见部分的某种大小、形状和运动而已。

16. 我们称火焰为热的和亮的,称雪为白的和冷的,称甘露为白的和甜的,这都是由这些东西在我们心中产生的观念而得名。这些性质在物体里面的样子,通常被认为和观念在我们中里面的样子相同,后者乃是前者的完善的肖像,就像一面镜子里的肖像似的。如果有人持不同的说法,就会被大多数人斥为荒唐。但是,一个人如果愿意想一想,同样的火,离得比较远,就在我们心中产生一种温暖的感觉,离得比较近,则在我们心中产生一种极为不同的痛苦的感觉,那就应该反省一下,自己究竟有什么理由可以说:火在他心中产生的这个温暖的观念,是确实存在于火里面的,而同样的火以同样的方式在他心中产生的痛苦的观念,则不是存在于火里面的。雪在产生冷和白的观念时,既然亦同产生痛的观念一样,既然都是凭着它那些凝固部分的体积、形状、数目和运动来的,则我们如何只说,白和冷是在雪中,而痛却不在其中呢?

17. 火和雪的各部分的特殊大小、数目、形状和运动,是确实存在于它们之中的，不论是否有任何人的感官知觉到它们；因此可以称它们为实在的性质，因为它们确实存在于那些物体里面。但是，亮、热、白或冷，则和病痛不存在于甘露里面一样，并不是确实存在于火或雪里面的。如果取消对它们的感觉；如果眼睛不看光或颜色，耳朵不听声音，舌头不尝滋味，鼻子不闻气味，那么所有的颜色、滋味、气味和声音，作为这种特殊的观念，就将消失无存，都还原成它们的原因，即各个部分的大小、形状和运动了。

18. 一块大到可见的甘露可以在我们心中产生圆形或方形的观念，通过被由此地移往彼地，又在我们心中产生运动的观念。这个运动的观念代表着实际上正在运动的甘露的运动。至于圆形和方形，不论是在观念中还是在实在中，不论是在心中还是在甘露中，也代表着同样的实际的性质。运动和形状都是实际存在于甘露中的，不管我们注意与否。这一点人人都容易赞同。另外，甘露还有一种能力，可以借其各部分的体积、形状、组织和运动，在我的身上产生出疾病的感觉来，有的还产生出剧烈痛苦的感觉来。这种疾病和痛苦的感觉并不存在于甘露中，而只是它在我们身上产生的作用，我们如果不感觉到它们，它们也就不复存在了。这一点也是人人赞同的。可是，很难使我们相信，甜和白不是真正存在于甘露中的，实际上这两种性质也只是甘露借其各种微粒的运动、大小、形状在睛和舌上产生的作用，这正如甘露引起的痛苦和疾病很明显地只不过是它借其可见的各部分的大小、运动和形状在肠胃中产生的作用一样（因为正如以上证明了的一样，物体不能通过任何别的东西发生作用）……]

显而易见，洛克对这一学说的阐发是严重混乱的：

（1）将认识论错误地等同于自然科学。上述解释（除了有问题的“心灵中的观念”）作为生理学可能并不荒谬，但生理学与对关于我们所知道的外在世界的重要问题（生理学家一致认为这些问题已得到解决）

的讨论并不相关。

(2) 既然洛克了解的只是观念，而且不能把观念与它们应该与之相似的东西互相比较，那么他怎么能知道我们关于第一性的质的观念与那些存在于“物体中”的性质相似?

(3) 当他说一种性质是或不是“真实地存在于物体中”时,他的意思究竟是什么?确实,在描述物体的可测性质的句子与描述我们的感觉的句子之间存在着差别,就是说,在前面的情形中,有非常清楚的普遍为人接受的对“客观”真理的检验，这种检验可以尽可能地独立于“主观的”经验。但这并不含有“本体论状态”差别的形而上学意义。

(4) 洛克的意思如上面第9节中所意指的那样,仅仅是说每一物体都必定具有一定的大小、形状和运动(或静止)吗?不言而喻,洛克认为是这样的。因为,如果不满足这些条件,我们就不能用“物体”这一术语。或者,他的意思是不是说(在上面的引文中他似乎是这样主张的)我们对大小、形状等的知觉从来不会发生我们关于颜色、味道等的知觉所发生的那种公认的错误?这里,确实如贝克莱所指出的那样(见第110页，第139页及以下),他是错误的。如果我们有时恰好像对颜色、味道产生错觉一样,对大小、形状或运动产生错觉,那么我们有什么理由假定任何第一性的质的存在呢?是因为科学能保证它们的存在吗?但是,科学家们有什么凡人没有的发现方法呢? 难道只有他们才真正在接触一个具有稳定比例的确定世界，而别人则都只是沉溺于一堆杂乱无章的模糊感觉之中,都是如此的不确定以致不能胜任精确的描述?——如果真是这样,那么科学家是怎样达到这一点的?他们禀赋了什么样特殊的知觉或直觉官能? 笛卡尔或者莱布尼茨已主张发现物体的真实性质不是通过感官,而是通过理性——与感官平行又优于它的一个消息来源。但是,洛克却否认这一点;因此,他想一劳永逸地划分清楚第一性的(客观的)质与第二性的(主观的)质之间有区别——因为伽利略和牛顿以这一原理建立了他们的表面上成功的解释——而又保留他自己的似乎与这种二元论不可比较的“感觉论的”之前提，这是不成功的。但这种尝试的失败本身却表明了这一问题的本质。这个问题贯穿在他对“复杂”现象的讨论中，而且当他开始分析具有第一性的质的实体概念，也就是物理学家和生物学家认为理所当然地具有实在性的物质对象时，这一问题变得更加尖锐了。他对单个的简单观念怎样结合成复杂的整体的解释没有解决任何问题。

〔第11章 人心的分辨能力及其他作用

6. 组合——其次，我们还可以看到心灵对它的观念还有一种作用，这就是组合，借这种作用心灵把它从感觉和反省得来的简单观念放在一起，并把它们组合成复杂观念。扩大作用也可以归在这种组合作用之下，因为在扩大作用中，组合的结果虽不能产生出较复杂的观念，可是它仍把各种观念互相结合起来，只是所结合的观念的种类相同罢了。这样，通过把一些单位相加在一起，我们就造成了“一打”这个观念；又如把一些重复的“派齐”观念放在一起，我们就形成了“弗朗”的观念。①

8. 命名——如果儿童们通过一再重复的感觉把各种观念确立在记忆中，他们便开始逐渐学会使用各种符号；如果他们有运用语言器官发出清晰声音的技术，他们便开始运用语词把自己的观念表达给别人。这些语言符号，有时是他们从别人那里借来的，有时则是自己造成的，正如我们常见的一样，儿童们在最初使用语言时赋予各种事物那些新奇而不寻常的名词便是。

9. 抽象——我们所以使用语言，乃是要把它当做我们的内在观念的外在符号，而因为这些观念乃是从各种特殊的事物得来的，所以如果我们所接受的各种特殊的观念都应该有一个独立的名称的话，那么名称一定是无穷无尽的。为了避免这一点，心灵便把得自特殊事物的特殊

① 派齐、弗朗都是英国长度单位。1派齐=5.5码，1弗朗=0.125英里或201. 167米。——译注

观念改造成一般的，这种改造是由于把它们看做心中独立的现象，同其他事物没有关系，同真实事物的一些环境如时间、空间或任何其他相连的观念没有关系。这便是所谓的“抽象”。通过这种抽象，那些得自特殊事物的观念变成了所有其他同类事物的一般代表，而这些观念的名称，即一般名称，适用于一切符合这种抽象观念的事物。理智把这些确定的，赤裸裸的现象贮存起来(通常给它们加上名称)，并不考虑他们是怎么来的，由什么地方来的，与别的什么现象一起来的。然后，理智以它们为标准，把一些真实的事物按照这些模型分门别类，并相应地称呼它们。这样，今天在粉笔或雪中看到的颜色同心灵昨天从牛奶中得到的一样，心灵只是单独考究那个现象，并且使它成为一切同类东西的代表；在赋予它以“白”这个名称后，便以这个声音代表同样的性质——无论它在什么地方被想见或被遇及。一般观念或名称就是这样形成的。〕

〔**第12章 论复杂观念**

1. 复杂观念是由人心从简单观念构成的——到现在为止，我们考察了那些心灵只是被动地得到它们的观念，这些观念都是由前面所说的感觉和反省这两种途径得来的简单观念。在那里，心灵不能替自己制造任何一个这样的观念，心灵所具有的任何观念也无不是由这些简单观念组成的。但是，心灵虽然在获得它的简单观念时完全是被动的，却也起到一些自己的作用，从而以简单观念为材料和基础来构成其他观念……既然人们看见简单观念是一组一组地结合在一起的，心灵就能够把若干结合在一起的简单观念看成一个观念。这不仅仅是说，这些简单观念在外物中是结合的，而且是说，心灵自己就已经把它们结合在一起了。像这样由若干简单观念结合而成的观念，我就称之为复杂观念——例如美、感激、人、军队、宇宙等。虽然这些观念是由许多简单观念构成的，或者是由简单观念所构成的复合观念构成的，但是，人心可以把它们中间的每一个看成一个完整的东西，并且用一个名称来称呼它。

2. 它们是由人心随意构成的——心灵在使自己的观念重复和联结在一起的能力方面，有很大的力量使自己的思想对象发生变化、繁多起来，远远地超出感觉或反省为它提供的东西。但是，这一切仍然限于心灵从那两个来源所得到的那些简单观念的范围以内，简单观念乃是心灵的一切组合的最终材料。因为，简单观念全都是从事物本身来的，关于这种观念，心灵所具有的不能多于它所接受的，也不能异于它所接受的。心灵不能具有别的可感性质的观念，只能具有它凭借感官从外界得到的；它也不能具有一个思维实体的任何别种作用的观念，只能具有它在自己本身之内发现的观念。但是，心灵一旦得到这些简单观念之后，它就不单单局限于观察，局限于外界供给它的那些东西了；它可以凭借自己的力量，把它所具有的那些观念结合在一起，构成新的，它以前从未接受过的复杂观念。

8. 最深奥的观念也是得自这两个来源——如果我们追溯心灵的进程，并且注意观察心灵如何重复、积累、联合它由感觉或反省得来的那些简单观念，这将把我们引到比我们最初想象的还远得多的地方。我相信，如果我们仔细观察观念的起源，便会发现即使是最深奥的观察，不论它看来与我们的感官或心灵的任何作用相离多远，也仍然只有理智为它本身构成的，其方式是把心灵从感官对象或心灵对这些对象的作用中得到的那些观念加以重复和联结。因此，甚至那些广大而抽象的观念也是由感觉和反省得来的；也是心灵在一般地运用它自己的能力时可以得到的和已得到的；而且，人心在获得这些观念时，其官能也是运用于由感官对象而来的那些观念，或运用于人心对那些观念起的一些作用的。〕

关于洛克所运用的心灵的半机械性模式，无需列举更好的例证。观念是作为对象存在于心灵之中的。感觉和反省的简单观念是流入心灵的，心灵只是被动的贮存器。不过，心灵有它自身的某种“活跃的力量”，由此它能结合一些观念以形成一个新的复合观念。

组合是这些活动中最明显的机械性活动。通过组合,一些观念被放在一起形成新的观念,正如砖被结合在一起建成房子一样。而且它们还可以被拆开。不论我们的观念与直接经验的关系多么复杂而又遥远,这些观念由以构成的原始材料(简单观念)全部都来自感觉和反省。

关于实体的哲学学说真是古老、复杂而又不易理喻。"实体"的最重要特征据说是自我支撑(与它的"样式"或性质相反)。与洛克同时的经验哲学家所主张的这一学说可以粗略地叙述如下：世界是由许多独立的实体构成的,每一个实体要么是神,要么是一个有形的物体,要么就是一个心灵,全都具有这些实体的变化状态及性质。不存在任何别的东西。实体与样式的区别在于前者是自我支撑的，即能通过其自身而存在,而后者则需要赖以寄托的实体。作为自我支撑的实体与每一实体好像拥有的一组"样式"相比较而言,具有更高层次的实在性。

洛克绝没有摆脱这种(到目前)几乎难以理喻的本体论。他混淆了这种学说与伽利略或牛顿的物质客体的概念，其结果是陷入了很多窘迫状况,包括下面几节中关于"一般实体观念"的困境,而且在解释关系观念时遇到了困难,因为关系似乎是联结两个或更多的实体的,并不只是独立地属于任何一个实体,所以在这种本体论框架中不能是实在的。

洛克主要讨论了两种实体观念：

(1) 我们的一般实体观念。他承认这种观念是非常含糊的,因为,根据假说它是毫无特征的,通过抽去我们关于任何特殊物体(不管是有形物体还是心灵)的观念的一切性质,我们才得到一般实体现象:然后剩下的是——这些性质的自我支撑的所有者——一个不可知的基质,一个"我不知道的什么东西",因为不论它可能是什么,我们只能说正是"它""支撑着"这些性质。作为一种描述,它看来是不能解释物理世界的——它很像奥古斯丁的否定神学,这种神学把上帝看做是超验的,而且是不可知的。

（2）关于一个给定的特殊实体的观念，例如：太阳或者一块特殊的黄金，就被称为关于一个实体的观念。一个特殊实体的观念是一个由很多性质的观念构成的复杂观念，我们经常发现这些性质的观念是与那些“它们所属并由其支撑的事物的复杂观念”结合在一起的。

以上两种实体概念，以及许多其他概念，在下面几节中都是互相切近的。

〔第23章 关于我们的复杂的实体观念

1. 实体观念是如何形成的——如我们已经指出的一样，心灵所获得的大量简单观念，或者是在外物中发现而由感官传输进来的，或者是由心灵对自己的作用进行反省得到的。心灵也注意到一定数量的简单观念是经常在一起的；由于这些观念被设想成属于同一个东西，由于词语要宜于大家了解，要用来作迅速的思想传达，于是人们就用一个名称来称呼这些观念，这样也就把它们结合在一个主体中了。后来我们由于疏忽，往往把这个主体当做一个简单观念来看来说，其实它是由许多观念集合而成的。因为，像我上面所说过的那样，我们由于不能想象这些简单观念如何能够支撑自己而独立存在，因而惯于假定一个基质，作为它们的依托，作为它们产生的原因，我们也就因此称这个基础为实体。

2. 一般实体的观念——因此，如果有人愿意考察一下他自己关于一般纯粹实体的观念，他就会发现他根本没有什么别的观念，只不过有一个假设，认为有一种他不知道是什么的东西在支撑着那些能在我们心中产生简单观念的性质，这些性质通常被称为偶性。如果问一个人颜色和重量所寄托的主体是什么，那他就只能说：是一些有体积有广延的部分。如果问他体积和广延依托在什么东西里面，那他的情况就不会比前面所提到过的那个印度人更好。这个印度人说，世界是由一只大象支撑着的；问他大象停在什么上面，他答道，一只大乌龟背上；再问他什么东西支撑着这只阔背乌龟，他就答道——某种他不知道是什么的东西。

可见我们在这方面，正像其他一切我们搬用语词而其实并无清楚明白的观念的地方一样，是像孩子那样说话的。如果问孩子一件他所不知道的东西是什么，他就会不假思索自鸣得意地答道，那是一件东西；这话不论出于儿童或成人，事实上都只不过表示他们不知道它是什么东西；都只是表示他们对自己假装懂得并且谈起的那件东西根本没有清楚的观念，因此也就完全不懂得那件东西。因此，既然我们所具有的用"实体"这个一般性名称来命名的那个观念只是一种假定的和尚未知晓的支撑物，它支撑着那些我们发现存在着的性质，我们认为这些性质如果没有某种东西支撑它们，就不能存在——所以我们就称这个支撑物为substantia[①]，这个名词在通常英文中的真正意义就是支撑或支持。

3. 论实体的种类——既然我们这样形成一个含糊的和相对的一般实体观念，那么通过把这些简单观念的集合体结合在一起，就如通过经验和人的感官发现它们是一起存在并被假定是从那个实体特殊的内在结构或未知本质中流露出来一样，我们也就渐渐得到了实体的特殊种类的观念。因此，我们就渐渐有了人、马、金、水等观念，至于人们对这些实体的观念是否除了一些共存的简单观念外，还有别的明晰的观念，那我就诉诸每人自己的经验好了。正是铁和钻石的可以观察的众多性质的结合形成了这些实体真实的复杂观念。对这些观念，一个铁匠或一个珠宝商通常要比一个哲学家了解得更清楚。不管哲学家谈论什么实体形式，他除了通过将那些被发现是存在于实体中的简单观念结合在一起而形成关于这些实体的观念外，他并没有任何别的关于这些实体的观念。不过，我们必须注意到，我们关于实体的复杂观念，除了具有它们由以构成的简单观念外，通常还对那些它们从属和寄托的事物具有含混的观念。因此，当我们说到任何种类的实体时，我们总说它是具有某种性质的一种东西，正如我们说物体是一种有广延、形状、能运动的东

① 拉丁文，意即"实体"。——译注

西,精神是一种能思想的东西一样。同样,我们说硬度、脆性、吸铁的力量是吸铁石的诸种性质。这一类的说法暗示着:实体总是用来意指除了广延、形状、凝性、运动、思想或其他可观察的观念以外的某物,尽管我们不知道它是什么。

4. 没有明白的一般的实体观念——因此，当我们谈论或思考任何特殊的有形实体时,诸如马、石头等,尽管我们对它们所具有的观念,仍不过是那些我们常在被称为“马”或“石头”的事物中所发现的结合在一起的可感性质的一些简单观念的复合或结合，但由于我们不能设想它们单独存在或相互依存并受其支撑，因此，我们把这个支撑称做“实体”,其实,我们对自己假设的作为支撑的事物并没有明白或清晰的观念。

5. 关于精神的观念同关于物体的观念一样明白——在人心的活动方面,也有同样的情形:例如思维、推理、恐惧等活动,我们断言它们不能自存,也不能设想它们依属于物体,或者由物体产生,因此,我们就容易认为它们是另一种实体的活动,这种实体我们叫做“精神”。因此,显而易见,关于事物,我们并没有别的观念或思想,而只是把它当做那些作用于我们感官的许多性质赖以存在的某物。而通过假定一种思维、认识、怀疑和运动的力量赖以存在的实体,我们也就有了与物体的实体观念一样明白的精神的实体观念。前者被假定为(并不知道它是什么)我们从外界得来的简单观念的基质,后者被假定为(我们同样不知道它是什么)那些我们在自身内部经验到的活动的基质。显然,物质方面的有形实体和精神性的实体(或精神)同样是我们所不能捉摸和理解的;因此，我们不能因为我们对精神实体没有任何观念就断言精神实体不存在,正如不能因为同样的理由否定物质实体的存在一样。如果我们因为没有明白清晰的精神实体观念,就断言说没有精神,那就如因为自己没有明白清晰的物质实体观念,就断言说没有物体一样。

6. 论实体的种类——不论一般实体的本质多么神秘抽象，我们对特殊的、各别的实体所有的一切观念都不过是一些简单观念的集合体。这些简单观念共存于那尽管是未知的但却使全体能独立存在的并使之相互结合的原因之中。我们之所以能把特殊的实体显现给自己,正是通过把简单观念结合在一起,此外别无他法。我们心中所有的各种物类的观念,也只是这些简单观念的集合体,也只有通过它们的特殊的名称诸如人、马、太阳、水、铁而向他人有所指称。任何一个能理解这种语言的人,一经听到这些名词就会在他心中构成一些简单观念的集合体,而这些简单观念正是他通常在观察和想象中发现在那个指称之下共同存在的。他假定所有这些简单观念都好像是存在于,固着于那个不可知的共同的主体,而这个共同的主体则不能内在于任何别的东西。与此同时,显而易见的是,人们虽然假设一个好像是给予的基质以支撑他们在观察中发现一起存在的那些性质或者简单观念,但他们只要考察一下自己的思想,就会发现,对于任何实体,比如金、马、铁、人、硫酸、面包等,他们并没有别的观念,而仅仅只是对那些他们假设是存在于一个共同的主体中的性质有一些观念。因此,关于太阳的观察,除了光、热、圆、恒常的有规则的运动,与我们隔着一定的距离等简单观念的集合体外,还可能是别的什么呢?而且,关于太阳的观念,除了依照那思考和谈论太阳的人对属于他称之为"太阳"的那个事物的可感性质诸如观念、或属性观察的精确性程度以外,又能是别的什么呢?

7. 能力是复杂实体观念中的主要部分——谁能将存在于实体中的绝大多数简单观念搜集并置放在一起,那么他就能得到关于特殊的实体的最完善的观念,而在这些简单观念中,我们可以把主动的能力和被动的能力包括进去。这两种能力尽管不是简单观念,但在这里为了简便起见,完全可以方便地把它们归在简单观念里。因此,吸铁的能力是我们叫做"吸铁石"的复杂实体观念中的一个观念。而被如此吸引的能力则是我们叫做"铁"的复杂的实体观念的一部分。这些能力都被认为是这些主体所固有的性质。因为每个实体,借助于我们在它之中观察到的能力,很容易引起别的主体[①]中一些可感性质的变化,正如它在我们心中产生我们直接从它那里得到的简单观念一样，所以它可以借助于它导入别的主体中的一些新的可感性质，向我们显示那些借以间接作用于我们感官的能力,而这些能力间接地作用于我们的感官,正如那些可感性质直接作用于我们的感官一样地有规则。例如,通过感官我们能直接知觉到火的热度和颜色,而热度和颜色,如果思考得不错的话,只不过是火中能在我们心中产生这些观念的能力。我们也可以借助于感官知觉到木炭的颜色和脆性,由此,我们又知道火的另一种能力,这种能力改变了木头的颜色和密度。在前面那种情况中,火是直接地向我们呈现这些性质的。在后面那种情况中，火是间接地向我们呈现这些性质的。因此,我们把这些性质看做火的性质的一部分,因而看做是关于火的复杂观念的一部分……因为那些多次出现在它们中的能力必然要加以考虑,如果我们想得到一些实体真实而清晰的观念的话。

8. 原因——我们不必疑惑，为什么那些能力构成我们的复杂的实体观念的主要部分,因为在大多数实体中,它们的第二性的质主要是用来区别各种实体，而且通常形成一些真实而清晰的实体观念的主要部分。因为,我们的感官使我们不能发现物体的微小部分的大小、组织和形状,而这些正是物体的真实结构和差异所依赖的东西,所以，我们就爱用第二性的质作为特殊的标记和记号，借以在我们心中形成关于物体的观念,并使它们互相区别开来:所有第二性的质,如以上所说,都不过是一些能力。因为鸦片的颜色和滋味以及它的催眠和镇痛的性质,都只是依赖于鸦片的第一性的质的一些能力，鸦片也是借以在我们身体的不同部分产生不同的作用。

9. 复杂的实体观念是由三种观念形成的——形成我们关于有形实体的复杂观念的观念有如下三种：其一是由感官发现的事物第一性的质的观念,这些性质即使在我们没有知觉到它们时,也仍然存在于事物

① 这里的主体指实体,这是一个传统的用法。——译注

中,诸如大小、形状、数目、环境和物体各部分的运动,不论我们注意与否,它们都确实存在于事物之中。其二是可感的第二性的质,它们依赖于第一性的质,都只不过是那些实体借助感官在我们心中产生一些观念的能力。不过,这些观念之不存在于事物本身当中,正如任何事物之不存在于它的原因当中一样。其三是任何实体中产生或接受第一性的质的变化的一种倾向,我们认为这种倾向使实体在经受这种变化后在我们心中产生不同于以前的观念。这些叫做"主动和被动的能力"。所有这些能力,就我们所能注意和思想的范围而论,都只归结于可感的简单观念。因为不管吸铁石所具有的能力在铁的微粒中产生什么样的变化,如果铁的可感运动不把那种能力表现出来,我们对吸铁石在铁上产生作用的能力不会有任何观念。毫无疑问,我们日常所碰到的物体都有能力互相产生千变万化,只是由于它们从不以可感的结果呈现出来,致使我们不能觉察到罢了。

10. 能力形成实体观念的大部分——因此,能力确实构成我们的复杂实体观念的主要部分。人们只要考察一下他关于黄金的复杂观念,就会发现构成这个复杂观念的一些观念只是一些能力:诸如被熔化的能力,在火中不失分量的能力,在王水中溶解的能力:都是在形成黄金的复杂观念中必不可少的观念,正如它的颜色和重量一样。而颜色和重量,只要我们适当地考虑一下,也只是一些不同的能力。因为,真正说来,黄色并不真的存在于黄金中,而只是黄金中的一种能力,把黄金放在适当的光线下,它借助于我们的眼睛在我们心中产生黄金这个观念。太阳观念中我们不能略去的热,并不真的存在于太阳中,正如太阳在蜡上所产生的白色不在太阳中一样。这两者都同样地是太阳中的能力,可借助于它的可感觉部分的运动和形状,对人们产生作用,使他们具有热的观念;又对蜡产生作用,使之能在人心中产生白的观念。

11. 如果我们能发现物体的微小部分的第一性的质,那么物体的第二性的质就将消失无遗了——如果我们有足够精细的感官分辨清楚物体的微粒,及其可感性质所依赖的真实结构,我相信它们就会在我们心中产生不同的观念,现在的金黄色一定会消失无遗。相反,我们将发现一定大小、形状的不同部分的精细组织。显微镜清楚地向我们表明了这一点。因为由于感官的敏锐力增加,呈现给肉眼的一定颜色,就会表现为迥然不同的东西;由于这种改变,寻常视力所见的有色物体的微小部分的大小比例就会产生不同于以前的观念,正如沙或捣碎的玻璃,在肉眼看来,虽是白而不透明的,在显微镜下却是透明的。同样,头发在显微镜下也失去了它先前的颜色,在很大程度上成为透明的,并杂有一些发亮的光斑,就像钻石和其他透明物体折射时发出的光一样。在肉眼看来,血完全是红的,但在精细的显微镜下,血的微小部分便会呈现出来,只表现为一些游离于透明液体中的红色小球。如果我们能发明一种镜片,把这些红血球放大千倍或万倍,那么我们就不敢确定它们将呈现为什么样子。

14. 复杂的实体观念——……我认为,我们所具有的实际观念和我们得到这些观念的方式,以及我们的特殊的实体观念,都只不过是一定数量的简单观念的集合体罢了。而这些简单观念被看做是在事物中结合在一起的。虽然这些实体观念通常是简单的理解,而且这些实体的名称也是简单的词语,然而,事实上它们却都是复杂的,复合的。因此,一个英国人用“天鹅”这个名词所指谓的观念是:白色、长颈、红嘴、黑腿、有蹼,具有在水中游泳的能力,能鸣叫。对一个曾经长期观察这种鸟的人来说,可能还有一些其他都应归于可感观念之内的性质,都是结合在一个共同的主体之中的。

37. 总结——因此,我们已经明了我们所有的各种实体的观念,属于什么种类,存在于什么地方,我们是怎样得到它们的。由此,显而易见:

第一,我们所具有的关于各种实体的全部观念都只是简单观念的集合体,我们假设这些简单观念属于某物,并且存在于其中,不过,对于这个假设的某物，我们简直就没有明白清晰的观念。

第二，所有那些结合在一个共同的基质中，并构成我们关于一些实体的复杂观念的简单观念，都只是我们已经从感觉和反省中所得到的。因此，即使在那些我们自以为最密切、最熟悉的、以我们最详备的概念最能理解的实体观念中，我们也不能超出这些简单观念。甚至于，有些实体观念看来似乎与我们在自身中通过反省能够知觉的任何事物或者通过感觉在他物中所能发现的任何东西并不相关，但是，在这些观念中，我们所能得到的没有别的，只有我们最初从感觉或反省中得到的那些简单观念，这一点，在我们所有的关于天使，尤其是上帝本身的复杂观念中，是非常清楚的。

第三，如果正确思考的话，就会看到，形成我们关于实体的复杂观念的大多数简单观念，都只是能力，不论我们怎样倾向于把它们当做积极的性质。例如，形成黄金的复杂观念的主要部分是黄色，高比重、可展性、在王水中的可溶性等等，都在一个不可知的基质中结合在一起，所有这些观念都不是别的，只是与别的实体所发生的众多关系，而且也不真的仅仅存在于黄金本身中。不过，它们仍依赖于黄金的内在结构的实在和第一性的质，正是借助于这些第一性的质，黄金适于产生不同的作用，并且遭受其他实体的作用。〕

除了上面予以区别的两种主要的意思之外，洛克也不时地有点像一个化学家一样运用“实体”这个词，以指称一个自然的种或类，即指称上述第二种意义上的整类实体。例如，在这种意义上，我们关于黄金(而不是一块黄金)的观念本身就是一个实体的观念。在第三种意义上，实体似乎是全部存在个体的类。因而实体观念便是抽象的，一般的，因为它们只用于类而不用于个体。

第一性的质和第二性的质的学说又一次重现：“能力形成我们复杂的实体观念的主要部分”，这种能力有两种，即在我们心中产生关于第二性的质的观点的能力，以及以特殊的方式与别的实体相互作用的能力。认为产生关于“第二性的质”的观念的“能力”本身依赖于物体微粒的第一性的质这一理论(在第四卷中所占篇幅很大),在这里表述得更为大胆。

洛克的心灵基质概念并不比他的物理客体基质这一概念更清楚。贝克莱攻击的矛头正是指向物质客体的基质。洛克从来不怀疑每个心灵都是一个简单的实体(观念存在于其中)这一假设,不论心灵还具有别的什么属性,诸如创造和行动,以及借助于不同于观念的其他方式意识到与其他心灵(包括上帝的心灵)的关系。

至此,洛克完成了对我们心灵的考察。他的下一个任务是通过考究语言的运用和那些使哲学家们误入歧途并阻碍知识增益的途径，来实现他清理一下知识地基的诺言。在《人类理智论》第三卷中,他着手进行这项工作,不过也有一点贝克莱式天才的和富有破坏性的洞见。在冗长无聊的讨论中,最有价值的部分(尽管还有许多别的有价值的部分)是他对抽象观念和“实在本质”与“名义本质”依次做出的讨论。下面的一些段落表述了他学说的核心。要想理解这些思想,我们就必须记住,洛克时代的那些“经院派学者”——还有那些没有完全与经院派决裂的唯理论者——通常都认为，所有实体都属于这个或那个具有确定数量的自然的种(或类),其界限则是由上帝或自然精确地确定的。他们甚至认为,属于一个既定的自然的种,就是“具有”那个种的所谓的“实在”本质。如果我们能得到关于真实本质的知识,我们就能从这一知识出发,绝对确定地推演出那个种的每一成员的所有属性。洛克是这样反对这一学说的:(1)“畸形儿和低能儿”的出现与关于一定数量的“自然的”和不可改变的种或性质的学说是不相容的;(2)既然这些假定的种的“实在本质”对人心来说是不可测知的,那么这种说法,从增益人类知识的观点来看,就是毫无价值的。

然而,洛克却发现了“实在本质”这一名词的用处,赋予它科学的而不是形而上学的解释。他运用“真实本质”一词以表示一个事物“实在的、内在的结构”,即事物其他属性所依赖的它的微粒的第一性的质结构。洛克在第四卷论述科学知识时,关于这种实在本质的存在的阐述占了很大篇幅。洛克承认,目前我们并不知道这些实在本质,而且也不能担保将来能发现它们的特征。然而,我们那些指称事物的类的一般名词是怎样发挥作用的呢?因为它们对人类的交往必定是不可或缺的,如果没有这些一般名词,我们根本就不能在不同的时间地点描述、划分或者谈论同一客体。既然这些一般名词显然并不指称不可知的实在本质,那么它们就必须被限定在那些被一致发现是结合在一起的各组性质范围之内,不论这种并存在共同的原子结构里是否有其基础。关于这些性质群的复杂观念,洛克称之为类的“名义本质”,它们全是“抽象的一般观念”。

在讨论的过程中,洛克对词和定义提出了一些非常有价值的观点。摩尔[①]坚持认为,那些代表一定观念的词并不能在这样的基础上来界定,即,这些观念是简单的、不可分的,没有任何部分。因为,他认为所有定义都存在于把一个整体分解为它的各个部分的分析中。这并不是洛克要表述的观点,洛克正确强调的是:有一些词的意义并不能通过字面定义充分表达出来,因为对它们的运用依赖于那种直接的检验,如果没有这种最低限度的检验,任何符号或者语言根本就不能描述这个世界。只能从“字面上”学会对这些词的运用,即从这些词所描述的存在对象中学会,而它们之间的关系则是通过指称表达出来的,也可以通过别的有效途径学习对词的运用。其中的一个例子是我们不能把一个关于颜色的词的意义完全教给一个盲人。很明显,字面意义——一组词代替另一组词——并不能把“红色”的意义表达给那些看不见颜色的人。

下文引自第三卷,“论词”。

---

① 见《伦理学原理》(伦敦,1903)。

〔第3章 论一般名词

1. 绝大部分的词都是一般的——所有存在的事物都是特殊的,按理来说,人们或者会认为,那些应当与事物相符合的词在其所指上,也应该是特殊的。然而,我们发现情形与此截然相反。那些构成所有语言的词中的绝大部分都是一般名词,这并不是无知或偶然机遇的结果,而是理性和必然性的结果。

2. 每一特殊事物不可有一个名称——首先,每一特殊事物不能有一个清楚的特殊名称。因为词的所指和用法依赖于心灵在观念和用做观念的象征的声音之间形成的关系,因此,在把名称用于事物时,心灵必然地对事物应当有清楚的观念,并且也保留那些属于每一具体事物的特殊名称,使那个名称专属于那个观念。但是,要想对我们见到的所有特殊事物都形成并保留清晰的观念,则是人力所不能达到的。人所见到的一鸟一兽,作用于人们感官的一草一木,并不能在容量最大的人类理智中各自寻得一席之地。

3. 每个特殊的事物具有一个名称也毫无用处——其次,即便这是可能的,也毫无用处,因为它并不能用来达到语言的主要目的。堆积一些关于特殊事物的名称,却不能用来交流思想,这对人们来说是毫无裨益的。人们所以学习各种名称,并且用它们来与别人交谈,原意只是想被人理解。不过,只有当在我说话时,我用语言器官所发出的声音(通过使用或约定),在听到这个声音的他人心中激起我心中所指的那个观念时,才能做到被人理解。这一点是不能通过用于各个特殊事物的名称做到的,对这些名称只是我自己在心中才有的观念,对那些并不熟悉我所注意的这些特殊事物的人来说,这些名称只能是无所指的,也是不可理喻的。

4. 第三,即使承认这是可能的(我并不这么想),每一特殊的事物都有一个清晰的观念对于知识的增益也没有多大用处:知识尽管是建立在特殊事物的基础上的,却是通过一般的观点才能有所扩大,对知识来说,在一般名称之下把物划分为各个种类,才是真正有用的。

6. 一般名词是怎样形成的——接着的事情是考察一般名词是怎样形成的。因为,既然一切存在着的事物都只是特殊的,我们怎样得到一般名词呢?或者,我们从哪儿发现这些一般名词应假定代表着一般性质呢?词由于变成一般观念的符号而成为一般性的词,观念由于与时间、地点、环境以及其他任何决定它们成为或此或彼的特殊存在的观念分离开来而成为一般观念。通过这种抽象方法,它们便能代表一个以上的个体;其中每个个体,由于与那个抽象观念相符,便属于那个类(正如我们所称谓的那样)。

7. 不过,为了把这一点论证得更清楚一些,我们不妨追溯一下我们的观念和名称的起源,考究一下,从孩提时起,我们是循着什么样的次序,通过什么样的步骤扩大了我们的观念。再也没有比如下的事实更明显的了:儿童对熟人的观念(只举此例)正如那些人本身一样,都只是特殊的。对乳母和妈妈的观念都是在心中亲切地形成的,而且这些观念正如图画一样,只是表象这些个体,儿童最初给予这些观念的名称都只是限于这些个人自身。儿童所用的"乳母"和"妈妈"这些名称,也只是限于这些个人。后来,年岁增长,认识的人多了,他们便发现在这个世界上有很多别的事物,在形状和其他性质方面有些共同之处,因而很像他们的父母,而且他们对这些人很熟悉,他们便形成了一个观念,他们发现这个观念是很多个体都有的,于是他们便跟随别人,给那些事物以"人"这个名称。因此,儿童们便逐渐有了一个一般的名称和一个一般的观念。而在这些名称和观念中,他们并没有任何新的创造,而只是把他们所具有的关于彼得和詹姆斯,玛丽和珍妮等复杂观念的特殊成分抽离出来,把他们的共同成分保留下来。

9. 一般性质只是抽象观念——人们最初形成一般观念和一般名称,正是通过这种途径,这一点我认为是……显而易见的……如果有人认为一般性质和观念不是那最初从特殊存在物中形成的更复杂观念的抽象和部分的观念,那么,恐怕他会不知道从什么地方去发现它们。因为,如果他不相信,可以让他反省反省,然后再告诉我,他关于"人"的观念同关于彼得及保尔的观念,或者关于马的观念与关于"布御法乐"[①]的观念的区别究竟在什么地方?区别不是只在于从前一种观念抽掉属于每个个体的特殊成分,而把关于一些特殊存在物各别的复杂观念中的共同成分保留下来吗?如果从"人"和"马"所指称的复杂观念中,我们抽掉那些使它们区别开来的特殊的东西,而保留它们相同的东西,由此而形成一个新的独特的复杂观念,并给予这个观念以"动物"这个名称,那么,我们就得到了一个更一般的名称。它包括人和一些其他动物在内。如果我们抽掉"动物"这个观念中的意识和自发运动,而其保留下来且由余下的"身体"、"生命"、"营养"等简单观念所构成的复杂观念,在一个更具概括性的名称"生物"之下,就变成了一个更为一般的观念……总的来说,经院哲学中众说纷纭的所谓种和类的玄秘问题,不过是含义或宽或狭的附有一个名称的抽象观念罢了。

11. 一般和共相是理智的产物——……显然,如前所述,一般和共相并不是属于事物的真实存在,而只是理智的创造产品,理智创造它们只是为己所用,把它们当做一些符号——不管是词还是观念。如上所说,词在被用做一般观念的符号并因此毫无分别地用于许多个别事物时,就成为一般性的词了,而观念在被用做许多个别事物的代表时也就成为一般观念了。而且,普遍性并不属于事物本身,即使指称这些事物的词和观念是一般的,事物的存在也全都是特殊的。因此,如果我们离开个体,所余下的一般就只是我们自己创造的产物。它们的一般性质只是理智导入的用来指称或表象许多个性的能力,因为它们的所指只是人心加给它们的一种关系。

12. 抽象观念是种和类的本质——接着要考察的一个问题是:一般词所具有的指称是什么?因为很明显,一般词并不仅仅指称一个特殊事

① 亚历山大的战马。——译注

物——如果是这样的话,它们便不是一般名词,而只是专名了——另一方面,同样明显的是,它们也并不指称一个复数,因为要是这样的话,"人"与"人们"的指称就是一样的,而语法学家们所谓"数"的区别也就是多余无用的了。因此,一般词所指的是一类事物,而每个词之所以能指称一类事物是由于它能成为心中抽象观念的符号;作为存在着的事物的观念如果与它相符,便可以归到那个名称之下,或者说,全部属于那个类。如果拉丁文更受欢迎的话,那么事物的类只是这些抽象的观念。因为,任何事物之属于一个类,是由于它们具有那个类的本质;而任何事物之配有那个名称,则是由于它们与那个名称所指的观念相一致,所以,具有那种类的本质,与具有那种一致性,必定是一回事,因为属于某一个种,和有权配有那个名称是一回事。因为,比如说,成为一个人或属于人这个类,和有权配称得上"人"是一回事。同样,成为一个人或属于人这个类,与具有一个人的本质,也是一回事。既然除了与叫做人的这个抽象观念所代表的意义相符的东西外,没有任何别的东西能够成为人,或者配称得上人;除了具有人的类本质的东西以外,没有任何东西能成为人,或者配称得上人;那么,名称所代表的抽象观念和类的本质就是一回事。由此,很容易发现,事物的类本质,因而对这些事物的分类,都只是那抽象和形成一般观念的理智的产品。

13. 它们虽是理智的产品,却以事物的相似关系为基础——人们不要以为我忘记了,自然在创造事物时,曾经使它们彼此相似。没有比这一点更明显的了,尤其是在动物类和所有由种子生长起来的事物方面,更是如此。不过,我认为,可以说在名称之下对事物所做的分类是理智的产品,因为理智能不失时机地在事物中发现它们的相似性,形成抽象的一般观念,把它们保留在心中,并给它们命以名称,用做那些与之相符的特殊事物的范型或形式(因为在这种意义上"形式"一词具有一个专门的指称)。因此,这些事物便属于那个类,得到了那个名称,或者被归于那个类……因此,当一般名称与特殊的存在物有某种关系时,抽象观念便成为联结它们的中介。所以，我们所划分和命名的类的本质，既不是也不能是任何别的东西，而只是我们心中的那些精确的抽象观念。因此，我们假设的实体的实在本质如果与我们的抽象观念有所不同，那么它就不能成为我们用来划分事物的类本质。因为，两个类可以成为一个类，正如两个不同的本质可以成为一个类的本质一样。因此，我要问，马和铅中什么样的变化可以不使它们属于另外一个类呢？如果用抽象观念来确定事物的类，这是很容易解决的，但是，如果有人在这里想以假设的实在本质来规范他自己，我猜想，他将会不知所措。他一定不会知道什么时候某些事物确实不再属于马或铅那个类了。

14. 每一独特的抽象观念是一个独特的本质——任何人都不会怀疑我所说的这些本质或者抽象观念（它们是名称的标准、类的界限）是理智的产品。他会认为，在一些人中，至少同一复杂观念通常都是一些简单观念的彼此不同的结合，因此，对一个人来说是贪婪，对另一个人来说就不是这样。而且，即使在实体中，虽然它们的抽象观念似乎是从事物本身中抽象出来的，但它们也并非经常一致。甚至在我们最熟悉、有最密切接触的一类事物中，我们的复杂观念也是这样不一致。例如，人们曾经不止一次地怀疑妇女所怀的胎儿是不是人，甚至争论应不应该养育他并施以洗礼。如果“人”这个名称所属的抽象观念或本质是自然的产品，而不是理智把一些简单观念放在一起，然后加以抽象，赋予一个名称后所得到的不确定的、变动不居的这些简单观念的结合体，那么，就不会存在这种疑问和争论。所以，事实上，每一种独特的抽象观念都是一个独特的本质，而代表这些独特观念的名称，则是那些本质上互不相同的事物的名称。因此，圆在本质上不同于椭圆，正如绵羊在本质上不同于山羊；雨在本质上不同于雪，正如水在本质上不同于土；作为一类事物的本质的抽象观念，不可能传给另一类事物。因此，任何两个抽象观念，只要在任何部分上彼此不同，而且具有两个被赋予的独特的名称，就构成两个独特的类，正如世界上最遥远而且完全相反的两个东西在本质上彼此不同一样。

15. 实在本质和名义本质——但是,既然一些人认为事物的本质是完全未知的(这并非没有理由),那么我们不妨考察一下“本质”这个词的几种不同的意义。

首先,本质可以是任何事物的存在,事物借此而为它之所是。因此,事物实在和内在的、但一般(在实体中)是未知的结构(事物的那些可以发现的性质赖此而存在),可以称做事物的“本质”。这也是“本质”一词原初的本来意义,这一点从其词源可以看得很清楚。本质(essentia)在最初的用法中,正是指“存在”……

其次,由于经院学派忙于探究和争论种和类的问题,使“本质”一词的原初意义几乎丧失殆尽。本质不是用来指事物的实在结构,而是几乎完全用来指种和类的人为的结构。确实,通常我所假设的各类事物的实在结构,而且,毫无疑问,一定有一些实在的结构,是那些共存的简单观念结合体的依托。但是,很显然,只有当一些事物符合我们已经赋予名称的某一个抽象观念时,它们才在那个名称下被归入一个类。每个类或种的本质并不是别的,而只是类名或“种”名所表示的那些抽象概念。我们将会发现这正是“本质”一词在最通常的用法中的含义。我认为这两种本质一个适于称做“实在本质”,另一个适于称做“名义本质”。

17. 假设类是由它们的真实本质区别开来的,并无用处——如果我没弄错的话,关于有形实体(只讲实体)的本质,有两种意见。其一是这样一些人的意见:他们用本质一词指那些他们不知道是什么的东西,并假设一定数量的这些本质,所有自然的事物都是依照它们而形成的,而且每一事物正是因为准确地分有这一本质而归入这一类或那一类。另外一种更合理的意见是,一些人认为所有事物的不可感知的部分都有一个实在却是未知的结构,从中流溢出我们用来把事物彼此区别开来的可感性质,我们可以根据需要据此在一个共同的名称之下把事物归入不同的类。我认为前一种意见已经在很大程度上混淆了我们关于自然的知识。这种意见假设这些本质是一定数量的形式或模型,所有存在的自然事物都受其陶铸并同等地分有它们，而各种动物常有的怪胎的产生,以及人类生出另一种奇怪的后代——畸形儿,给他们带来无法与这种假说符合一致的难题。因为,就像两个具有不同属性的形状分有相同圆形的实在本质是不可能的一样，两个具有不同属性的事物同等地分有同一个实在本质也是不可能的。就算没有别的反对这种意见的理由,它假设本质是不可知的,却又用本质来对事物进行分类,这是毫无用处的,对我们的知识的任何部分都是毫无裨益的。仅这一条就可以使我们对这假设弃之若敝屣，而满足于我们的知识所能达到的事物的类的本质,只要我们认真思考一下就会发现,这种本质,正如我所说的一样,只不过是那些抽象的复杂观念,对这些抽象的复杂观念,我们都曾赋予清晰的一般名称。

18. 实在本质和名义本质在简单观念和样式中是同一的,在实体中则是有差别的——在把本质区分为实在本质和名义本质之后，我们可能会进一步发现,在简单观念的类和样式中,它们是同一的,但在实体中,它们都通常是迥然有别的。因此,一个包含着由三条直线围成的空间的形状,既是三角形的实在本质,也是它的名义本质。它不仅是被赋予了一般名称的抽象观念，而且也正是事物本身的本质或者存在——即事物的所有属性流溢出来,并且使它们不可分地联结在一起的基础。但是,如果另外谈到构成我手上指环的那团物质,那么它与三角形的本质显然是不一样的。因为,正是黄金的不可感的部分的实在结构,成为我们在黄金中发现的诸如颜色、重量、可熔性、坚固性等性质的依托;我们不知道这一结构,所以,对它也就没有特殊的观念和作为它的表象的名称。然而,正是它的颜色、重量、可熔性、坚固性等使它成为黄金,或者使它配得上那个名称,所以这些性质便是黄金的名义本质:因为除了那些在性质上与被赋予了名称的那个抽象观念相一致的东西以外，没有任何别的东西能被称做黄金。不过，这种特别属于实体的对本质的分类,我们在以后考虑它们的名称时,还会有机会作更充分的讨论。

第4章 论简单观念的名称

11. 更进一步解释简单观念为什么不可界定——前面已经说过,简单观念只有通过客体经过各自专门的通路在我们心灵上产生的印象才能得到。如果简单观念不是通过这种方式得到的,那么世界上所有用来解释或界定任何观念的名称的语词就将永远不能在我们心中产生它所代表的观念。因为,词,作为声音,只能产生关于这些声音本身的简单观念:除了通过它们与通常用法中形成的作为符号的那些简单观念的人为的联系以外,它们并不能在我们心中激起任何观念。如果有人还有别的想法,那么,可以让他试一试,看看是否有什么词能给他提供凤梨的滋味,并使他对这种精美的水果有正确的观念。至于他被告知那种水果具有与早已由他的味觉所熟悉的感觉对象而在记忆中那种滋味观念的相似性,那么,他可能会在心中体会到那种相似性。但这并不是通过定义赋予我们那种观念,而是通过它们已有的名称在我们心中激起另外的简单观念,而且这个简单观念与水果本身的真实味道仍然有很大的差别。在光和颜色,以及所有其他简单观念中,情形也是一样的:因为声音的意义不是自然的,而只是强加的、任意的……

12. 通过雕像和虹的例子说明在复杂观念中情形正好相反——在复杂观念方面,情形就颇为不同了,它们是由一些简单观念构成的。正是凭借那些代表形成那个组合的观念的词的力量,才在心灵中印入了一些从前不曾有过的复杂观念,并使它们的名称为人理解。如此把各种观念集合在一个名称之下,定义,或者通过别的一些词来指示一个词的意义,便有了一席之地,而且可能使我们理解那些从未进入我们感官范围之内的事物的名称,并且在别人运用这些名称时,我们可以形成一些观念,相应于他们心中已有的观念。条件是定义中的各个名词没有一个不是代表听解释的人在思想中已有的任何简单观念。所以,“雕像”一词可以借助于别的词向盲人作解释,而“图画”一词则不行,因为他的感官只给了他形状的观念,而没有给他颜色的观念,词在他心中不能激起颜色这个观念……

14. 什么时候可以通过词把复杂观念的名称解释清楚——如前所述,简单观念只能借助于经验从那些适于在我们心中产生知觉的客体中得到。通过这种方式,当我们心中充满了简单观念,知道它们的名称时,我们便能界定并且通过定义理解由这些简单观念构成的复杂观念的名称……

第6章 论实体的名称

6. 确实,我曾经常提到,各种实体中的实在本质与关于它们的抽象观念——我称之为它们的“名义本质”是不相同的。所谓“实在本质”,我指的是任何事物的实在结构,这种实在结构是结合在名义本质当中,经常被发现是共存的那些属性的基础。这种独特的结构是任何事物内部都具有的,与任何外在于它的任何事物都没有关系。但是,即使是在这种意义上,本质也是与类相关联的。而且必须假设一个类。因为,它作为属性所依赖的那种实在结构,必然要假设一个事物的类,这是由于属性只属于类,而不属于个体。例如,如果假设黄金的名义本质是具有如此独特的颜色和重量,具有韧性,可熔性的物体,那么它的实在本质便是那种物质的各部分的结构,这种结构是以上性质及其赖以结合的依托,而且也是它在王水中的可溶性,以及其他与那个复杂观念相伴随的属性的基础。这便是本质和属性,但它们都立基于对被认为是不可变的类或者一般的抽象观念的假设之上。但是,并没有个别的一团物质是以这种联结在一起的性质中任何一个为其本质,或者不能离开它的。属于事物的本质属性是它成为此类或彼类的条件:除掉认为事物是在一些抽象观念的名称下被归类的,没有任何东西对它来说是必要的,或者是它不能离开的。确实,谈到实体的实在本质,我们只假设了它的存在,并不切实地知道它们之所是;而仍把它们联系到一个类上去的是名义本质,而实在本质则是名义本质假设的基础和原因。

7. 名义本质可以界定事物的类——其次要考察的问题是,通过这两种本质中的哪一种,我们确定实体之属于此类或彼类。显然,只能通过名义本质。因为,作为事物类的标志的名称所指只是名义本质。因此,任何别的东西都不可能确定我们在一般名称之下对事物所作的分类,而只有那个用名称所标记的观念才能做到这一点,而那个观念,如前所述,也就是我们所说的"名义本质"。为什么我们说,"这是一匹马,那是一头骡子,这是一个动物,那是一株草"?任何特殊的事物是如何属于此类或彼类的?除了因为它具有那种名义本质,或者换言之,除了因为它与被赋予了名称的抽象观念相符合以外,还能有别的什么原因吗?……

9. 能界定事物的类的不是实在本质,我们不知道它是什么——的确,借助事物的实在本质,我们既不能对事物进行分门别类,因此也不能给他们命名(这是分类的目的),因为我们不知道实在本质是什么。除了我们在实体中所观察到的那些可感观念的集合体,我们自己的能力并不能使我们得到关于实体的更进一步的知识及对它们的区分,这些简单观念的集合体,尽管是尽我们所能达到的勤奋和精确性而形成的,但是,如我前面所说的一样,与一个乡下人关于斯特拉斯堡的那座著名的大钟的观念离它的内部设计遥远程度——实则他只看到大钟的外部形象和运动——相比,它离那些性质流溢出来的事物真实的内在结构更加遥远……

14. 假设一定数量的实在本质所遇到的困难——人们通常假设,存在着一定数量事物的精确本质的形式,一切存在着的个体由此被自然区分为各个类,但要依据这个假设,对实体性的存在进行分门别类,则必须有下述条件:

第一,必须确保自然在产生各种事物时总是将它们设计成为有某些规则的、确定的本质,以作为行将产生的事物的模型。在人们完全赞同这一点之前,在它通常被人认为的粗浅的意义上,还需要更好的解释。

第二,必须知道,自然在产生事物时,是否总是获得它所设计的那种本质。我们已经见到的各类不同动物的不规则的畸形产儿,总使我们有理由怀疑这两点。

第三,应当确定,依照经院学派对物类一词的概念,那些所谓的怪胎,是否真的自成一类。因为各种存在着的事物都有其独特的结构,然而我们却发现这些怪胎几乎没有或者完全没有它们所从出且为其血统所属的应该从那个类的本质中产生出来而且与其相随的那些性质。

20. 综上所述,可以清楚地看出,我们用名称对实体所作的分类,完全不是以它们的实在本质为基础的; 我们也不能自夸可以根据内在的本质的差别来精确地对实体加以分类,并对它们予以界定。

21. 我们赖以对事物进行分类的是名称所代表的观念的集合——但是,如前所述,尽管我们不知道事物的实在本质,却需要一般名词,既然如此, 我们所能做的一切就是把那些通过观察发现并存在于现存事物中的简单观念搜集到一起,并由此而形成一个复杂观念。这个复杂观念虽然不是存在着的实体的实在本质,却是名称所属的类的本质,而且这个观念和这种本质还可以互相置换;借着这种类本质,我们至少可以试验这些名义本质的正确性……

28. 但它们的任意性并不如混杂的样式——但是,虽然实体的这些名义本质是由心灵形成的, 它们却不像那些混杂的样式那样是任意形成的。为了形成任何名义本质,必须满足以下条件:第一,它所包含的观念不管是怎样复合的,都必须如此结合在一起,以至于只能形成一个复杂观念。第二,那些如此结合在一起的特殊观念必须确实是同一的,既不能多,也不能少。因为,如果两个抽象的复杂观念不论是在数量上,还是在它们的组成部分的类别上都有差别,那么,它们就只能形成两个不同的本质, 而不是同一本质。在第一点中,心灵在形成实体的复杂观念时,只遵循自然,它不会把那些在自然中并无联结的观念硬放在一起。

没有人会把羊的声音和马的形状结合在一起，也不会有人把铅的颜色与黄金的重量和坚固性结合在一起，去形成任何实在的实体的复杂观念。除非他满脑子都是幻想,谈话时满口都是不可理喻的词语。由于看到一些性质总是结合在一起并且共存着,人们因此就模仿自然,用这些如此结合在一起的观念形成他们的复杂的实体观念。因为,尽管人们可以随兴所至去构成复杂观念,也可随意地去给它们命名,然而,如果他们想在谈论真实的现存事物时被人理解，他就必须使自己的观念在一定程度上符合于他们将谈论的事物。否则人们的语言就会像通天塔中的语言一样,每人的语词只有他自己才能理解,这样语言就不能用于交谈和日常生活,因为它们所表象的观念不合于日常现象,而且也不合于实在存在着的实体。

35. 分类是人确定的——综上所述,很明显,是人确定了事物的类,因为,正是不同的本质才形成了不同的类,由此可见那些形成作为名义本质的抽象观念的人,正是由此而确定事物的类的。

36. 自然形成相似性——因此,简而言之,情况就是这样:自然形成了许多个别的事物,这些事物在许多感性特质方面,而且也可能在它们的内在组织和结构上彼此互相一致。但并不是这种实在本质把事物区分为不同的类,而正是人经常看到一些性质是结合在事物中的,而且经常发现有很多个体在这些性质方面是一致的,为了给这些事物命名,也为了便于形成涵括性的符号,人们才把事物分成不同的类,在这些符号之下,许多个体依照它们符合这个或那个抽象观念,被加以分类,得到标记。由此,我们说这是蓝军,那是红军;这是个人,那是个鬼魅。我认为,“种”和“类”的全部用处也就包含在这里了。

因此,我们首先得到了特殊观念,并对它们加以区分,由此得到了关于它们的知识。其次,较不一般的观念或类观念则是随着特殊观念而得到的。因为,抽象观念对于儿童和尚未受过训练的人心来说,不如特殊观念那样明白易晓。如果对成年人来说,抽象观念看上去明白易晓,那只是因为经常和熟练的运用使然。因此,只要我们对它们认真地反省一下,我们就会发现,一般观念都是心灵的虚构和设计,自身便带有困难,向心灵自身呈现时并不如我们想象的那样容易。例如,难道形成关于三角形的一般观念不需要一定的艰辛和技巧吗?(这还不是一个最抽象、最概括、最困难的观念)因为这个观念必定既不是斜角的,也不是直角的,既不是等边的、等腰的,也不是不等边的,而同时就是这些性质的全和无。实际上,它是不完全的东西,是不能存在的;在这个观念中,一些彼此不同、互不一致的观念的某些部分就混杂在一起了。[①]]

洛克关于抽象的一般观念的理论，在关于共相这个哲学问题的漫长历史中,自成一个篇章。这个问题是这样产生的:我们总是把许多不同的事物描述为诸如蓝色或人,为什么呢?因为它们都具有蓝色和人类的共同特征。在一种以一个专名表象——“约翰”或“费多”——一个特殊的人或狗的直接的符号关系中,诸如“蓝色”或“人类”等一般词所表征的是什么东西呢?有人会认为,所有的词都表象一些事物,那么,一般词所表象的是什么呢?“共相”是人们给予的一个总括性的答案。因此,对宇宙中实体的分类渐渐不仅包括其中的所有个别的客体，而且也包括了那些被引入的用来与一般的词和类的名称相应的不可数的实体——我们便称这些实体为“共相”,而且自然哲学家们还把它们连同那些“个体”当做研究的对象。而实体可以“进入”这些个体,或者“限定”这些个体,或者通过这些个体而“得到具体说明”。人们所给的这些答案是多种多样的，而这种多样性在某种程度上又是与所提的问题本身相关联的。例如，洛克虽避开了形而上学却深深陷入了他自己的知识理论,他所问的与其说是本体论的问题:“什么是蓝色?什么是人类?”,倒不如说是认识论的问题:“我们怎么把一个对象认作蓝色的，或认作一

① 这段文字引自第四卷第7章第9节。——洛克原注

个人?”

对这个最著名的问题,可以总结出如下几种传统的答案:

(1) 柏拉图的实在论。“共相”并不存在于现实世界。它们存在于现实世界之外,理智能理解它们,而感觉经验则不能。感觉经验世界中的特殊客体由于“分有”或者“模仿”这些永恒的形式而具有一些普遍的特征,这一点暂且不论。

(2) 亚里士多德的实在论。共相在一种意义上是存在的:只“存在于”那些以它们为范型的特殊事物之中。它们并没有独立的实在性。

这两种答案显然与关于“这个世界上有什么”的本体论问题有关系。余下的三种答案更明显地与认识论问题(我们怎么知道我们之所知)有关,而且一致否认外在于人心的共相的独立存在。

(3) 概念论。人们之所以能把一个存在物认作蓝色的或认作一个人,是由于他们发现该事物“符合于”他们在心中所形成的关于蓝色或人类的概念或者抽象的一般观念。

(4) 意象论。通过把一事物与我们心中(或者一本关于标准意象的书中)的关于蓝色或人的标准的或表象性的意象相比较,我们便把某物认做一个人或者认做是蓝色的。

(5) 唯名论。只存在着一般词本身,特殊事物在一般词之下被分门别类。这些事物被分门别类地组合在一起是根据它们彼此间被知觉到的相似性,或者干脆就毫无根据,即是任意的——后者是这种观点的极端形式。

很明显,洛克的思想最接近于概念论。由于发现许多特殊事物具有一定的特征或属于一个类,我们便形成了一个关于那个特征或类的“抽象的一般观念”。这便是一般名词所表象的观念。然而,洛克似乎对如何形成抽象的一般观念持有几种不同的观点:

(1) 抽象观念只不过是关于这个类的一个特殊个体的观念,这个观念被用做整个类的“代表”。

(2) 通过抽掉关于这个类中的特殊个体的各个观念的不同特征，我们形成了抽象的一般观念。

(3) 通过合并关于这个类中任何个体所具有的全部性质的观念，我们形成了抽象的一般观念。

以上各种观点都是互相矛盾的。

贝克莱基本上持第一种观点，他嘲弄过其余的两种观点。他对这个课题的论述是这个课题的历史中的一个重要阶段。

《人类理解论》第四卷（“论知识和意见”）是洛克事业的顶点。在第二卷和第三卷中，他对观念和词作了冗长的讨论，此后，我们终于可以完成他的主要目的了：界定“人类知识的起源、确定性和范围”。在第四卷中，可能没有任何别的章节比下面两段更重要的了：

“既然人心在它的所有思维和推理活动中，没有任何别的直接对象，而只是以自己的观念为对象……那么，很明显，我们的知识只是关于观念的知识。”“知识是对我们的观念[①]的联系和符合或者不符合与彼此间的矛盾的知觉。”

我们将会看到，通过洛克的“观念的新方法”，人类知识的“范围”是怎样不幸地受到限制的。他的表象主义是以创造两个世界而告终的——其一是主观世界，我们可以自由地研究并描述这个世界，但它自身却不包含任何关于它的客观真理的保障；其二是借助“观念”的帷幕使我们永远从中分化出来的外在世界。从那种看来似乎是普通常识的前提出发，他达到的是一种荒谬的二元论，比笛卡尔的二元论更难立稳阵脚。后者至少假设他具有一种先天的方法，可以用来突破我们虚幻的感觉材料从而达到洞察实在。洛克则似乎只得到这两个世界的糠秕。我们知道的所有事实都是从感觉中派生出来的：但是，只有当这些事实符合外界实在时，它们才能提供真理，我们认为事实经常符合外界存在，

① 着重号为编者所加。

可是，我们对此却没有任何证据，因此不能证实乐观主义，甚至不能解释它。

〔第1章 通论知识

1. 我们的知识只是关于观念的知识——既然人心在它的所有思维的推理活动中，没有任何别的直接对象，而只是以自己的观念为对象，心灵只是或者只能思考观念，那么，很明显，知识只是关于观念的知识。

2. 知识是对两个观念的符合或不符合的知觉——因此，知识看来只是对我们观念的联系和符合，或者不符合与彼此间的矛盾的知觉。哪里有这种知觉，哪里便有知识；哪里没有这种知觉，那么尽管我们可以幻想，猜测或者信仰，但我们总是缺乏知识。因为，当我们知道白不是黑时，除了知觉到这两个观念的不符合外，我们还能得到什么呢？当我们确定不疑地相信"三角形的三角之和等于两个直角"这个证明时，除了知觉到三角形三角之和必然等于两直角而且不能从中分割出来外，我们还能得到什么呢？

3. 这种符合有四层意义——为了更清楚地理解这种符合或不符合存在于什么地方，我认为可以把它们归结为四种：(1)同一性或差异性，(2)关系，(3)并存或必然联系，(4)实在关系。

第一，论同一性或差异性——我们先讨论第一种符合或不符合，亦即同一性或差异性。人心在具有任何意见和观念时，它的第一个活动便是知觉自己的观念，而且在它所知觉的范围内来认识每个观念的原貌，知觉它们的差别——即这一个不是那一个。这一点是如此绝对必需的，以至于没有它便根本没有知识、推理、想象、清晰的思想。由此，心灵清楚而且确实无误地知觉到每个观念是与自身相符合的，都各是其所是；而且，也知觉到所有清晰的观念都是不一致的，亦即这一个不是那一个。心灵毫无痛苦，不费劳力，也毋须推演便做到这一点。而是乍见之下，即可凭知觉和分辨这种自然的能力而了然于心……如果对它发生任何怀疑,我们总会发现那是针对名称,而不是针对观念本身……

第二,论关系——其次,心灵在它的任何观念中所知觉到的下面一种符合或不符合,我认为可以称为“关系”,也就是对任何两个观念——不论这两个观念是哪一种,是关于实体、样式或任何其他东西的观念——的关系的知觉。因为既然个别的观念必定会被永久地认做不是同一的,而是普遍地,恒常地互相否定的,那么,如果人心不能以各种方式对观念加以比较,从而知觉到观念间的关系,发现各个观念彼此间所具有的一致性或不一致性,我们就根本不能得到任何确定的知识。

第三,论并存——心灵在我们观念中知觉到的第三种一致性或不一致性,是同一主体中并存性或非并存性,这一点只属于实体。因此,当我们谈到坚固的黄金时,我们关于这个事实的知识并不多于坚固性,或者能在火中保持不被消蚀的能力,这是一个观念,总是与特定的黄色、重量、可熔性、延展性和在水中的可溶性结合在一起。而后面这些性质构成了我们以“黄金”一词所指的复杂观念。

第四,论实在存在——第四种也就是最后一种是实际的和实在的存在与任何观念的一致性。我认为,我们所具有或者能得到的所有知识都包含在这四种符合或不符合中。因为,我们对任何观念所能做的全部探究,对任何观念所能知道或能确定的一切只是:这个观念与其他观念是彼此同一或不同一的,它与其他观念在同一主体中总是并存或不是并存的,它与其他观念具有这种或那种关系;或者它在心中具有一种实在的存在。因此,“蓝不是黄”,属于同一性方面;“两条平行线之间同底的各三角形面积相等”,属于关系方面;“铁容易受磁力影响”,属于并存;“上帝存在”,属于实在的存在方面。虽然同一性和并存性实际上只是关系,但它们是我们的观念之间的符合或不符合的特殊方式,理应把它们当做专项予以考虑,而不应归在一般关系之下。因为,任何人只要反省一下本书在一些地方所做的论述就会很容易地发现,它们是肯定和否定的极其不同的基础……

第2章 关于我们知识的等级

1. 直觉的知识——既然如我所说的那样，我们所有的知识就存在于心灵对它自己的观念的知觉，而这种知觉，乃是我们以能力、认识方式所能获得的最高见解和最大的确定性，那么，对知识的明白程度稍加考察，也许并不是不适当的。在我们看来，我们知识的明白程度不同，就在于心灵对自己的观念的符合或不符合的知觉方式不同。因为，如果我们对自己的思维方式加以反思，就会发现，有时心灵直接通过两个观念本身，而不需要任何别的观念的介入，就能知觉到二者的符合或不符合，我想可以把这种知识称为"直觉的知识"。因为在这种情形下，心灵并不需要苦于证明或检验，而是像眼睛知觉到光一样，只需要对它，就能知觉到真理。由此，心灵知觉到白不是黑，圆形不是三角形，三大于二等于一加二。对这类真理，只需要看一眼那些结合在一起的观念，单凭直觉，不需要任何别的观念的介入，心灵就能知觉到。这类知识是人类的脆弱能力所能得到的最清楚、最确定的知识。这部分知识是不可抗拒的，正像明亮的阳光一样，只要心灵对它开放一下，它就立刻强迫心灵知觉到它。而且它绝不允许丝毫的犹豫、怀疑、检验，就立刻使心灵充满它的明亮的阳光。我们全部知识的所有确定性和证据都依赖于这种直觉，人人都会发现这种确定性大得让人难以想象，也就不必再去寻求更大的确定性。因为，每个人都知道自己心中的任何一个观念就是自己所知觉到的那样，而且知道他在其中发现了差异的两个观念是不同的和不完全相同的，他不能设想自己还能获得更大的确定性。谁要求比这更大的确定性，谁就是在要求他所不知道的东西，而这仅仅表明他是存心想做个怀疑主义者却没能做到。确定性是这样完全地依赖于这种直觉，以至于在下面一个等级的知识——我称之为证明的知识——里面，这种直觉在所有这些中介观念的联系中是不可或缺的，没有它，我们便不能得到知识和确定性。

2. 证明的知识——下面一个等级的知识，就是心灵间接知觉到的某些观念的符合或不符合……所以,在这种情形下,心灵不能把它的观念放在一起,从而通过对它的观念的直接比较,互相对照或者相互应用来知觉到观念的符合或不符合。因此，心灵宁愿凭借其他观念的介入(一个或多个,随情况而定),来发现它所探究的观念的符合或不符合。这就是所谓的“推理”。例如,心灵要想知道三角形的三内角之和是否与两个直角在大小方面符合，就不能凭直接的观察和对它们进行比较做到，因为不能一次把三角形三内角拿来与任何其他一个或两个角相比较,这样,心灵对它们是否符合就没有直接的知识,没有直观的知识,在这种情形下,心灵就必须找出某些其他三角形三内角相等的角来,发现它们等于两个直角,也就知道了三角形三内角等于两个直角。

3. 这种知识依赖于论证——那些用来表明任何两个观念相符合的中介观念就称为“论证”,而凭借这个方法使观念间的符合和不符合清楚明白地被知觉到,就叫做“证明”……

7. 每一步都必须有直觉的明证——理性在证明的知识中每进一步，都必须凭直觉认识到它与它用做证明的下一个中介观念的符合与不符合。若不然,便仍需要一个论证。因为如果没有对这种符合或不符合的直觉,就不会产生知识。如果它能自己知觉到自己,那么它就是直觉的知识。如果它不能自己知觉自己,那就需要中介观念,用做共同的标准,以表明它们的符合或不符合。因此,显而易见,在产生知识的推理中,每一步都有一种直觉的确定性,心灵一旦知觉到它,只需记住它,便可以使我们所研究的观念间的符合或不符合明显起来，确定起来。可是，要想使某个见解成为一种证明，就必须知觉到中介观念的直接符合,凭借这种知觉才能发现所考察的两个观念(其中一个经常是证明的首项,另一个则是证明的末项)间的符合或不符合。这种对中介观念的符合或不符合的直觉的知觉,在证明的每一步骤和进展中,都必须严格地保存在心中,而且必须保证没有疏漏任何一个部分。由于推演太长,所用论证太多,记忆不能总是熟练并且精确地保持这种知觉。因此就造成了,这种论证的知识远不及直觉的知识完善,以及人们常常把谬误当做证明。

14. 对特殊存在物的感性知识——这两种知识，即直觉和证明,是我们知识的两个等级，凡是缺乏其中一个的，不论我们有什么样的确信,也只是信仰或者意见,而不是知识,至少就所有一般性的真理而言是这样。不过,心灵确实还有另外一种用于外界有限事物的特殊存在之中的知觉。这种知觉超出了纯粹或然性的范围,却没有完全达到上述两种确定性之一种,也被称做“知识”。再也没有任何东西比下述事实更确定的了：我们从外物中获得的观念存在于我们心中，这便是直觉的知识。但是,在那个仅仅在我们心中的观念之外,是否还有他物;我们能否由此确定地推论出外在于我们的与那个观念相对应的其他事物的存在,这一点有人认为是有问题的。因为,虽然没有这种事物存在,没有这种外物作用于我们的感官,我们却可以有这些观念。但是,这里我想我们有个明证使我们不致发生那样的怀疑:请问任何一个人,当他白天看见太阳和晚上想太阳时,当他实际尝苦艾或嗅一朵玫瑰,或只是想那种滋味或香气时,他是不是不可抗拒地意识到了一种不同的知觉?就像我们看到有一种差别存在于任何两个不同观念之间一样，我们也清楚地看到有一种差别存在于我们通过记忆在心中唤起的观念与通过我们的感官实际地进入我们心中的观念之间。如果有人说:“梦也可以做到同样的事情，而且可以在我们心中产生所有这些观念，并不需要任何外物。”那么,他满可以权当梦见我在这样回答他:(1)如果一切都是梦境,推理和辩论都毫无用处,真理和知识都是虚无,那么,我能否消除他的疑虑,也就没有多大关系;(2)我相信他会承认:梦见在火中与实际地在火中之间有非常明显的差别。但是,如果他存心要做个怀疑主义者,以至于认为我所说的“实际地在火中”也只是一个梦,而且我不能确定地知道任何诸如确实地存在于我们之外的火之类的事物,我会回答到:既然我们可以觉察到某物作用于我们时所伴随的快乐或痛苦，所以，通过感官，我们可以确定地知觉到，或者梦见我们知觉到这外物的存在，这种确定性与我们的幸福和痛苦的确定性一样大，在此限度之外，我们有知无知都无大关系。因此，我想，根据我们知觉到和意识到有些来自外物的观念实际进入我们心中，我们可以在前面两种知识之外再加上一种关于特殊的外物的存在的知识，并且承认这三个等级的知识，即直觉的、证明的、感性的知识，每一等级都具有不同程度和方式的明确性和确定性。

第3章 关于人类知识的范围

9. 关于并存的知识范围很小——其次，谈到第二种，即我们的观念在并存方面的符合或不符合，我们的知识在这方面是很贫乏的，不过，我们关于实体的知识的最大并且最重要的部分却存在于这方面。因为我们关于实体的属的观念，不外是结合在一个主体中一块并存的一些简单观念的集合体；例如，我们关于火焰的观念就是一个热的、亮的、向上跳动的物体，我们关于黄金的观念则是一个具有一定的重量、黄色、有延展性、可熔的物体。火焰和黄金这两个不同实体的名称所代表的，正是我们心中的这些或这类复杂观念。当我们想对这两个实体或别类实体知道得更多一些时，除了探究这些实体是否具有别的性质或能力以外，我们还能干什么呢?这不过就是去认识有没有别的简单观念与那些构成复杂观念的简单观念并存着。

10. 因为大多数简单观念间的联系是不可知的——不管这种知识在人类科学中是多么的举足轻重，却仍然是非常狭窄的，甚至根本就算不了什么。其原因就在于：构成我们关于实体的复杂观念的那些简单观念大部分都是这种观念，它们在其本质上与其他简单观念没有明显的必然联系或与之不相容，而这些观念的并存却是我们想要知道的。

11. 关于第二性的质的观念尤其是这样——构成我们关于实体的

复杂观念的那些观念，以及我们关于实体的知识以之为主要对象的那些观念，乃是关于实体的第二性的质的观念。既然这些性质全部（如已经表明的那样）依赖于实体的细微不可见的部分的第一性的质——如果不依赖于它们，就会依赖于更难为我们认识的东西——那么我们就不可能知道哪些性质有必然的联系，哪些性质是彼此不相容的。因为，既然我们不知道这些第二性的质赖以产生的根源，既然我们不知道构成我们关于黄金的复杂观念的那些性质所依赖和根据的是具有何种大小、形状和部分的结构，我们也就不可能知道有什么其他性质产生于黄金的不可见部分的同一结构或者与这种结构不相容，因此，或者必定与我们关于黄金的那个复杂观念永远并存，或者与之不相容。

12. 因为任何第二性的质与第一性的质的联系全是不能发现的——除了这种对所有第二性的质所依赖的物体不可见部分的第一性的质的无知外，还有另外一种更难以救治的无知，它使得我们对同一主体中的不同观念的并存或不并存（如果我可以这样说的话）更难得到确定的知识，这种无知就是：在任何性质和那些它所依赖的第一性的质之间，没有可以发现的联系。

14. ……因为所有那些并存于任何主体中的性质，如果它们的观念缺乏这种依赖性和明显的相互联系，我们除了通过我们的感官经验到的以外，就不能知道任何两个性质是否并存。例如，我们尽管看见了黄色，并且根据试验而发现重量、可延展性、可熔性和坚固性结合在一块黄金中，然而，由于这些观念中没有一个具有任何明显的依赖性或必然的相互联系，我们就不能确切地知道在这种性质出现的地方，必然有第五种性质出现，不管这种或然性有多么高，因为最高的或然性并不等于确定性，而没有确定性就不能有真正的知识。因为这种并存除了被知觉到外，是不能被认识的；而且，它只能或者通过我们感官的观察在特殊的主体中被知觉到，或者一般地通过观念本身的必然联系被知觉到。

21. 第四，关于实在存在的知识……——至于第四种知识，是关于事物真实的现实存在的知识。我们对自己的存在有一种直觉的知识,对上帝的存在有一种证明的知识,对别的任何事物,我们只有一种感性的知识,这种知识并不超出呈现给我们感官的客体之外。

25. 因为它们太小——如果说宇宙中大部分甚至绝大部分物体由于太遥远而逃出我们的注意，那么可以说还有另外一些物体则因为它们太小而同样对我们隐而不现。这些不可见的分子,作为物质的活跃部分和自然的伟大工具,不但是所有事物的第二性的质的依靠,而且也是大多数事物的自然作用的依靠，而我们对它们的第一性的质缺乏精确清楚的观念则使得我们对想从它们那里知道的东西处于不可救药的无知。我确信,如果我们能发现任何两个物体的微小组成部分的形状、大小、结构和运动,我们不用试验就可以知道它们彼此之间的一些相互作用,正如我们现在能知道正方形和三角形的一些性质一样。如果我们知道大黄、毒草、鸦片和人体的微粒的机械作用,就如一个钟表匠知道钟表赖以发挥其作用的机械作用，以及刀锉的机械作用——如果我们用刀锉锉表轮可以改变它们的形状——那么我们事先就可以说出大黄可以通便,毒草可以致命,鸦片可以催眠,就如一个钟表匠可以预先说出如果把一小片纸搁在表轮上就会使表停走直到纸片被拿走，或者如果用刀锉锉某个小部分,那部分机器就会停止运动,表就会停走。因此,我们要想知道为什么银只能在硝酸中溶化,金只能在王水中溶化,却不能互换,并不难于一个铁匠知道为什么转动一把钥匙可以开一把锁,而转动另一把则不能开这把锁。但是,虽然我们缺乏足够精敏的感官,不能发现物体的微粒,得不到关于它们的机械作用的观念,我们却必须安于对它们的性质和运动方式的无知:对它们,除了通过少数试验所达到的确信外,我们不能有更一进步的确信。但这些试验在别的时候是否还能成功,我们不能确定。这就妨碍了我们得到关于自然物体的普遍真理的确定知识,而且,我们的理性在这里使我们对特殊的事实不能越雷池一步。

26. 因此,没有关于物体的科学——由此,我就很容易怀疑:人类的勤奋不论在多大程度上推进关于物理事物的有用的实验哲学，科学知识终久是可望而不可及的。因为,对那些与我们最接近,大部分在我们控制之下的物体本身,我们缺乏完善的、足够的观念……对于我们感官可以考察的那些物体,我们也许能够有清晰的观念,但是我认为,对它们中的任何一个我们都没有足够的观念。尽管清晰的观念对日常交谈有些用处,但与此同时,我们缺乏足够的观念,我们就不能得到科学的知识,也就永远不能得到关于物体的一般的、有启发性的、没有问题的真理。我们不能假装得到了关于这些事物的确定性和证明。通过颜色、形状、味道和气味,我们得到了关于鼠尾草和毒草的清晰的、有分别的观念,正如我们具有关于圆形和三角形的观念一样。但是,由于对这两种植物中任何一个的微小部分特殊的第一性的质，我们都没有任何观念,对我们想运用这些观念于其上的其他物体,我们也没有这种观念,因此,我们就不能说出它们会产生什么样的结果,在我们看到这些结果时,我们甚至不能猜测,更不用说认识到它们产生结果的方式……

第4章 关于人类知识的实在性

3. 显然,人心并不是直接认识事物的,而是要以它所具有的关于事物的一些观念作为中介。因此,只有当我们的观念与事物的实在性具有一致性时,我们的知识才是实在的。但是,在这里应该以什么为标准呢?当心灵只要知觉到它自己的观念时，它怎么知道这些观念符合事物本身呢?这一点看似困难,但我认为我们可以确信有两种观念与事物是符合的。

第一,全部简单观念都与事物相符——……

第二,除了实体观念,全部复杂观念都与事物相符——……

6. 因此,数学知识是实在的——我毫不怀疑,人们很容易就会认为我们所具有的关于数学真理方面的知识,不仅是确定的,而且也是实在的，它们并不是人脑中空虚无益的幻想和毫无意义的怪物，只要我们思考一下，我们就会发现数学知识只是关于我们心中的观念和知识。数学家们都把属于矩形和圆形的真理和性质当做他们自己心中的观念。因为，在他的一生中，他可能永远不会发现矩形或圆形以数学的方式即真正精确地存在着。但是，他对属于圆形或者任何其他数学形状的真理和性质所具有的知识，其真实性和确定性并不亚于现存的实在事物。因为任何这类命题所考察和意指的只是那些与人心中的原型相符的实在事物。如果我们关于三角形的观念，即三角形的三内角之和等于两个直角是正确的，那么不管三角形实际存在于什么地方，这个观念也是正确的……

7. 道德的知识也是实在的——因此，可以推知，道德的知识也能够像数学知识一样具有实在的确定性。因为，确定性只是对我们的观念的符合或不符合的知觉，而论证则只是通过别的观念或中介对那种符合产生的一种认知，我们的道德观念和数学观念一样本身都是原型，因而都是足够的、完全的观念，我们在这些观念中所发现的符合或不符合都将产生实在的知识，正如我们在数学的形状方面产生实在的知识一样。

18. 总结——无论在哪里，只要我们察觉到我们任何观点的符合或不符合，便有确定的知识，只要我们确信那些观念符合于事物的实在性，便有确定的实在的知识。既然对这种观念与事物实在性之间的符合，我已经给出了标志，那么，我想我已经表明那种确定性，那种实在的确定性存在于什么地方。这一点不论别人怎样看，我承认，这一点对我来说是迄今为止我们所极缺乏的必需品之一。

第6章 关于普遍命题及其真理和确定性

6. 很少有什么关于实体的普遍命题的真理可以为我们认识……

7. 因为各种观念的并存很少能被认识到——我们关于实体的类的名称专门代表的复杂观念，是那些我们发现并存于一个被称做实体的不可知基质之中的性质结合体。但是,我们却不能确知还有别的什么性质必然与这种结合体并存,除非我们能发现它们的自然的依赖关系。但是,在事物的第一性的质方面,我们对这种自然的依赖关系并不能知道什么;而在事物的全部第二性的质中,则因为上面提到的原因(第三章)我们根本就不能发现任何联系。第一,因为我们不能认识每种第二性的质各别地所依赖的实体的实在构造。第二,如果我们能认识这种实在的构造,那也只能用来得到实验的(不是普遍)的知识,而且只能达到那个实例的确定性。因为我们的理智不能在任何第二性的质与任何第一性的质的变化形态之间发现可以想象的联系……

9. ……关于黄金的任何性质,我很乐意找出一个任何人都确知其为真的一般断定。无疑,人们会立刻反驳道:"一切黄金都是可延展的"难道不是一个普遍确定的命题吗?我的回答是,如果可延展性是"黄金"一词所代表的复杂观念的一部分,那么上面的命题就是一个非常确定的命题。但是,在这里对黄金所做的断定只是,那个声音代表了涵括延展性于其内的一个观念。这类真理和确定性正如说"马是四足的"一样。但是,如果延展性并不构成黄金这个名称所代表的类本质的一部分,那么显而易见,"一切黄金都是可延展的"就不是一个确定的命题。因为,如果假设关于黄金的复杂观念不论是由它的任何其他性质构成的,那么延展性就将不再依赖于那个复杂观念,也不能从它所包含的任何简单观念推论出来。而延展性与那些其他性质具有联系,只是借助黄金的不可感觉部分的实在构造作为中介。既然我们不知道这种实在构造,除非我们能发现把它们联结在一起的东西,我们就不可能察觉出那种联系。

11. 构成我们关于实体的复杂观念的性质大多数都依赖于外在的、遥远的、不可知觉的原因——如果我们所具有的关于实体的观念能够使我们知道是什么样的实在组织产生了我们在实体之中发现的那些性质,而且能知道那些性质是怎样从那里流溢出来的,那么,借助我们心中关于实体的实在本质的特殊观念,较之借助感官,我们能更确定地发现它们的性质,发现它们具有或不具有哪些性质,而且要想知道黄金的性质,就不再必须有黄金存在,也不再需要对黄金作各种实验,正如要想知道三角形的性质,并不需要实际存在着的三角一样,我们心中的观念在两方面都适用……

13. 判断所能达到的范围可以更远,但那不是知识——因此,如果在关于实体的一般命题中几乎没有发现确定性,那不会使我们感到惊奇。因为我们关于实体的性质的知识,极少能超出感官所能达到并且通报给我们的范围以外。好研究、勤观察的人,也许能借助判断的力量,洞察得更为深远一些,并且根据从谨慎的观察中所得到的或然性以及组织得有条有理的线索,经常猜对经验不能对他们呈现的东西。但这仍然只是猜测而已,它只相当于意见,并不具有知识所需要的确定性。因为一切知识只存在于我们的思想之中,而且只存在于对我们自己的抽象观念的沉思之中。不论我们在哪里觉察到这些观念间的符合或不符合,我们便具有一般性的知识。而且通过把这些观念的名称相应地结合在命题里,我们就能宣称获得了具有确定性的一般真理。但是因为关于实体的抽象观念……只与少数其他观念具有可发现的联系或不相容性,关于实体的一般命题的确定性就很狭窄、贫乏……

15. ……我们不能确定地断言:所有人都隔一段时间睡觉,没有人能以树和石头为生,所有人都会被毒草毒死。因为这些观念与我们关于人的名义本质的观念,与那个名称所代表的抽象观念没有任何联系或不相容。在诸如此类的情况下,我们必须诉诸在特殊主体中所做的试验,但这也只能在很小的范围发挥作用。在其他情况下,我们必须满足于或然性。但是,因为我们关于人的类观念不包含人的实在构造,这种实在构造是所有与人不可分离的性质结合在一起的根源,也是这些性质从中流溢出来的根源……只要我们缺乏关于各种不同动物的那些实在结构的观念……我们不必希望达到关于这些动物的一般命题的确定性。只有少数与我们的名义本质,或与它们任何部分具有明显关系的那些观念,能够为我们提供这类命题。但是这些观念是如此之少,又是如此不重要,以致我们可以公正地认为,我们关于实体的确定的一般知识几乎等于零。

16. 命题的一般确定性存在于什么地方——总而言之,任何一种一般命题,只有当它们所用的名词代表这样的观念,即它们被表述在命题中的符合或不符合能够被我们发现时,才具有一般的确定性,而且当我们察觉到这些名词所代表的观念按照它们被肯定或否定的那样彼此符合与不符合时,我们就因此能确定它们的真假。从这里我们会注意到,确定性永远只能在我们观念中被发现。不论我们到别的什么地方寻找确定性,不论是在实验中还是在外于我们的观察中寻找,我们的知识都不能超出特殊的事物之外。正是单凭对我们的抽象观念的沉思,就可以为我们提供一般性的知识……

第8章 关于无聊的命题

7. ……在一个人形成任何命题之前,他应该理解他在该命题中所使用的名词,不然的话,他便像鹦鹉学舌,只是发出他从别人那里学来的声音;他便不是像一个理性的动物那样把那些声音用做他心中所具有的观念的符号。听者也应该像说者所运用的那样来理解这些名词……因此,一个人在形成这类命题时,如果它所包含的东西并不多于名词所包含的……就如说"一个三角形有三条边",或者"藏花是黄色的"一样,那么,他只是在玩弄文字,只有当一个人向另一个假定不理解或自称不理解他意思的人解释他的名词时,这种情况才是可以容忍的。

8. ……因此,我们能知道两类命题的真理,具有完全的确定性。第一类便是那种无聊的命题,它们具有确定性,但仅仅是字面上的,而不是有启发性的确定性。第二类是我们能确切地认知真理的命题,它以此一事物断定另一事物,这另一事物虽然不包含在此一事物中,但仍然是它精确的复杂观念的必然结果。例如,“三角形的任一外角大于它的不相邻的任何一个内角”,在这个命题中外角和任一不相邻的内角的关系并不构成由三角形这个名称所指称的复杂观念的任何部分，但这是一个实在的真理,并且传达了有启发性的实在知识。

第9章 论我们关于存在的知识

1. 一般性的确定命题与存在无关——迄今，我们还只考察了事物的本质,而事物的本质只是抽象的观念,而且因此把我们的思想与特殊的存在割离开来(把一个观念只是当做我们理智中的存在加以考察,是人心在抽象活动中特有的作用),根本不能赋予我们以关于实在存在的知识。这里,我们也许会注意到,我们对概括命题的真假能够具有确定的知识,但它们与存在并无关系,甚至,所有特殊的断定或否定如果是一般地形成的,就将是不确定的,它们只与存在有关,它们所陈述的只是现存事物中各种观念的偶然联结或分离，而这些观念在它们的抽象本质中并没有可知的必然的联结或不相容性。

2. 关于存在的三重知识——但是，关于命题的本质和断言的不同方式,我们只好留待别处详论了,现在让我们继续探究关于事物的存在的知识,以及怎么得到这种知识。那么,可以说,通过直觉我们得到关于我们自身存在的知识,通过论证得到关于上帝存在的知识,通过感觉得到关于其他事物存在的知识。

3. 我们关于我们自身存在的知识是直觉的知识——我们对自身存在的觉察是如此明白而又如此确定，以至于不需要而且也不能够有任何证明。因为对我们来说，没有任何东西比我们自身的存在更为明显了:我思维、我推理、我感觉到乐与苦,但对我来说这些能比我自身的存在更为明显吗?如果我怀疑所有别的事物,那么每次怀疑都会使我觉察到自己的存在,而不会使我来怀疑它。因为,如果我知道我觉得痛苦,那么显然，我对自身的存在的知觉就如我对我所感觉到的痛苦的知觉一样确定，或者，如果我知道我在怀疑，那么我对在怀疑的东西的存在的知觉就如对我称做“怀疑”的那种思想的知觉一样确定。因此，经验使我们确信我们对自己的存在具有直觉性的知识，而且对我们的存在有一种内在无误的知觉。在感觉、推理、或者思维等每一种活动中，我们都意识到自己的存在，而且，在这方面，我们并不缺乏最高程度的确定性。

第11章 论我们对其他事物的存在的知识

13. 关于存在的特殊命题是可知的——由此可见，有两类命题：(1)一种是关于相应于一个观念的事物存在的命题，正如假设我们心中有一个关于大象、凤凰、运动或者天使的观念，我们自然就会首先考察那个东西存在不存在。这种知识只是关于特殊事物的知识。除了感官给我们的通报以外，没有任何事物的存在——上帝的存在除外——能被确定地认识。(2)第二种命题表述的是抽象观念的符合或不符合以及它们相互之间的依赖关系。这类命题可以是普遍的和确定的。所以，如果有关于上帝、自我、恐惧和服从的观念，我就不能不相信“我应该畏惧并且服从上帝”。如果我形成了一个人类的观念，而我则是其中的一个个体，那么这个命题对一般人来说就是确定的。但是，人们应该畏惧并且服从上帝这个命题不论如何确定，也不能对我证明人在这个世界上的存在，而只有当所有这些创造物都存在时，这个命题才会是真实的。这类一般命题的确定性依赖于在那些抽象观念中发现的符合或不符合。

第15章 论或然性

1. 或然性就是根据可错的证明出现的一种符合——正如论证是通过一个或多个彼此之间具有恒常的、不变的、可见的联系的证明作为中介，表明两个观念间的符合或不符合一样，或然性则只是通过那些彼此之间的联系并不是恒常的、不可变的、或者至少不能像这样被察觉到的证明作为中介而显现出来的这种符合或不符合。不过或然性绝大部分都是这样或看似这样，因此就足以引导人心去判断这些命题非真即假或者非假即真。例如，在论证三角形的三内角之和等于两个直角时，一个人可以认识到在三角形的三内角与那些用来表明它们等于两个直角的中介观念之间有一种确定的、不变的恒等关系……但是，另外一个人，从不劳神考察一下这个论证，只是在听到一个可信的人——数学家断言“三角形的三内角之和等于两个直角”时，就同意他，即信以为真，在这种情况下，他同意的基础就只是事物的或然性……那个使他得到证明的人并不倾向于断定任何与他的知识相左或超出他的知识之外的任何事物，尤其是在这种情况下……

2. 或然性可以弥补知识的欠缺——正像已经表明的那样，我们的知识是非常狭窄的……对大多数我们思考、推理、谈论——甚至以之为行动基础——的命题，我们不能对其真理具有不可怀疑的知识；但是有些命题仍是如此接近确定性，以致使我们对它们简直就不加怀疑，而只是坚定地同意它们，而且断然地依据那种同意去行动，就好像这些命题得到了没有错误的证明，而且我们关于这些命题的知识是完善的、确定的。但是，在这里，从接近确定性和论证本身降到不可保性和不可靠性，甚至降到不可能性的范围，是有等级的；从充分确信和自信，降到推测、怀疑和不相信，同意也是有等级的。下面我（我认为，既然已经发现了人类知识和确定性的界限）将考察或然性、同意或信仰的一些等级和基础。

3. 或然性使我们在认识事物之前就假定事物是真的——或然性就是可能为真。这个词的意义本身是指那些有证据或证明使它被当做或接受为真的命题。心灵对这类命题的采纳被称为“信仰”、“同意”或“意见”。这些就是，我们虽然并不确实认识到一个命题是真的，可是会因为各种使我们信其为真的证据或证明而承认或接受它为真。或然性和确定性，信仰和知识的差别就在这里：知识的各部分当中都有直觉；每一个直接的观念，每一步骤都有其明显的、确定的联系，而在信仰中情况就不是这样。使我信仰的原因乃是在我所信的事物之外的某物，这种东

西没有明显地把双方联结起来，因此没有明显地表明那些我们正在考察的观念间的符合或不符合。〕

在前面的论述中，洛克依照四条颇为独立的区分标准，将我们的知识划为四种：

（1）以各种观念的“符合”或“不符合”为标准的知识。

（a）同一性或差异性（即不相容性）。这似乎给我们以关于明白的逻辑真理的知识。例如“白是白”以及“黑不是白”。

（b）关系。它似乎指包含在各种不同观念的逻辑联系由以建立的任何演绎过程之中的逻辑关系。

（c）并存。这类符合或不符合事实上是指在自然科学命题中所发现的结合或分离。拿洛克的例子来说：“所有黄金都是坚固的”（即粗略地说来是固体的、不挥发的、稳定的）就断定了黄金的有限性质与深一层的“坚固性”之间的并存关系（符合）。

（d）实在的存在。这是观念与实在的基本关系。正如洛克所表述的一样，“所有实在的存在都符合某一观念”。

关于这一点，洛克自己也承认，事实上同一性（或差异性）与并存两者本身都是关系。而且，他似乎把它们看得这样特殊、重要，以至于为了分类必须把它们抽绎出来做特殊的研究。因此，我们可以把“关系”这一范畴看做包含关系而不是同一性或差异性的并存。它尤其包含逻辑关系，因为洛克把它看做可以个别地用于一切包含着演绎的地方。至于他的第四个范畴，完全超出了他的知识框架。他似乎想说，通过表明甲的观念与存在的观念“相符合”，我们能够表明某一些实体“甲”的存在。这是所有逻辑错误中最意味深长的一个，而且对作为人类的一种思维形式的哲学来说具有极端重要性。康德和罗素曾给这个问题以经典的论述。他们证明了上述思想的基础在于对诸如“存在”、“是实在的”、“存在于时空中”之类词的论述，就好像它们是等同于“是红色的”或“是嫉妒的”的谓词一样。而我们通过思想的独断的命令,通过对观念如此这般的安排,便能够使实体存在,这个事实就表明那是个逻辑错误;而且既然上述整个安排过程都是精神性的;我们就能使任何实体——比如说关于独角兽的观念,或关于头比太阳大的人的观念——“符合”于我们的“观念”,因为观念至少是由我们摆布的。仙女故事的杜撰者们正是这样做的,而且他们已经使仙女与“存在”“符合”,并且仅仅通过这种方式就使仙女们在文字上存在了。中世纪发明的,由笛卡尔重申过的对上帝存在的著名的本体论证明,正是以这个错误为基础的。十分有意义的是,洛克竟把它当做对关于他的第四个范畴“上帝存在”的知识的解说例证。另一方面,同样富有意义的是,洛克本人并不是通过本体论的证明,而是借助因果证明来寻求确立上帝的存在。

但是,我们显然不能通过表明关于实体的观念与关于存在的观念相符合而证明某些实体是存在的,毋宁应通过一些适合于对有争议的实体进行分类的过程(例如,在物质对象方面的观察或基于观察的证据)来加以证明。洛克因为把知识限定为观念的符合或不符合,从而使他无法承认我们知道任何存在性的陈述,即对在我们的自由思维和自由想象的王国之外的存在所做的那些断定。

(2)划分知识的第二条标准是以洛克所谓的“等级”即确定性的等级为依据。

(a)直觉的知识,在这种知识中心灵能直接觉察到命题的真理。

(b)论证的知识,这里需要一些推理的步骤。

(c)感性的知识,即关于在我们之外的特殊对象的存在的知识。

关于(a)和(b),洛克的确定性标准显然(像笛卡尔的一样)是心理学的。

“论证”(即演绎)包含一系列步骤,然而每一步骤又必须能被直觉地认知。只是就我们必须依赖对那些结合在一起的步骤的记忆而言,论证的知识就比“直觉”低一等级。直觉本身简直就是不可辩驳的。与可怜的感官能力相反的内在的眼睛却是准确无误的这一比喻(见导论,第8页)在对直觉的讨论中表现得尤其清楚。由于洛克摘取了伟大的十七世纪可靠理性知识的皇冠，他理所当然地获得了声望，但撇开这一层不管,上面那一点也是很清楚的。

依据洛克提出的想法,感性知识简直就不是知识。首先,他本人承认感性知识没有完全达到上述任何一个确定性的等级，但他又声称感性知识超出了单纯的或然性。它好像是在知识与意见之间的边界上摆动。但是,对洛克来说,这个边界是一条线(没有厚度)而不是一个区域,“我所知道的,我必能确定;而我所确定的,我必知道”。知识(确定性)和意见(或然性)之间的差别是种类之间的绝对差别而不是等级之间的差别。没有折中的办法。而且,这种知识并不符合他先前的定义,在这里并没有观念间的“符合”或“不符合”的问题。洛克告诉我们“这种确定性之大,正如我们并不想超出其外的乐与苦一样”。这一点可以使他有资格被看做英国伟大的常识解说者之一，但人们不会认为他开创了一种新的思维方式。洛克理应关心我们能或不能认识什么这个重要问题,而不应关心为了幸福对我们所知道的东西我们应该思考什么这个实用的问题。

(3)“实际”知识与“习惯性”知识的差别。

这种有价值的二分法几乎是自我解释的。严格地说来,在我的一生中我知道许多命题,例如从学校里学来的历史命题或者数学命题,虽然后来我对这些命题很少或者从来没有思考过。如果我有机会来考察这些命题,我便因而确信它们的真理性,只是在这样的意义上我才认识这些命题,不过,在我的心灵意识到这一点之前,我不会对它们持前后一贯的看法。洛克称这种知识为“习惯性的”,显然在任何一个确定的时刻,我们绝大部分的知识都是这种意义上的“习惯性”的知识。洛克把“习惯性”知识与“实际的”知识做了比较。“实际的”知识就是“心灵所具有的对任何观念间的符合或不符合或者观念彼此之间的关系的随时考察”，也就是在某一确定时刻我们对知其为真的命题所具有的知识，以及我们在那个时刻正有意识地予以思考的知识。

(4) 根据命题是“实在的”还是“无聊的”而区分的两种知识。

这里，洛克在某种程度上开了康德区分综合真理和分析真理的先河，像康德一样，他也没能认识到分析真理所覆盖的领域的范围和重要性。

由于把“习惯性”知识看做他最感兴趣的“实际的”知识的扩展(通过记忆)，洛克本人并没有在“习惯性”知识中发现任何哲学问题。而且，他(错误地)认为“无聊的”命题对知识理论来说是毫无意义的，对他来说，知识主要是“实际的”和“实在的”——就这些词在他那里的意义而言。

洛克关于知识的解释所遭到的最致命的反驳是，根据他的定义，所有的知识都只是关于建立在我们心上的各种观念的关系的知识。既然如此，我们怎么能确信我们的任何知识都是关于实在世界的知识?问一问我们怎样能够发现知识是否可以用于超出观念之外的任何事物，难道没有意义吗?或者，如果说有这种“超越”，它的意思又是什么?由于他的表象主义，洛克最终还是使人类知识陷入了人类心灵的循环之中。

洛克本人常常意识到这个问题，在这一点上，他比他的没有批判性的法国信徒们要强得多。他声言“只有当观念与事物的实在性之间有一致性时，知识才是真实的”，洛克试图以此来回答这个问题。而且确实有这种“一致性”或“符合”，例如：

(a) 在简单观念中就有这种符合。因为，它们怎么能出现错误?如果观念没有部分，是简单的，那么它们就不能不是那些曾经产生这些观念的任何事物的真实副本，因而就是真实的。要想弄清所有“简单”观念，想象等都是真实的——不能产生错误的意思，并非易事。普通人所认识的所有“观念”都能使人误入歧途；而且关于简单元素的化学比喻并不是心理学乐于使用的。在任何情况下，这里的知识所指的都是感性知识,但是我们已经看到,在洛克的知识定义中,感性知识并不是知识。

(b) 在复杂观念中而不是在关于实体的观念中有这种符合。在这一项中,洛克断言,在这种意义上,数学知识和道德知识是真实的。

关于数学知识,洛克表现出一种超乎寻常的敏锐。例如,他看到了几何命题都符合于人类心灵的理想构造而不是符合诸如实在世界中的粉笔痕迹或者测量员的测链。纯粹几何学所能告诉我们的一切就是:如果世上的事物精确地符合于欧几里德关于点、线、面的定义(实则不能)并且遵循欧几里德定理,那么欧氏公理就符合于这些事物;"任何这些命题所涉及和所意指的实在事物只是那些确实符合人心中的原型的事物"。但是,洛克的敏锐并没有扩展而至于明白:在这情形下,纯粹数学命题,在"实在"命题不同于"无聊的命题"这种意义上,并不是关于世界的知识。的确,正是那些引起洛克关注的关于数学命题的事实,即它们不能通过经验世界中的事件而被证实或证伪,确证或否证,使得后来的一些哲学家把数学命题称做"分析"命题。

洛克在道德哲学上的观念颇为怪异。在第四卷中,他声称伦理学的真理可以严格地从关于上帝和作为理性存在物的我们自身的观念中推演出来。尽管由于这个问题的极端重要性常常有解释这种论证的伦理学的迫切要求,但他从来没有这样做。他提出的是两种明显的字面上的真理,或者用他的话来说,"无聊的真理",作为这种严格演绎的结果的例子。他告诉我们,"哪里没有财产,哪里就没有不公正",就是一个和欧氏论证一样确定的命题。因为,财产这个观念对任何事物来说都是一种权力,而不公正这个名词所给予的观念则是对那种权力的侵犯或妨害,显然,由于这些观念是这样确立起来的,这些名称是这样被给与的,我们就可以像知道三角形的内角之和等于两个直角之和一样确定地知道这个命题是真的。在洛克对"财产"和"不公平"的定义的基础上,我们确实能知道这个命题,因为它是从定义中推论出来的,而且对我们根本就没有任何启发。

洛克对科学知识的解释，或者毋宁说对科学知识（如果我们有的话)应该像什么的解释,是《人类理解论》中最有兴味的事情之一。这种解释的困难是:据洛克看来,我们关于各类事物例如"黄金"的一般名词,仅仅代表"名义本质"或者"抽象的一般观念",即代表那些我们经常发现是并存的某个系列的性质，尽管对这种恒常的结合我们不能提供理性的(对洛克来说即是像数学真理一样是可以论证的)解释。因此,对他来说,像"所有的黄金都是可延展的"这个命题属于这两类中的一类。要么延展性已经具体地被包含在黄金的定义中并作为它的一部分（如洛克所说,是"黄金"这个词所代表的复杂观念的部分),要么没有被包含在里面。在第一种情形下,这个命题是从结论那里推论出来的,因而显然是分析的("无聊的");在第二种情况下,既然我们对这些性质的相互依赖关系没有演绎的确定的知识，我们就不能确定地知道那个命题总是真的。"除了我们所做的一些实验所能达到的(确定性)外,我们并不能确知它们"。因此,不论"有用的实验的哲学"可能在物理事物方面推进得多远,"科学知识仍是我们可望而不可及的"。洛克似乎偶然地发现了著名的归纳问题[①]。之所以说他是偶然发现了这个问题,是因为他似乎没有认识到这是一个逻辑问题,相反,他认为,如果世界在某些方面只是经验地不同,那么就不会有这类的问题。

当洛克从经院哲学家那里接受那种使事物成为它之所是的"实在本质"观念时,他采用了一种与经院哲学家们颇为不同的表述。对经院哲学家们来说,"实在本质"是一个独立于物质性质的形而上学概念。但是,洛克则把实体的实在本质等同于"事物的可发现的性质所依赖的、实在的、内在的、但在实体中一般来说不可知的构造",亦即微粒的第一性的(物理的)质。在第四卷的一些章节中,他似乎认为如果世界在某一方面只是经验地不同——即如果我们具有足够精细的感官以便发现实

① 休谟第一次清楚地表述了这个问题。对这个与他有关的问题的陈述和讨论,见本书第159页及以下。

体微粒的第一性的质——我们就能推演出那些实体的所有性质。就好像第一性的质与这些别的性质是通过一种准逻辑的必然关系联系着一样,并不需要观察,而只需演绎的力量去追溯它们的微妙路径。不论霍布斯或者其他人士在这方面有什么模糊的想法,直到休谟提出他的革命性的课题,人们才认识到逻辑上不同的自然实体之间的关系在原则上是不能演绎的,也不能先天地被认识。而洛克的精细的原子构造——不论多么微妙,也不论被多么精细的感官所发现——与其他较大的"宏观"物质对象的性质之间的关系只能是观察的对象,或者是归纳推理的对象,或者是灵感的猜测的对象,而不是演绎——准数学的——推论的对象。洛克常常承认,即使我们的感官精细得足以发现微粒的第一性的质,我们也必定因对这些第一性的质和客观性质之间关系的无知而仍然无所获益。然而,在这里他似乎又认为这种无知是一个经验的事实,如果消除这种无知,那么我们就又能获得关于自然的演绎科学。简言之,归纳问题对他来说不是逻辑问题——关于推理的本质的问题,而这种推理能使我们从已知的东西进入知之甚少或未知的东西——而应归于世界的复杂性,这种复杂性击败了我们脆弱的感官和推理能力。

因此,洛克把人类知识削减成一个非常贫乏的范围。所有一般命题都只是关于我们的观念的命题,并且,它们不能告诉我们关于存在于实在世界中的对象任何东西。关于这个世界,这些命题所能告诉我们的大多数是一些假设的东西。例如,如果一个物体具有某些性质("符合一个特定的观念"),那么它必定("必定"的本质很是模糊)也具有某些别的性质;但是,这种具有某些性质的对象是否存在,我们无法认识。

对此,洛克增加了三种他声称我们能认识的命题,这些命题断定个别对象在世界中的存在:

(1) 我们每人对自己的心灵具有一种直觉的知识。

(2) 通过演绎我们具有关于上帝存在的知识。

(3) 对在我们之外的个别对象,我们具有感性的知识。

我们已经看到,按照洛克自己的定义,他根本就不应该称感性知识为知识。他对上帝存在的演绎证明基于陈腐的形而上学前提,并不能为后中世纪的读者提供光明。关于我们心灵存在的假设的直觉知识(洛克不加变化地采用了著名的**我思故我在**论证)则属于笛卡尔谬误的陈迹。除了最后一点外，洛克还接受了许多命题，这些命题事实上都依赖于“我们的观念间的符合或不符合”,与实在世界无关,我们今天都应该倾向于称之为“分析的”命题。由于把各种本身毫无根据并且不可能结合起来的学说结合在一起，洛克不得不把人类知识限定在这种令人沮丧的范围之内。他坚执一种知识确定性的数学——演绎标准;一种从一开始就将实在世界排除在外的知识的表象理论；一种关于心灵的机械的模式;最后,对存在直觉知识能力的一种非经验论的信念,这种能力在幸运的情况下能提供横贯知识王国的各种捷径,而如果要通过观察、实验、记忆和归纳推理来横越这个王国就会更缓慢而又艰辛,而且,只要世界不同,这种能力就能完全把这些低效率的方法弃若敝屣。

这些都是洛克的缺点和错误。他的优点是巨大的:他提出了一些问题，而更伟大的天才的哲学家们对这些问题的回答则创立了近代经验论;他确立了哲学批判、行动、科学进程及思想之间的关系;他所用的语言明白易晓,从而摧毁了经院哲学和唯理论者的繁琐术语这一魔法,而该魔法是理性进步的全部障碍中的最大障碍。

第二章
伏尔泰

让·弗朗索瓦·马利·阿鲁埃(他自己又取了伏尔泰这个名字)出生于1694年,成为十八世纪最负盛名的人物。作为诗人、剧作家、杂文作家、历史学家、小说家、哲学家和科学爱好者,他雄辩的天才和嘲讽的才能为他赢得了不朽的名望,时至今日,他在这方面仍然无人可以望其项背。作为君王们的朋友和罗马教会以至所有制度化了的基督教的死敌,他是十八世纪中最受赞扬也是最令人畏惧的作家,通过令人难忘的和击中要害的冷嘲热讽,他对瓦解既成秩序的基础所做的贡献超过了其他的反抗者。1778年逝世时,他已成为他那个时代文明世界的智慧与艺术上的王者。伏尔泰虽然不是一个有创见的哲学家,但是他却付出了比其他任何人更多的努力来提高新兴的经验论的声誉并增进对它的理解。在伏尔泰看来,与为数众多的最开明最有才华的同时代人相比,洛克是一位天才,他以其尝试性的和谦逊的风格为研究人类心灵做出的贡献可以与牛顿为研究自然而做出的贡献相媲美。伏尔泰以及他花费巨大精力去教育和解放的那一代人都相信,只要审慎地运用发生心理学——虽然他们并没有这样称呼它——存在于人与自然中任何东西的功能都可以得到解释,而且所有那些蒙昧黑暗的神秘事物和荒诞的神话故事(懒惰、愚昧和蓄意欺骗的产物),即通常称为神学、形而上学及挂着其他招牌的隐蔽教条和迷信，都将彻底完结。长期以来，卑鄙无耻之徒正是利用这些货色蒙蔽那些被他们屠杀、奴役、压迫与剥削的愚昧无知的大众。下面的引文是对于光明的伟大传播者洛克的一篇独特的赞颂，并且表达了对于整个欧洲启蒙运动共同具有的新兴发生科学的朴素信念。科学的进展将不仅提供存在于世界上和心灵中的一切事物的知识，还将提供它们如何起作用的知识。科学的进展还将告诉人们什么是他们的自然本性——名为“自然”的巨大而和谐的整体的一部分——所需要的；怎样才能以最无痛苦又最有效的手段获得它；从而怎样才能成为富有智慧、合乎理性、幸福和善良的人。至于这个部分是真理、部分是空想的宏伟图景的某些优点与缺陷，已经在具体评论洛克的各段引文时考察过了。

下文引自《哲学通信》。

〔一个又一个哲学家写过灵魂的传奇，但是现在出现了一位贤哲，他更朴实地写出了灵魂的历史。洛克在人们面前逐步展现出人类的理性，就像一个出色的解剖学家逐步展示出肯定的断语，但是他也敢于怀疑。他不是从一个囊括一切的定义中推断出我们所不知道的东西，而是逐步地考察我们想要认识的东西。他选取一个初生的婴儿为例，一步一步地追踪考察他的理智的发展；他注意观察他与兽类的共同之点，以及他高于兽类之处；引导他的始终是他自己内心中的证据，对他自己思想的意识。〕

第三章
乔治·贝克莱

乔治·贝克莱(1685—1753)出生于爱尔兰,他在那里受教育并度过了一生的大部分时光,在二十岁出头的英年他就显示了卓越的才华:保证他享有不朽名声的著作都是在他三十岁以前出版的。他在都柏林三一学院任教直至1725年,这一年他设想出一个计划,在百慕大群岛创办一所训练传教士的学院。几乎所有见过他的人都可以证实,他天生具有非凡的仁慈美德和使人倾倒的感染力,这使他几乎成功地从苛刻寡情的瓦尔波尔内阁争取到用于他的各种慈善计划的资金。为了追求他的教育与传教的目标,他在罗得岛的纽波特居住了三年,并且成为耶鲁大学的捐助人之一。他于1731年返回英国,并于1734年被任命为爱尔兰克罗因的主教,他居住在那里写作并且管理他的教区,直到1752年他到牛津定居。一年后他在牛津逝世,受到广泛的爱戴和公众普遍的哀悼。

贝克莱通常被看做既是洛克最尖锐的批评者同时又是其合法的继承者,贝克莱的观点也被描述为英国经验论发展过程中的一个独特贡献和必要环节——洛克的"常识"学说与休谟的"怀疑论"之间的"自然的"桥梁。但是这最多只说对了一半。在某种意义上说,贝克莱当然是一个经验论者:他试图对"外在的"和"内在的"世界做出一个可理解的首尾一致的说明,这些世界的真理可以通过日常经验的直接证实来确立,而无须求助于特设的形而上学手段，也不必涉及超出感官界限的隐秘实体。他沿着这一方向走得更远，以一种比洛克甚至任何前人都更激进的方式攻击十七世纪唯理论者以及他们的经院学派前辈的本体论。在这个意义上他是一个比霍布斯更狂热的经验论者。但是，他的世界观完全不同于霍布斯或洛克——甚至在某种意义上与他们直接对立。霍布斯和洛克完全陶醉于他们那个时代的科学革命之中。霍布斯热中于把科学的方式直接推广到伦理学和政治学领域，甚而更轻率地把它用于逻辑学和心理学。洛克则更谨慎更带尝试性地从事于这一工作，并且试图解释新兴的自然科学学说，以使其能为普通常识所理解并与常识得出的结果相一致。除了其他工作以外，洛克还是自然科学的解释者与通俗普及者的鼻祖，他试图把它们描述为（以他们自己的术语来说）不仅与常识不矛盾而且可以（虽稍欠精神性但仍然并非不准确）用普通散文来表达；于是，在这种解释的过程中，他们自己实际上既为这个学科带来了光明也带来了暗昧，创造了他们自己的专门词汇，也传播了他们自己的神话，这迫使他们也需要——并造就出——解释者和专家，直至把普通人和所谓他们的简单头脑的需要几乎忘掉为止。

贝克莱的态度与此截然相反。他的立场是一个倾向于神秘主义的基督教信徒（他是克罗因的主教）的立场。对他来说，世界就是一幅绵延不断的精神生活的奇观，首先是在上帝的心灵中，其次是在他的创造物——人们的心灵中。这对于他并不是一种哲学理论或假说，而是一种直接的显现。他所关心的首要问题是否定在他看来（这说来奇怪）既是无神论的同时又是不可理解的论断——存在着某种被称为物质的东西，它既不能被感官所感知到又不能被想象所领悟，既不依赖于神的心灵也不依赖于人类的心灵，它的性质致使世界如此这般运行，这些性质是具有理性的人的正当研究对象。在贝克莱看来，这是一种纯属荒诞的想法，也是一切理智与精神的迷误的根源。他的哲学宗旨就是要论证：除了精神的活动以外一切都不存在，精神活动就是精神——上帝的无限精神与人们的有限灵魂——的创造过程，而且，依赖于精神并作为精神的内容与限定的人类经验——想象、记忆、思想、期望、梦想、情感，以及最重要的感觉、感觉的组合与排列就是外部世界。

同时这是一幅比洛克更无情的经验论的宇宙图景，其中没有余地容纳那些独立于经验的物质客体——终极的物质团块，以及那些感觉资料固存于其中的神秘的基质，对于这些东西洛克既不能解释也没能排除——贝克莱的宇宙图景根据的是文艺复兴以前中世纪的一种唯灵论，这种唯灵论想象所有的存在物都是由精神以及精神所创造或享有的东西组成的。这是贝克莱形而上学的正面内容。至于那些曾引起莫大震动和怀疑的反乎常识的怪论，则是他设计的论战武器，目的在于消除那些他认为是被哲学家塞进世界的虚构物：其中占首要地位的是无生命的物质，它不是被创造的而是不依赖任何东西独立自存的；其次是属性——物体的普遍性质与特殊性质，无论是数学的量度还是感觉的性质与关系，都同样被赋予了独立的地位，这样做的不仅有各个时代的柏拉图主义者或亚里士多德主义者，还有笛卡尔主义者和莱布尼茨主义者，而且不管洛克自己怎样含糊摇摆和半心半意，他毕竟也这样做了。在一些著名的和无可辩驳的章节中，贝克莱试图戳穿这些在他看来是唯理论和唯物主义中心支柱的迷误与神话，他还试图解释语词和符号是如何与事物联系起来的。而且，这些章节具有一种西方哲学中后无来者的堪称第一流的明晰透彻与优美的文笔。下面的段落选自《人类知识原理》。

〔**导论**

6. 为了使读者的心灵易于接受下面的理论，不妨以导论的方式先稍微谈一下语言的本性和误用的问题。但是，澄清这个问题就要注意到造成我们的思辨的复杂性与纠缠不清的主要原因以及在几乎一切知识部门中引起无数错误与困难的原因，这就会诱使我在某种程度上提前提出我的方案。上述原因就在于人们以为心灵具有构成抽象观念或者事物的概念的能力。一个人只要不是完全没有涉猎过哲学家们的著述和辩论,他就一定会承认,其中的不少篇幅都是用于讨论抽象观念的。这些抽象观念还在一种特别的意义上被认为是所谓逻辑学和形而上学的科学的对象,而且也就是一切所谓最抽象最崇高的学问的对象;在所有这些学科中,人们难得见到研究任何问题的方式不是预先假定这些观念存在于心灵中的,并且心灵是很熟悉它们的。

7. 各方面的人们一致同意,各种事物的性质或样式并不是每一个都独自孤立存在而与所有别的性质相分离的,实际上它们是好几个在同一对象中混合交融在一起的。但是,人们又说,心灵能够单独考察每个性质,或者把一种性质从那些与它混合在一起的其他性质中抽象出来,运用这种方法心灵确实能为它自己构成抽象观念。例如视觉看见一个有广延、有颜色又能运动的对象:心灵就把这个混杂的、复合的观念分解为单纯的、各个组成的部分,并且单独思考每一个性质而排除其他性质,就构成了广延、颜色和运动三者的抽象观念,这并不是说颜色或运动可以离开广延而存在,而只是说心灵可以借抽象作用给自己构成离开广延的颜色观念以及离开颜色和广延的运动观念。

8. 心灵又观察到在感官所感知的一切特殊的广延中,有某种共同与相似的东西,又有其他一些特殊的东西,如这样或那样的形状或大小,使它们相互区分开来;心灵分开加以思考或说单独选出共同的东西;由此做成一个最抽象的广延观念,它既不是线,也不是面,也不是体,也没有任何大小或形状,而只是一个完全脱离了这一切的观念。那么同样,心灵从感官所感知的特殊颜色中略去使它们相互区分的成分,而仅仅保留一切颜色的共同成分,就可以做成一个抽象的颜色观念;它既不是红的,也不是蓝的,也不是白的,也不是任何其他特定的颜色。以同样的方式,不仅从运动的物体,而且从它所勾画出的轨迹,以及所有特殊的方向和速度中,把运动单独抽象出来加以思考,也可以构成运动的抽象观念;这一观念同样符合于感官可以感知的一切特殊的运动。

9. 既然心灵可以给自己构成性质或样式的抽象观念，通过同样的精确化或说思想上的分离作用，它也可以获得较复杂的存在物的抽象观念,这些观念含有好几种共存的性质。例如,心灵观察到彼得、詹姆斯和约翰在形象和其他性质的某些一致点上互相类似,它就可以从彼得、詹姆斯和其他任何个别人的复杂的或组合的观念中除去每人的特点，仅仅保留所有人的共同点；这样就构成一个所有个别人都同样具有的抽象观念，这个观念是删除所有能决定其成为特殊存在物的那些详情和差别而完全从中抽象得来的。经过这个方法,据说我们就获得了人的抽象观念,或者,如果你愿意,可以说是人性或人类本性的观念:在这个观念中,诚然含有颜色,因为没有人没有某种颜色,但是,这个颜色却不能是白的,也不能是黑的,也不能是任何特殊颜色,因为没有一种特殊颜色为一切人所共同具有。同样,在这个观念中也含有身材,但是,它却既不是高身材也不是矮身材,也不是中等身材,而是从所有这些特殊身材中抽象出来的某种东西。其余的性质也是如此。此外,还有很多种其他生物具有复杂的人的观念中的一些(而非全部)部分,心灵略去人类特有的那些部分,只保留一切生物所共有的那些部分,因而构成动物的观念,它不仅是从一切特殊的个人,而且是从一切鸟、兽、鱼、虫中抽象得来的,动物的抽象观念的组成部分是身体、生命、感觉和自发的运动。这里所谓的身体是指没有任何特殊的形状或形体的身体，因为没有一种形状或形体是一切动物所共有的,也没有毛、羽、鳞等覆盖物,不是皮肤裸露的:毛、羽、鳞、皮肤裸露,都是使特殊的动物相互区分的一些性质,由于这个缘故,我们把它们排除于那个抽象观念之外。根据同样理由,这里所说的自发的运动必须既不是走,也不是飞,也不是爬;它却仍是一种运动,但是我们很难设想那种运动究竟是什么。

10. 别人是否有这种抽象出他们的观念的奇妙能力,只有他们自己知道。说到我自己,我确实发现我有能力对我自己想象或表象我所感知到的那些特殊事物的观念，并且有能力以各种方式组合和分离这些观念。我可以想象一个人有两个头，或者一个人的上半身和一匹马的身躯连接在一起。我可以把手、眼睛、鼻子抽取出来或与身体其他部分分离开而单独思考其中的每一个。但是，无论我所想象的手或眼是什么样的，它必定有某种特殊的形状和颜色。同样，我给自己构成的人的观念，必定是一个要么白色的，要么黑色的，要么黄褐色的，或挺直的，或弯曲的，或高的，或矮的，或中等身材的人。我的思想无论如何努力也不能设想前面所描述的抽象观念。我同样不能形成那种与运动物体截然不同的、非快非慢、非曲线非直线的抽象运动观念；我也同样不能形成其他所有无论什么样的抽象的普遍观念。坦率地说，我承认我自己只能在一种意义上进行抽象，当各种特殊的部分或性质虽然联结在某一个物体中，然而它们又可以各自真正独立存在时，我就可以抽出其中的某些特殊的部分或性质来单独思考。但是，对于那些不能单独存在的性质，我否认我能从一个性质里抽取出另一个性质或分别地设想它们；我也否认我能照上述方式对个别事物加以抽象从而构成一个普遍概念——后边这两种正是抽象作用的本来意义。有理由设想大多数人都会承认他们自己与我有同感。一般淳朴而不通文墨的人们，决不会自夸有抽象概念。人们说，构成抽象观念困难重重，不经过艰苦的钻研就不能获得它们。因此，我们就可以合理地推断出，如果真是如此的话，那就只限于有学问的人才能获得它们了。

11. 我现在进一步考察，人们有什么理由可以为抽象作用的学说辩护，试一试我能否发现究竟是什么原因促使爱思辨的人们接受一种似乎与常识大相径庭的意见的。有一位值得崇敬的已故哲学家非常赞成这个学说，他似乎认为人和兽类的理智之所以有极大的差异，正是因为人有这种抽象的普遍观念。他说："人和兽所以有天渊之别，就是因为人有普遍的观念，这种优点是兽类的官能所万不能企及的。因为我们显然没有从它们那里发现使用普遍的符号表示一般的观念的任何迹象；由此我们有理由想象,它们并没有抽象的能力,或构成普遍观念的能力,因为它们并不使用语词或任何其他普遍的符号。”稍后他又说:“因此,我认为我们可以推测兽类之有别于人类正是在于这一点,正是这种根本差别使人类与兽类彻底分道扬镳,并最终扩大成天壤之别。因为它们如果有任何观念,而不只是机器(如有些人所主张的),我们便不能否认它们也有一些理性。在我看来似乎很明显,在某种情形中,有些兽类确实也能推理,正如它们也有感觉一样;但是,它们的推理仅限于特殊的观念,正如它们从它们的感官接受这些观念一样。它们最好也只能限于那些狭小的范围内,而没有(如我认为的)能力通过任何种类的抽象作用去扩大那些范围。”(《人类理解论》第二卷,第11章,第10节和第11节)我欣然同意这位渊博的作者的意见,兽类的能力决无可能达到抽象作用。但是,如果这被看做是区别那一类动物的特性,则恐怕许许多多所谓的人都只能归入兽类去了。他这里所以说我们没有根据来设想兽类有抽象的普遍观念,其所举的理由只是我们没有发现它们使用语词或任何其他普遍的符号。他的主张是建立在这个假设基础上的,即,使用语词就意味着具有普遍观念。由此推论出,运用语言的人类就能抽象出或概括出他们的观念。这就是这位作者的意思和论证,在另一处他回答自己提出的问题时进一步表明了这一点。他问道:“既然一切存在的事物都只是特殊的,那么我们怎么能获得普遍的名词呢?”他的回答是:“语词成为普遍的乃是由于语词被用做普遍观念的符号。”(同上书,第三卷,第3章,第6节)但是,似乎一个语词成为普遍的并不是由于它被用做一个抽象的普遍观念的符号,而是由于它被用做许多特殊观念的符号,这个符号一视同仁地向心灵提示这些特殊观念中的任何一个。例如,当我们说:“运动的改变与所受的外力成正比”,或者“凡有广延的东西都是可以分割的”,这些命题虽然可以被理解为是关于一般的运动和广延的;然而并不能因此就说,它们向我的思想提示了一个既没有运动物体也没有任何特定方向和速度的运动观念;同样也不能因此就说,我必须设想一个抽象的普遍的广延观念，它既不是线，也不是面，也不是体，既不大也不小，既不黑，也不白，也不红，也不是任何其他特定颜色的。这里的含义仅仅是说，我所思考的任何特殊运动，不论是快还是慢，是垂直的是水平的还是斜的，也不论是在什么物体中，关于它的那个定律都同样地适用。关于广延的那个公理也一样适用于每个特殊的广延，不论它是线是面还是体，不论它具有这样还是那样的量度与形状，都是无关紧要的。

12. 通过观察多种观念如何成为普遍的，我们也就更容易判断语词是如何成为普遍的。这里应该声明，我并不绝对否认有普遍的观念，我仅仅否认有任何抽象的普遍观念。因为，在上述各段中，凡提到普遍观念的地方，人们总以为它们是按照第8节和第9节的方式通过抽象作用而形成的。但是，如果我们给语词附加一个意义，并且我们所说的也只限于所能设想的，那么，我相信，我们将会承认一个本身被看做特殊的观念之所以能成为普遍的，只是由于我们用它来表示或代表所有属于同一种类的其他特殊观念。为了使这一点明白易懂起见，我们举一个例子。假设一个几何学家正在证明把一条线段分为两条相等线段的方法。比如说他画了一条一英寸长的黑线；这条线本身是一条特殊的线，然而关于它的含义却是普遍的；因为，当人们在那里运用它时，它代表了一切特殊的线；因此，关于它所做的证明也就是关于一切的线所做的证明，或者换言之，也就是关于一条一般的线所做的证明。并且，既然那条特殊的线变为普遍的是由于它被用做一个符号，那么，“线”这一名称单独地理解虽是特殊的，但它既是一个符号，也就变成普遍的了。既然特殊的线成为普遍的并不是因为它是一条抽象的或普遍的线的符号，而是因为它是一切可能存在的特殊直线的符号，那么，“线”这一名称也必须被看做是由于同样的原因而获得了它的普遍性，即由于它能一视同仁地指称各种各样特殊的线。

13. 为了使读者更清楚地看出抽象观念的本质，和它们那些被认为是不可缺少的功用，我可以从《人类理解论》中再选一段于下："对于儿童或未经训练的心灵来说，抽象观念并不像特殊观念那样显而易见或易于理解。成人如果觉得它们易于理解，那只是因为经常习用的缘故。因为，当我们仔细反思它们的时候，就会发现普遍观念只是心灵的发明与虚构，它们给心灵带来困难，它们自己也不像我们往往想象的那么容易呈现出来。例如，形成一个三角形的普遍观念（这还不是最抽象、最概括和最困难的）难道不需要一些辛劳和技巧吗？因为，它必须是既非斜角的，也非直角的，既非等边的，也非等腰的，也非不等边的；它同时既是这一切又不是其中任何一个。实在说来，它是不能存在的某种有缺陷的东西；它是一个观念，在其中有好几种不同的和自相矛盾的观念的某些部分混杂在一起。确实，心灵在这种有缺陷的状态下是需要这类观念的，而且心灵尽可能匆忙地运用它们以便于传达知识和扩大知识，这两种作用正是它的自然倾向。但是，人们仍然有理由猜想，这类观念是我们的缺陷的标志；至少这足以表明，最抽象最普遍的观念并不是心灵最先和最容易认识的，也不是像它的最初知识那样精通的。"（《人类理解论》第四卷，第7 章，第9节）如果任何人有能力在他的心灵中构成上述的那样一个三角形的观念，那么妄想通过争辩使他抛弃那个观念只能是徒劳的，我也不会作此打算。我所希望的，只是要读者充分地和确定地回答，自己是否有这样一个观念。我想，这对任何人来说都不是难以胜任的任务。任何人不都是最容易观察自己的思想，看看自己有没有（或能不能有）与上述三角形的普遍观念相符的一个观念吗？他不是最容易知道自己有没有"非斜角，非直角，非等边，非等腰，非不等边，而同时既是这一切又不是其中任何一个"的一个三角形的普遍观念吗？

16. 但是在这里，人们会诘问，如果我们没有预先看到一个命题已被证明适用于一个与一切特殊三角形相符的三角形的抽象观念，那么我们如何能知道那个命题对于一切特殊三角形都是正确的呢？因为，纵使一种性质可以被证明与某一特殊三角形相符合，也不能由此推断这种性质同样地属于在一切方面都与之不同的任何其他三角形。例如,我虽然证明了一个等腰直角三角形的三个角等于两个直角,但我不能因此断言,这种性质符合于一切其他非直角、非等腰的三角形。因此,似乎可以说,为了确信这个命题是普遍真实的,我们必须要么为每一个特殊三角形做一个特殊的证明,但这是不可能的,要么一劳永逸地证明这个命题适用于一个三角形的抽象观念,而一切特殊的三角形都同样具有这个三角形的抽象观念的性质,并且它们都同样可以被它所表象。对此我可以答辩道,当我做证明的时候,我所着眼的虽然是(比如说)一个等腰直角三角形,而且它的多边都有确定的长度,然而我仍然可以确知这个证明可以扩大到一切其他任何种类或大小的三角形。因为在这个证明中,完全不涉及直角、等腰和特定的边长。诚然,在我们所见到的这个几何图形中包含着这些特殊的细节;但是,在这个命题的证明中,丝毫没有提到它们。我们所以说三个角等于两直角,并非因为三个角之一是直角,也并非因为直角的两条夹边一样长。这充分表明,直角也可以是斜角,等边也可以是不等边,即使如此,这个证明仍然适用。因为这个理由我才断言,在一个特殊的直角等腰三角形上已证明为真的,在任何斜角的或不等腰的三角形上也一样为真,而这并不是因为我曾经在一个三角形的抽象观念上证明过这个命题是真的。在这里必须承认,一个人可以把一个图形仅仅作为三角形来思考,而不去注意各角的特殊性质或各边的特殊关系。仅限于这种范围内,他可以进行抽象。但是,这决不能证明,他能构成一个抽象的、普遍的、自相矛盾的三角形观念。以同样方式,我们也可以把彼得仅仅作为一个人或一个动物来思考,而不必构成上述的人或动物的抽象观念;因为所有感觉到的性质都不予考虑。

18. 现在我们进而考察这种流行见解的根源,在我看来这个根源就是语言。可以肯定,比理性本身的范围小但又可以成为一种普遍接受的意见的根源的,莫过于语言了。我们可以从很多理由里看出这种看法的真理性,而且也可以从那位主张抽象观念最力的人的自白中看出这一点，他承认人们构成抽象观念是为了命名；由此推出的必然结论是，假如没有言语或普遍符号，人们决不会想到抽象。（参见《人类理解论》第三卷，第6章，第39节，以及其他各处）因此让我们来考察语词产生这种错误的方式。首先，人们以为每一个名称都有，或应该有，一个惟一精确和固定的意义；这使人们倾向于认为，有某种抽象的、确定的观念，它们构成每个普遍名称的真实的和惟一的直接意义；经过这些抽象观念的媒介作用，一个普遍名称才能指示任何特殊事物。然而，事实上并没有附加在任何普遍名称上的一个精确和限定的意义，普遍名称都是不加分别地指示许许多多特殊的观念。这一点是我们前面论述的显而易见的结果，任何人只要稍加思索就可以一目了然。对这一点人们会反对说，每一个具有定义的名称都因此而被限制在一个特定的意义上。例如，一个三角形被定义为"三条直线所围成的一个平面"，这样一来，三角形这一名称就被限于指称一个特定观念而不再指称其他观念了。对于这一点我可以答辩道，在这个定义中，并没有说此平面是大还是小，是黑还是白，也没有说各边是长还是短，相等还是不相等，也没有说各边以什么角度相互倾斜；在所有这些方面，都可以有极大的差别，因此并没有一个确定的观念来限制三角形一词的意义。使一个名称始终保持同一个定义是一回事，而使它在任何地方都代表同一个观念则是另外一回事，前者是必要的，后者是无用的和不可能的。

19. 但是，为了进一步说明语词如何能产生抽象观念的学说，我们必须对以下公认的意见加以评论，即，语言的目的不在别的，只在于传达观念，而且每一个有意义的名称都代表一个观念。人们不仅接受了这一点，而且还确信，名称（只要不是被人认为完全没有意义的）并不总是标记出特殊的、可以想象的观念，人们就由此径直得出结论说，那些名称代表抽象观念。人人都不会否认，从事思辨的人们所用的许多名称并不总是对别人提示确定的、特殊的观念，或者事实上不提示任何观念，而且稍加注意就可发现，代表观念的有意义的名称，并没有必要（甚至在最严格的推理中）在每一次使用中都在理智中激起它们被规定所要代表的观念。在阅读和谈论中，名称的运用大体上犹如字母在代数中的运用，在代数中，虽然每个字母标记着一个特殊的数量，然而为了正确进行演算，每个字母也不必在每一步中，都在你的思想中提示出它被指定所要代表的那个特殊数量。

20. 此外，传达由语词所标记的观念并不像通常想象的那样是语言的主要与惟一的目的。它还有其他一些目的，比如唤起某种情感，激起或阻止一个行动，使心灵产生某种特殊的倾向；在很多情况下，语言传达观念的目的仅仅从属于后面这些目的，而且后面的目的如果不经观念的传达就可以达到，则观念的传达可以完全省略。我认为在语言的常见的使用中，这种情形并不罕见。我恳请读者反省一下自己，看看自己是不是常常在听或读一篇演说时，惧、爱、恨、钦佩、鄙视等情感，在自己感知到某些语词后，没有经过任何观念作媒介就直接产生。起初，语词的确可以先引起一些观念，这些合适的观念再产生那些情感；但是，如果我没弄错的话，人们就会发现，一旦熟悉了语言，则一听字音或一见字形，那些情感往往就会立刻伴随而来，而那些起初作为情感产生的媒介的观念现在完全省掉了。例如，别人许诺给我们一个好东西，我们虽然没有一个它是什么东西的观念，难道我们就不会因此而受感动吗？或者，我们听说有危险，虽然我们想象不出有什么特殊的灾祸将要降临，也不能为我们自己构成一个抽象的危险的观念，难道这就不足以激起我们的恐惧心理吗？任何人只要对我上述一切稍加思索，则我相信他一定会明白看到，人们常常是按照语言的正当用法来使用普遍名称的，说话者并不曾有意用它们标记自己心中的观念，以借助它们在听者心中引起这些观念。甚至我们说出的那些专有名称，也并不总是在我们心中产生那些它们应当标记的个别事物的观念。例如，当一个经院学者对我说“亚里士多德曾如此说”，我想象他说这话的意思只在于使我恭敬而顺从地接受他的意见，这已经成为附加在那个大名之上的习俗了。在那些习惯于使他们的判断服从于那位哲学家的权威的人们心中可以立刻产生这种效果，虽然他们以前并没有关于他的容貌、著作或声望的任何观念。可以举出无数这样的例子，不过我既然毫不怀疑那些事例是每人的经验所充分提示于自己的，那么我又何必再多说呢？〕

贝克莱对洛克的抽象的一般观念的学说的攻击是共相问题历史中又一著名的篇章。正如我们前面看到的，洛克在抽象的一般观念是如何形成的问题上似乎持有三种不同和前后矛盾的观点。贝克莱在上述段落中攻击了其中的后两种，即：(1)诸如颜色或人性的抽象普遍观念的形成，是通过从各种不同的颜色的“观念”或各种不同的个人的“观念”中略去所有那些不是一切颜色或一切个人所共同具有的特性而实现的。(2)诸如一个三角形的抽象的一般观念的形成，则是通过把所有无论什么样的三角形所具有的一切特性加以混合而实现的。

贝克莱并没有区分这两种根本不同的理论；他也不需要这样做，因为他根据完全相同的理由认为这两种理论都是错误的。他的理由是，形成任何这样的观念都是完全不可能的。他通过指出我们所形成的关于颜色的任何观念都必须是某一特殊颜色的观念来摧毁第一种学说；比如拿来一种特殊色调的蓝色和一种特殊色调的红色，然后在思想中把它们的不同色彩完全去掉，那么在我们心灵的眼睛前面则什么也剩不下了：同样，关于人的任何观念也必须是某一个特殊的人的观念，即必须是一个具有确定身高、确定肤色等等的人的观念。至于洛克提出的第二种学说，比如一个三角形的混合观念，则是自相矛盾的，因为它自身内部包含了自相矛盾的特性，例如它同时既是等边的，又是直角的，又是不等边的，等等。

在《人类知识原理》正文的有关段落中，贝克莱更令人信服地再次阐述了这一反驳。他所依据的是“内在的眼睛”的学说。惟一能在心灵中存在的“观念”(不同于那些内省的观念)就是感觉的观念，或者由感觉的观念组合而成的其他意象。“内在的眼睛”只能知觉到正常的外在的眼睛所能知觉到的实体，即，具有绝对**确定**的特性——一种特定色调的蓝色、一种特定的椭圆形、一种特殊的笛声，等等——的对象。到此为止，一切顺利。但是，有些人认为共相问题是一个有关某种心理机构的问题，通过这种心理机构我们可以辨认出一个对象属于某一特定种类或类型(或者用普遍名词思维某一特定种类所包括的一切成员)，持这种主张的人往往会觉得贝克莱自己对这个问题所给予的正面答案并不比洛克的答案好多少，按照贝克莱的观点，我们的确可以对某一特殊三角形或某一特殊个人(比如彼得)形成一个意象，但并不把这个意象看做代表其自身内的东西，而是看作表象一切三角形或一切人。但是，除非我们已经知道哪些特性为一切三角形或人所共同具有，以及哪些特性仅仅为这个样本所特有，也就是说，除非我们已经具有了一个关于三角形或人的一般观念，那么，我们怎么能表象一切三角形或人呢？如果我们不是已经有了一个可以与彼得区别开的人的一般观念，那么我们怎么能做到贝克莱要求我们去做的事情即把彼得进一步思考为人呢？

贝克莱关于一般语词和共相的作用的正面学说很容易遭到反对，而且他的反驳实际上并不像表面看来那样令人信服。因为，真实情况似乎是，大多数人的意象并不总是完全确定的，而常常是淡薄的、模糊的和概略的；而且，事实上我们能够形成模糊的混合意象，许多自相矛盾的性质以一种混淆的方式共存于这类意象中。并且可以进一步补充道，意象——因为它似乎就是贝克莱用“观念”一词所指称的东西——的作用被过分夸大了。为了确认一个对象属于某一特定类型，我们不必具有一个心理样本或心理贮品，无论它是真实对象必须与之相符的一个概念还是这样的一个表象。与“心灵之内”的某种标准样本进行比较并不是必不可少的，而且在实际中这类过程很少实行。假如我们每次鉴定一个对象的类别时都必须把它与我们所具有的标准对象相比较的话，那么当我们在心灵中搜索并提取出这个标准的时候，为了确认这个标准本身是恰当的,我们将不得不又把它和另一个标准相比较,如此等等以至无穷。识别与分类的问题不能以这种方法解决。共相问题是一个逻辑问题。一般语词究竟如何意指?它们是以一种不同于专有名称或其他种类语词的方式意指吗?这样一个逻辑问题是不能通过诉诸内省以确定我们是否形成概略的或混合的意象来解决的。

但是,在以明显的心理学术语讨论这个问题的过程中,贝克莱的确揭露出产生关于共相的哲学困惑的巨大根源之一,即所谓的一名指一物谬误。这是哲学史上的一个主要成就,仅仅由于这一成就贝克莱就应该得到不朽的名声。有一种幼稚的但是很自然的假定,一个语词若要具有一个意义,它就必须“代表”或指称一个存在于真实世界中的对象。这一点对于某些语词来说是正确的,例如在专有名称中,“乔治·贝克莱”一词之所以有意义,仅仅因为它指称一个特殊的存在者。但是一般名词也以这种“一对一”的方式进行指称吗?“主教”一词显然不指称一个独一无二的存在物;那么它代表什么呢?很清楚,一般名词不指称特殊对象;因此,所谓共相的实体是被发明出来作为一般语词的客观对应物的。但是这种做法是行不通的。专有名词可以像帽子那样设计出来以适合各个特殊的脑袋,但是它们在所有语词中一般说来并不具有典型性。一般语词根本不起“命名”作用。它们在语言中的功能是不同的。当然它们也有意义;但是具有一个意义并不就是与任何实体——无论这个被称为“意义”的实体是一个真实的对象还是一个较为虚幻的对象——处于一对一的关系之中。

贝克莱的天才进一步在下述方面表现出来。哲学家们总是被一种假定引入歧途,这种假定认为,语言的描述的(以及它最精确的一种:科学的)用法即使不是它的惟一用法,也是它的首要用法。他们不断地受到引诱而把数学、伦理学或美学的判断解释为描述判断。这些判断是对什么的描述呢?当这些判断最终可以被证明在某种意义上是描述判断时,它们也明显地不类似于对于日常世界的典型的科学描述;于是,它们就被认为是对于某种另外的世界的描述，那种世界里居住着“纯粹数学概念”或“价值”或诸如此类的东西。这就导致了关于许多奇怪世界的假定。贝克莱是最先指出语言除了描述以外还被用于许多其他目的的哲学家之一；他们还最先指出，正是为了给所有各种句子寻找同一种意义上的客观对应物，致使人们发明了许多富有想象力的虚构实体，可是华丽繁复的神话隐蔽了简单朴素的事实。这同样是第一等的智力贡献。

以下段落引自《人类知识原理》第一部分。

〔1. 在任何一个观察过人类知识对象的人看来，显然，这些对象或者是实际上被印入感官的观念，或者是由于注意人心的各种情感和活动而感知的观念；最后，或者是借助于记忆和想象，通过复合、分解或仅仅表象那些由上述方法而感知的原始观念，而形成的观念。借着视觉，我可以有不同程度与变异的光和颜色的观念。借着触觉，我可以感知到硬和软、热和冷、运动和阻力，以及它们在数量上或程度上的大与小。嗅觉供给我以气味；味觉供给我以滋味；听觉则可以把各种不同曲调的声音传入我的心中。由于观察到这些观念中有一些是相互伴随着出现的，我们就用一个名称来标记它们，并且它们因而就被认为是一个东西。因此，例如某种颜色、滋味、气味、形象和硬度，如果经常被发现一起出现，我们便会把这些观念当做一个单独的事物来看待，并用“苹果”的名称来表示它；另外一些观念的集合，则组成一块石头、一棵树、一本书和其他类似的可以感觉的东西；这些东西，又因为是适意的或不适意的而引起爱、憎、乐、悲等情感来。

2. 不过，除了所有这些无数的观念或知识对象以外，同样还有某种东西知道或感知它们，并对它们进行各种活动，如意欲、想象、记忆等。这样一个能感知的主动的存在者，就是我所谓的心灵、精神、灵魂或自我。我用这些词并不是指我的任何一个观念，而是指一个全然与观念不同的东西，观念只存在于这个东西之中，或者说，被这个东西所感知；因为一个观念的存在,就在于被感知。

3. 我的思想、情感和由想象力形成的观念,都不能离开心灵而存在,这一点是每个人都会承认的。而且,印在感官上的各种感觉或观念,无论被怎样混合与结合在一起(即不管组成什么对象),也不能不在感知它们的心灵中存在,这一点在我看来,似乎也是同样明显的。任何人只要注意一下"存在"一词用于可以感觉的事物时的意义,我想,凭直觉就可以知道这一点。我说我写字用的桌子存在,这就是说我看见它并且摸到它;假若我走出书房以后还说它存在,这个意思就是说,假若我在书房中,我就可以感知它,或者是说,有某个别的精神实际上在感知它。一种气味存在,就是说它被嗅到;一种声音存在,就是说它被听到;一种颜色或形象存在,就是说它被视觉或触觉所感知。这就是我通过这一类说法所能理解到的一切。因为,所谓不思想的事物完全与它们的被感知无关而有绝对的存在,那在我是完全不可理解的。它们的存在就是被感知,它们不可能在心灵或感知它们的能思维的东西以外有任何存在。

4. 诚然,在人们中间奇特地流行着一种意见,认为房屋、山河,一句话,一切可感的东西,都可以离开它们被理智所感知而有一种自然的或真实的存在。不过,不论一般人用怎样大的信心和满意来采纳这个原则,然而,任何人只要留心研究一下这件事,就可以看到(假如我没有看错),这里其实包含一个明显的矛盾。因为,除了我们用感官所感知的事物之外,还有什么上述的对象呢?并且,在我们自己的观念或感觉之外,我们究竟能感知什么呢?那么,要说是任何一个观念或其结合体不被感知而存在,那岂不明明白白是背理的吗?

5. 假若我们彻底考察一下这个主张,我们就可以发现:它或许归根结底是基于抽象观念的学说,因为,把可感物的存在与它的被感知分离,以便把它们设想为不被感知而存在,这不就是一种最精巧的抽象作用吗?光和色,热和冷,广延和形状——一句话,我们看到和感触到的东西——它们除了就是一些感觉、意念、观念或感官上的印象外,还是什么呢?并且,即使在思想中,我们能把它们与感知分离开来吗?就我来说,我诚然可以很容易把一个东西与它自身分割开来。我诚然可以在我的思想中把那些或许从未经感官感知其为如此分割的东西分割开来,或设想它们是互相分离的。例如,我可以想象一个人的身躯没有四肢,或不用想到玫瑰花本身而单单设想玫瑰花的香气。在这个范围内,我并不反对我可以进行抽象;如果这可以叫做"抽象作用"的话,这种"抽象作用"的范围仅仅限于分开设想那些真正可能分开存在或实实在在被感知为分开存在的事物。然而,我的想象能力并不能超过真实存在或感知的可能性以外。所以,正如我不能离开了对于一个东西的实实在在的感觉而看见它或感触到它一样,我也不能在思想中设想任何可感的东西或对象可以离开对于它的感觉或感知。

6. 有些真理对于心灵非常密切和非常明显,所以一个人只要睁开眼睛,就可以看出它们来。我认为下面就是这样一个重要的真理,那就是,天上的一切星宿,地上的一切陈设,总之,构成大宇宙的一切物体,在心灵以外都没有任何存在;它们的存在就是被感知或被知道;因此,如果它们不是实际上被我所感知,或者不存在于我或任何别的被创造的精神的心中,那么,它们不是根本不存在,就是存在于某种"永恒的精神"的心中。认为这些事物的任何一部分有一种独立于精神之外的存在,那是完全不可理解的,并且包含着抽象作用的全部荒谬。读者只要反省一下,试试看在自己的思想中是否能把一个可以感觉的东西的存在与它的被感知分离开来,就可以相信这一点了。

7. 从上面所说的看来,显然,除了"精神"或感知者以外,再也没有任何别的"实体"。但是,为了更充分地证明这一点,我们还应当认识到:一切可以感觉的性质,都只是颜色、形状、运动、气味、滋味等,也就是说,都只是被感官所感知的观念。既然如此,那么,说观念存在于没有知觉的东西中,就是一个明显的矛盾;因为具有一个观念和感知完全是一回事。因此,颜色、形状及类似的性质,在哪一个东西中存在,哪一个东西就必须感知它们。所以,显然不可能存在那些观念的不思维的实体或基质。

8. 不过,你可以说:虽然观念本身并不离开心灵而存在,但仍然可以存在与观念相似的东西,而观念只是它们的摹本或肖像;这些东西则是可以离开心灵而存在于一个不思维的实体之中的。我答复说:观念只能与观念相似,而不能与别的东西相似;一种颜色或形状只能与别的颜色或形状相似,而不能与别的东西相似。如果我们稍微考察一下我们自己的思想,我们就会发现,只有在我们的观念之间,才可能设想有一种相似关系。再者,我还可以问:所假设的那些为我们的观念所描绘或表象的原本或外物,其本身究竟是能被感知的呢,还是不能被感知的呢?如果它们是能被感知的,那么,它们就仍然是些观念,这正表示我们的主张胜利了;但是,如果你说它们是不能被感知的,那么,我可以诉诸任何人,看看断言一种颜色与某种不可见的东西相似,硬或软与某种不可触知的东西相似,这种说法是有意义的吗?其余的性质也是如此。

9. 有些人把性质区分为第一性的与第二性的两种,前者是指广延、形状、运动、静止、坚实性或不可入性及数目而言,后者是指其他一切可感觉的性质如颜色、声音、滋味而言。他们承认,我们对第二性的质所具有的观念,并不是任何存在于心外或不被感知的事物的肖像;但他们却认为,我们对第一性的质所具有的观念,是存在于心灵以外的事物的摹本或影像,这些事物是存在于他们称做"物质"的一种不思维的实体之中的。因此,所谓"物质",我们可以理解为一种惰性的、无感觉的实体,而广延、形状和运动正是存在于这个实体之中。但是,从我们已经指出过的看来,显然,广延、形状和运动仅仅是些存在于心中的观念,并且一个观念只能和观念相似,不能与别的东西相似;因此,不论它们或它们的原型,都不能存在于一个不能感知的实体之中。所以很显然,所谓"物质"或有形体的实体这个概念,本身就包含一个矛盾在内。

10. 那些主张形状、运动及其他第一性的或原初的性质存在于心外不能思维的实体中的人们,都同时承认颜色、声音、冷热及这一类的第二性的质是不存在于心外的;他们告诉我们说,这些都是只在心中存在的感觉,这些感觉依存于微细的物质粒子的不同大小、组织结构和运动,并且是由它们所引起的。这一点,他们认为是可以毫无例外地加以证明的、无可置疑的真理。那么,如果确实那些原初的性质是与其他可感的性质不可分离地联结在一起,并且即使在思想中也不能从它们中抽象出来的话,那么,显然那些原初的性质也就只能在心中存在了;但是,我希望任何人反省一下,试试看是否他能够借思想的抽象作用设想一个物体的广延和运动而不涉及别的可感的性质。就我自己来说,显然我是没有能力来构成这样一个有广延和运动的物体观念的,除非我同时给它一些颜色或其他可感的性质;而这些性质是公认为仅仅存在于心中的。总之,广延、形状和运动,离开了所有别的性质,都是不可想象的。因此,这些其他可感的性质在什么地方存在,第一性的质也必定在什么地方存在,也就是说,它们只存在于心中,而不能存在于别的地方。

14. 我还要进一步补充一点:依照现代哲学家们证明某些可感的性质不存在于"物质"中或人心以外的方法,同样地,我们也可以证明所有别的任何可感的性质,都是如此。例如,他们说,热和冷仅仅是心灵的一些感应变化,而全然不是真实事物的摹本,它们并不存在于引起它们的有形实体之中;因为同一个物体,对于一只手显得是冷的,而对于另一只手又似乎是热的;那么,为什么我们不可以同样说,形状和广延也不是存在于"物质"中的性质的摹本或肖像呢?因为同一个眼睛在不同的位置,或不同结构的眼睛在同一个位置,其所看到的形状和广延都是各不相同的,所以,它们都不能是任何存于心外之确定的事物的影像。此外,人们还证明过,甜并非真正存在于有滋味的东西中,因为这个东西虽然保持不变,而甜却可以变为苦,比如在患热症或其他败坏味觉的情形下就是这样。那么,为什么我不可以同样合理地说,运动也不是在心外存在的呢?因为大家都承认,如果心中的观念的连续过程变得快一些,则外物虽然没有任何变化,而运动却会显得慢起来。

18. 不过,纵使坚实的、有形状的、能运动的实体可能存在于心外,并且与我们对物体所具有的观念相应,我们又如何能知道这一点呢?我们要知道的话,必定或者是通过“感官”,或者是通过“理性”。说到我们的感官,我们通过它们只能知道我们的感觉观念或者那些为感官直接感知的东西,你随便怎样称呼它们都可以;但是,它们并没有告诉我们说:事物存在于心外,或者不被感知却又与我们所感知的东西相似。这一点,就是唯物主义者自己也是承认的。——因此,如果我们还能知道外物的话,那就必定只能是靠理性从感官直接感知的东西来推断它们的存在了。但是(我看不出),什么理由可以使我们根据我们所感知的来相信心外之物的存在呢?因为,就是主张“物质”的人们自己,也并没有妄称在外物与我们的观念之间有任何必然的联系。我可以说,各方面的人都承认(在睡梦、癫狂及其他类似的情况之下所发生的事实,也可以使这一点无可争辩),即使没有在观念之外又与观念相似的物体存在,我们也一样有可能被我们现有的一切观念所影响,所以很显然,观念的产生,并无必要假设外物的存在;因为大家都承认,即使没有外物的协助,观念有时也会产生出来,而且可能常常是按照我们目前所见到的秩序产生出来的。

19. 不过,虽然我们可能离开外物而仍然有一切感觉,但是人们也许会认为:我们如果假设有与它们相似的外物存在,也许比没有这种假设更容易设想和说明观念产生的方式;因此至少我们可以推想有外物这样的东西,来在我们心中引起对它们的观念。然而这种说法也是不行的。因为,即使我们承认像唯物主义者所说的外物,可是他们也自认他们并不能因此而更切近地知道我们的观念是如何产生的;因为他们承认他们自己并不能了解物体如何作用于精神或者它如何可能在心中印上任何观念。所以,显然,我们不能因为我们心中有观念或感觉产生就以此作为理由来假设有所谓“物质”或有形的实体存在;因为他们也承认,无论有没有这个假设,观念的产生是一样不可解释的。因为,纵使可能有物体在心外存在,但如果我们主张它们真是如此,那就未免是一个非常缺乏根据的意见;因为这样就等于毫无理由地假设上帝创造的无数事物都是全无用处和全无目的的了。

20. 总之,假如有外物存在的话,我们也不可能得知它;假如没有的话,我们也可以有同样的理由相信我们仍会有现在所有的观念。假如——没有人能否认这是可能的——一个有智慧者,他不借助于外物,也可以感受你所感受的同样一串感觉或观念,而且那些感觉或观念印在他心中的秩序和鲜明生动的程度是和在你心中一样的;那么我就要问:是否这个有智慧者没有你所可能有的一切理由来同样相信“有形实体”的存在,没有理由来同样相信这些“有形实体”可以在他心中引起观念并为那些观念所表象呢?这一点是毫无问题的。任何有理性的人,只要对这点稍加考虑,就会怀疑他所持以相信心外物体存在的论据的力量了。

24. 显然,我们稍加考察自己的思想,就可以知道,我们是否可以理解:所谓可感物本身的绝对存在,或心外的存在,究竟有什么意义。在我看来,这些语词要么只是标记出一个明显的矛盾来,要么就是全无意义。为了使别人相信这一点,我所知道的最方便现成、最公平的方法,就是请他们平心静气地注意观察他们自己的思想;他们在注意观察之后,如果看到这些说法是空洞的和矛盾的,则他再不用别的东西,就可以确信我的说法了。因此我坚持主张这一点,即所谓不能思维的东西的绝对存在,只是一些没有意义的或者其中包含着一个矛盾的语词。这一点是我一再重复和反复教诲的,我诚恳建议读者认真思考。

25. 我们的一切观念、感觉、概念,或者我们所感知的东西,不论我们以什么名称来区别它们,它们显然都是被动的,它们并不包含什么有能力或主动作用的东西在内。所以,一个观念或者思想的对象,是不能产生或改变另一个观念或思想对象的。我们要想相信这个真理,只需要观察一下我们的观念就够了；因为，既然观念和观念中间的每一部分都只能在心中存在，可见观念里面除了被感知到的东西以外就什么也没有了；不论什么人来考察他自己的观念，感官的观念也好，反省的观念也好，都不会在观念里面感知到任何能力或活动；所以观念里面不包含这样的东西在内。我们只要稍微注意一下就会发现，一个观念的存在暗含着被动和惰性；因此一个观念是不可能做任何事情的，或者严格地说，不可能成为任何东西的原因，并且正如第8节所说明的，它也不可能是任何能动存在物的肖像或摹本。由此可以明白地看出，广延、形状和运动都不能是我们感觉的原因。因此，要说这些感觉是物质微粒的形状、数目、运动和大小所产生出来的能力的结果，那当然必定是虚妄的。

26. 我们感知到一连串的观念；其中有些是被重新引起的，其他一些被改变或完全消失。那么，这些观念必有某种原因，为它们所依赖，并且产生和改变它们。从上节看来显然这个原因不能是任何性质或观念，或者观念的结合体。因此，它必定是一个实体；但是我们已经说明，并不存在有形体的实体或物质实体；因此我们只能说，观念的原因是一个无形体的，能动的实体或"精神"。

29. 但是，无论我可以对我自己的思想有什么样的权力，我却发现靠"感官"实际感知到的观念并不同样依从于我的意志。在光天化日之下我只要睁开眼睛，我就没有能力来自由选择看或不看，也不能决定什么特殊的对象应该呈现于我的视野。至于听觉和其他感官也同样如此；印于它们之上的观念也不是我的意志的产物。因此，一定有别的"意志"或"精神"来产生它们。

30. "感觉"的观念要比"想象"的观念更为强烈、更为活跃、更为清晰；它们还是稳定的、有秩序的和互相连接的，它们与那些作为人类意志的结果的观念所常表现的不同，并不能任意刺激起来，它们是在一个有规则的系列中出现的——那令人赞叹的联系足以证实它的"创造者"的智慧和仁慈。我们所依赖的那个"心灵"，在我们心中引起"感觉"观念时，要按照固定的规则或确定的方法，这些规则或方法就被称为自然规律；并且，这些规律是我们通过经验学习到的，经验教导我们，在事物的日常过程中，某些如此这般的观念，常常伴随着其他一些如此这般的观念。

33. “造物主”在我们“感官”上所印的各种观念就被称为实在的事物；而那些在想象中刺激起的、比较不规则、不鲜明生动、不恒常的观念，可以更恰当地称为它们所摹写或表象的事物的观念或意象。但是，我们的感觉虽然非常鲜明生动又非常清晰，它们仍然只是观念；也就是说，它们存在于心灵中，或被心灵所感知，正像心灵自己构成的观念一样。我们承认，“感觉”观念具有较大的实在性，也就是说，它们比人的心灵的产物较为强烈、较为有秩序和较为连贯；但是，这并不能证明它们存在于心外。它们也较少依赖于感知它们的那个精神或能思维的实体，因为它们是被另一个较有力的“精神”所刺激起来的；不过它们依然只是观念，而任何观念不论强弱，却不能存在于一个感知它的心灵之外。

35. 我并不否认我们凭感官或反省所能了解的任何事物的存在。我眼所见的和我手所触的事物都是存在的，都是真实存在的，这一点我丝毫也不怀疑。我们否认其存在的惟一的东西，只是哲学家称为“物质”或有形的实体的东西。这一否认并没有对其余他人造成任何损害，我敢说他们绝不会因失去它而遗憾。无神论者却会因此而少了一个粉饰其不敬神明的空洞名称：哲学家们或许会因此而觉得失去了莫大一个闲混的借口和争论的把柄。

36. 如果有人认为我这种主张有损于事物的存在或实在性，那他远远没有理解我用最浅显的词句所说的话。这里将前面所说的摘要重述一遍。存在着一些精神实体、心灵或人类灵魂，可以在自身随意地意欲或激起观念；不过这些观念比起它们靠感官所感知的其他观念来，是暗淡、微弱和不稳定的；感觉观念是按照一定的自然法则或规律印于心灵上面的，表明它们自己是一个比人类精神更有力量更有智慧的“心灵”

的作用结果。感觉观念据说比想象的观念具有较大的实在性；这意味着，感觉观念可以影响心灵，是有秩序的和清晰的，而且不是由感知它们的心灵所虚构的。在这种意义上，我白天看见的太阳是实在的太阳，而我晚上想象的太阳则是前者的观念。按这里所给出的实在的意义来看，显而易见，每一植物、星宿、矿物，以及一般说来宇宙体系的每一部分，按照我们的原则与按照任何其他原则一样，都是一个实在的存在物。我请别人观察一下自己的思想，看看他们用实在一词所意指的东西是否与我不同。

37. 人们还会极力坚持说，至少在这一点上并没有冤枉我们，即，我们取消了一切有形的实体。对这一点我的回答是，如果实体一词取其通常的意义，即被理解为各种可感性质（诸如广延、坚实性、重量等）的结合体——人们就不能指责我们取消了这种实体；但是如果实体一词取其哲学上的意义，即被理解为各种心外的偶性或性质的支撑物——那么我确实承认我们把它取消了，如果可以说某人能取消一种根本不存在的、甚至在想象中也不存在的东西的话。

38. 但是你会说，如果说我们吃观念、喝观念和穿观念，这话听起来毕竟是很刺耳的。我也承认这是很刺耳的——在普通谈话中，观念一词并不是用来意指被称做事物的可感性质的结合体；而且，任何与语言的日常用法不同的说法都必定会显得刺耳而可笑。但是，这不影响这一命题的真实性，如果换一种说法，这个命题只不过是说，我们所吃和穿的是我们靠感官直接感知的东西。结合在一起并组成各种衣服与食物的种种性质，如硬、软、颜色、滋味、温暖、形状等等，我们已经表明它们只存在于感知它们的心灵中，这就是称它们为观念的全部意义；观念这个语词，如果也像事物一词一样通常使用，那么我们听起来也就并不会比事物一词刺耳和可笑了。我所争辩的不在于用语的恰当与否，而在于它的真实性。因此，如果你同意我的观点：我们所吃、喝和穿的都是感官的直接对象，而且它们不能在心外或不被感知而存在，我将会欣然承认，若把它们称为事物而不称为观念，这样更妥当或更合乎习惯。

39. 如果人们要问，我为什么使用观念一词，而不顺从习惯称它们为事物，则我回答说，我这样做出于两个理由：第一，因为事物一词若与观念相区别，则人们通常以为它是指称某种存在于心灵之外的东西。第二，因为事物比观念的词义较广，它不仅包含观念而且还包含精神或能思维的东西。既然感官对象仅仅存在于心中，而且又是无思想的和被动的，因此，我选定以观念一词来标记它们，而这个词正包含有那些性质的意思。

40. 但是，无论我们能说什么，有的人或许还会回答说，他仍然相信他的感官，并且绝不容忍任何貌似有理的动听论据胜过感官的确实性。那么好吧，你可以尽量提高感官的明证性，我们也乐意这样做。我所见、听和触的都确实是存在的，即是说，都是被我所感知的，对这一点我并不怀疑，正如我不怀疑我自己的存在一样。但是我看不出感官的证据如何能被用来证明任何不被感官所感知的事物的存在。我们并不想使任何人变为怀疑论者而不相信他自己的感官；正相反，我们给予感官一切可以想象的重视与信任；没有任何原则比我们所制定的那些原则更与怀疑论相反了，这一点，我们在后面将明白地指示出来。

52. 在日常生活的事务中，无论各种语句若在严格的思辨意义上理解将会是如何虚妄，但是只要它们能刺激起我们的适当情感或意向，使我们在幸福所必需的方式下行动起来，则我们仍然可以保留那些语句。而且这种情形是不可避免的，因为语言的恰当与否既然是习惯所规范的，那么语言就是符合于公认的意见的，而公认的意见并不总是最正确的。因此，甚至在最严格的哲学推理中，也不可能改变我们所讲的语言的倾向和本质特征，而使吹毛求疵的人抓不到把柄来非难和反驳我们。不过，一个公平而坦白的读者会从论说的范围、要旨和联系中来确定其意义，而忽略那些由习惯产生的不可避免的不精确的说话方式。

140. 在一个广泛的意义上，我们的确可以说具有一个关于精神的观念或毋宁说一个关于它的意念，那就是说我们理解精神一词的意义，否则我们就不能肯定或否定它的任何性质。此外，我们既然借我们自己的观念来设想别的精神的心中的观念，而且以为我们的观念是他们的观念的肖像；那么我们也可以借我们自己的心灵来认识别的精神，在这种意义上，我们的心灵就是别的精神的影像或观念；我们的心灵与别的精神的关系，正如我所感知的蓝或热与别人所感知的这些观念的关系一样。〕

贝克莱对于洛克关于感觉、物质客体、一般概念及语言的一般功能的观点的反驳，已经成为欧洲哲学发展中的一个永久的组成部分了。然而照字面上理解，在其表面价值上，贝克莱此处所说的"我们关于外部世界的知识"对于读者来说似乎是完全荒谬的；这种观点似乎(尽管他不断反驳相反的观点)导致一种与常识的本体论背道而驰的本体论。因为，贝克莱似乎除了心灵和这些心灵中的"观念"以外否认宇宙中的任何东西的存在。我们平常称做苹果、树木和书桌的东西都不是在心灵之外又不依靠心灵而凭其自身存在的客体；反之，它们是心灵中的观念的种种集合。

贝克莱关于感觉的"唯心主义的"理论，是笛卡尔认识论的主观主义与"自我中心的"出发点同洛克经验论的结合所必然导致的合乎逻辑的最终结果。洛克在关于我们对外部世界的知识的问题上陷入了绝境，在这一问题上洛克的理论是两种相互矛盾而各自又站不住脚的感觉理论的结合体，其一是"因果的"理论，其二是"表象的"理论。按照洛克的理论，我们只能认识我们自己的观念，这些观念在心灵"之内"。它们有些是第二性的质的观念，有些是第一性的质的观念。前者与外界物体"之内"的任何性质只有一种因果关系；它们是由这些物体的微粒的第一性的质所引起的。后者也是由那些物体中的性质引起的；然而，不止如此，而且它们还与那些物体中的性质相像。但是，如果我们所能认识的一切都只是观念,而物体中的性质却不是观念,那么我们如何能得到关于物体中的性质的任何知识呢?我们如何能知道它们引起我们的观念呢?或者又如何能知道在某些情况下它们与观念相像呢?一旦贝克莱指出这是不可能的,人人就都可以明白地看出:外界物体及其性质的存在只是一个假设,无论要赞成还是要反对这一假设,我们都不可能——根据洛克经验论的前提,从逻辑上就不可能——具有任何手段去获得证据。

事实上,洛克像每一个“表象主义者”一样,也是永远被关在他自己的观念的圈子里——这一事实在他关于知识的论述中(《人类理解论》第四卷)表现得很清楚。但是,洛克关于外部世界的理论中还有另一个方面引起了贝克莱的猛烈攻击,即,以为存在着某种物质实体、基质或“我不知道它是什么的某物”,这些东西完全没有那些构成每个物体的基础的各种性质;贝克莱正确地认为,这也是一个原则上不可证实的(而且不能证明其为正当的)假设。

贝克莱的各种论证具有彼此很不一样的优点。[①]例如那些在《人类知识原理》的开头部分中的论证,似乎会直接导致上面讨论过的自相矛盾的本体论,那些论证依据的是对于“感知”、“具有一个观念”、“存在于心灵之内”,以及其他一些词语的使人误解的用法。贝克莱谈到“在心灵之内”和“在心灵之外”,好像它们是两个性质不同但又并列的领域,各种实体可以被安置于其中(只不过恰巧没有一个实体被安置在后者之中),很像地球表面上的一个点,既可以置于北半球也可以置于南半球。同时,那些论证被一种陈旧的形而上学教条搞得更糟了,这一教条被洛

① 他的论证(上面的引文只引用了其论证的一部分)即使不是都用来证明一个完全相同的论点,也是用来证明几个密切相关的论点,他的论证的数目和种类本身是很可疑的。如果贝克莱论述的那种哲学问题之一被阐述清楚了,那么,为了最终证明有关这个问题的一种答案的真理性,我们不应该要求一连串不同的论证,正如在数学中不需要一连串不同的证明来论证一条定理一样。

克认为是理所当然的,即,一种性质必定存在于一个实体“之内”,就像一枚针插在针插里一样。在哲学史上,介词“在……之内”已经证明是极端不可靠的。在这个例子中,一种未被觉察到的与介词“在……之内”的空间用法进行的错误类比,加上对它的未加批判的形而上学的用法,二者结合致使本来是贝克莱的论证想要消除的混淆反而永久存在了。然而最关键的一点——哲学上某些最令人沮丧而纠缠不清的困惑可以溯因于使用一些表面上无害的语词时的模棱两可和错误类比——在很大程度上应归功于贝克莱的崭新的处理方法。介词“在……之内”就是罪魁之一,人们无意识地假定“在心灵之内”以不知什么方式与“在盒子之内”或“在某个国家之内”相似〔而不与“根据我的观点”或“一般说来”相似〕,这一假定造成了哲学史上一些最黑暗的时期。

另一方面,在《人类知识原理》和《第一篇对话》中,贝克莱为反驳洛克的表象主义而提出的论证当然是有效的。贝克莱毫无困难地处理了洛克在他的第一性的质与第二性的质的学说中似乎采取的见解。洛克认为,物体的那些被观察到的大小与形状等等并不随着观察者与中间媒介的条件与位置的改变而变化(这是不正确的),而变化的仅仅是感觉到的颜色、气味、声音和滋味;因此,那些“第一性的质的观念”是那些存在于物体中性质的摹本,而那些“第二性的质的观念”则不是。贝克莱进一步指出,洛克关于物质实体存在的假设,从逻辑上说,我们根本不可能找到任何赞成它或反对它的证据,因此,这个假设本身只是“一些没有意义的语词”。这种观点很有点现代的味道。

当贝克莱把物体还原为仅存在于心灵“之内”(即,当其被心灵感知时)的观念的集合以后,现在该他表明态度了:要么物质的存在与否,依照心灵是否感知适当的观念而定,要么所有的观念在所有时间内都始终被某个心灵或某些心灵所感知。贝克莱选择了后者。上帝持续不断的感知保证了物体的持续存在。如果贝克莱的上帝被引进来仅仅是为了挽救他关于物质世界的理论,那么他可能设定了一个不强于洛克的物质基质的假设。贝克莱声称，我们不可能对洛克的"实体"这类幻影具有任何"观念"；但是，据贝克莱说，我们也不具有关于精神的任何"观念"，而只有关于它的"意念"。这些说法是什么意思，他没有给予清楚的解释。但是，很显然，上帝是贝克莱形而上学图景的核心：宇宙依赖于"他"，就像莎士比亚的戏剧人物及其生活依赖于莎士比亚一样。但是，这一观点是与贝克莱自称信奉的经验论不相容的，而且，引进上帝以拯救一种不这样做就站不住脚的关于物质客体是什么的观点，也是不合理的。无论如何，贝克莱的经验论并不是始终一贯的。上帝不仅感知一切观念，"他"还是它们的原因。它们靠上帝的意志保持其存在，而且自然界事件的规则性就是上帝意志的范型的规则性。贝克莱没有分析因果概念，这一概念到休谟手里才第一次受到经验主义的考察。对于贝克莱来说，也如同对于很多中世纪哲学家以及事实上对于古代人那样，原因是通过与意志的行为相类比而得以解释的。

下面的段落引自《希勒斯和斐洛诺斯反驳怀疑论者和无神论者的三篇对话》。

〔第一篇对话

希：斐洛诺斯，我坦率地承认，再抗拒是徒劳无益的。颜色、声音、滋味，一句话，所有那些所谓第二性的质，当然都不能在心灵之外而存在。不过我虽然承认了这一点，你也绝不要以为我就减损了"物质"或外界物体的实在性；因为，有少数哲学家虽然持这种主张，但是他们离否认"物质"还极其遥远。为了更明白地理解这一点，你应当知道，哲学家们把可感的性质分为原初的和第二性的两类。前者是广延、形状、坚实性、重力、运动和静止；他们认为，这些性质是实在地存在于物体之内的。后者是上面列举过的那些性质；或者简要地说，是除了原初的性质以外的一切可感觉的性质，他们宣称第二性的质只是存在于心灵之内而不存在于别处的同样多的感觉或观念。不过，所有这些观点，我相信你早已知道了。至于我自己，虽然早已知道有这样一种意见在哲学家们中间流行，但直到现在我才完全确信它的真理。

斐：那么，你仍然相信这种意见而认为广延和形状固有地存在于外界不能思想的实体之中吗？

希：我仍然相信。

斐：但是，如果那些用来反驳"第二性的质"的同样论证也适用于反驳原初的性质，那将如何呢？

希：那我只能认为它们也仅仅存在于心中了。

斐：你主张你凭感官感知到的形状和广延都存在于外界物体或物质实体中吗？

希：是的。

斐：一切其他动物也有充分的根据认为它们所见与所触的形状和广延都存在于外界物体中吗？

希：如果它们有思想，无疑也会这么想。

斐：希勒斯，请回答我。你认为感官被赋予一切动物是为了它们维持生存和生活幸福吗？还是只有人才是为了这一目的而被赋予感官的呢？

希：我不怀疑一切其他动物的感官都有同样的功用。

斐：如果是这样，它们不是必须能凭感官感知它们自己的肢体和那些能伤害它们的物体才行吗？

希：当然。

斐：那么，我们必须认为一个蛆虫看见它自己的足和与足相等或比足更小的东西，就像相当大的物体一样，虽然同时它们在你看来，则几乎看不清，或者顶好也不过像一些刚能看见的点。

希：我不否认这一点。

斐：对于比蛆虫更小的动物来说，那些东西不是看起来更大些吗？

希：是的。

斐:那么,你几乎看不清的东西,在另一个极小的动物来看,不是会像一座大山一样吗?

希:所有这些我都承认。

斐:同一个事物本身可能在同时有不同的大小吗?

希:这一点想象起来是荒谬的。

斐:但是从你所主张的观点必然得出下述看法:你所感知的广延,蛆虫自己感知的广延,各种更小的动物感知的所有那些广延,其中每一个广延都是关于蛆虫的足的真正的广延;那就是说,你自己的原则引导你得出了荒谬的结论。

希:在这一点上似乎有点困难。

斐:其次,你不是曾经承认过,如果任何物体本身中没有什么变化,则它真正的固有性质就不能被改变吗?

希:我曾承认这一点。

斐:但是,当我们逐渐接近一个物体或逐渐离开一个物体时,它的可见的广延则随之变化,在一种距离上它可以比在另一种距离上大十倍或一百倍。那么从这里难道不能同样得出结论说广延也不是真正固有地存在于物体之内吗?

希:我承认我也糊涂了。

斐:如果你对这种性质敢于自由思想,就像你对其余的性质所做的那样,那么你的判断也会很快决定的。你刚才不是承认,因为水在一只手觉得热而在另一只手又觉得冷,所以热和冷都不在水中吗?你不是承认这是一个合理的论证吗?

希:是的。

斐:我们推断出广延或形状不存在于物体中,难道不是完全相同的推理方法吗?因为,同一个物体,在一只眼睛看来是小的、光滑的和圆的,同时在另一只眼睛看来却是大的、粗糙不平的和有棱角的。

希:是同样的道理。但是这后一种情况会发生吗?

斐:你可以在任何时候做这个实验,一只眼睛用肉眼看,另一只眼睛通过显微镜看,就可以看到这种情况了。

希:我不知道如何坚持我的主张,不过我仍然不甘心抛弃广延,由于让了这一步,我就看到这么多奇怪的结论跟随而来。

斐:你说奇怪吗?在你已经做出了这些让步以后,我希望你不会因为任何事物有些奇怪就迟疑起来,但是,另一方面,如果这种普遍的推论包括了一切其他可感的性质,却不包括广延,那不是会显得很奇怪吗?如果承认任何观念或与观念相类似的东西都不能存在于一个没有知觉的实体中,那么就确实可以推论出,我们所能感知的、所能想象的、所能对之具有任何观念的广延的形状或样式,不可能真正固有地存在于"物质"之内;至于把一个先于并且不同于广延的物质实体设想为广延的基质,其必定会遇到的特殊困难就更不用说了。不论可感的性质是什么——是形状还是声音还是颜色;它都似乎同样不可能存在于不能感知它的东西之内。

希:我暂时先放弃这一观点,同时仍然保留我的权利,如果我今后发现在得出我的意见的推论进程中有任何错误步骤的话,我还要撤回我的意见。

斐:这是你自己的不可否认的权利。形状和广延都处理完了,我们进而来谈运动。任何外界物体中的一种实在的运动能同时既很快又很慢吗?

希:不能。

斐:物体运动的快慢不是同它在一定空间中运动所用的时间成反比吗?因此,一切物体一小时运动一英里比它在三小时才运动一英里的情况下要快三倍。

希:我同意你的看法。

斐:时间不是通过我们心中观念的相继来度量的吗?

希:是的。

斐：在你心中观念相继的速度不是可以两倍于它们在我心中或在另一种精神的心中相继的速度吗?

希:我承认这一点。

斐:结果就是,另一个人觉得同一物体走完任何空间距离所用的时间,可以只是你所觉得的时间的一半。同样的推理可以适用于任何其他的比例。这就是说,按照你的原则(两人所感知的运动既然都真实地存在于对象之内),同一个物体同时在同一方向上就可以既很快又很慢地实在地运动了。这怎么能与常识相一致呢?又怎么能与你刚才承认的相一致呢?

希:我对这一点无话可说。

斐：我们接着谈一下凝性；如果你用这个词不意指任何可感的性质,那么我们就不去探讨它了;不过,你如果认为它是指一种可感的性质,那么它就必须要么是坚硬性,要么是阻力。但是,这两种性质都分明与我们的感觉有关系:很显然,一个动物觉得很坚硬的东西,另一个力气更大和肢体更结实的动物却可以觉得是柔软的。我所感到的阻力不存在于物体中,这也是同样明显的。

希:我承认阻力的感觉(这就是你直接感知的一切)不存在于物体之内;但是这种感觉的原因却是存在于物体之内的。

斐:但是我们感觉的原因并不是直接感知到的东西,因此不是可感的。这一点我想是早已确定了的。

希:我承认这早已确定了;不过如果我有点尴尬,可要请你原谅,我真不知道如何才能摆脱我的旧想法。

斐:要想摆脱旧想法,你只须认真考虑一下:一旦承认了广延不能在心灵之外存在,那么对于运动、凝性和重力也必然承认同样的看法;因为它们都明显地以广延作为先决条件。因此若一一对它们详细考察就是多余的了。否认了广延，你也就已经把它们的真实存在都否认了……

……

斐：……如果我理解得正确的话，那么你是说，我们的观念不存在于心灵之外，但是它们是某些存在于心灵之外的原型的摹本、意象或表象？

希：你对我理解得很正确。

斐：那么它们就与外物相像了？

希：是的。

斐：那些东西具有一种独立于我们感官的稳定与恒常的本性？还是依据我们在自己身体内引起的任何运动——使我们感觉的器官和官能暂停使用，发挥作用或发生改变，那些东西也随之不断变化？

希：实在的东西显然具有一种固定的和实在的本性，不管我们的感官或我们的身体的姿势与运动发生任何变化，它们的本性仍然保持不变；身体的变化固然可以影响我们心中的观念，但是如果以为它们对心外存在的事物也有同样的作用，那是很荒谬的。

斐：那么我们的观念既然是不断地转瞬即逝和变化无常的，如何又能成为任何恒常不变的事物的摹本或影像呢？或者换句话说，既然一切可感的性质，如大小、形状、颜色等，即我们的观念，随着距离、媒介或感觉仪器的每一改变而不断变化；那么，任何确定的物质对象如何能被一些性质与它迥然有别而各自又互不相同的东西所正确表象或摹画呢？或者如果你说它只与我们许多观念中的某一个相像，那么我们如何能够区分真摹本和一切假摹本呢？

希：斐洛诺斯，我承认我茫然无知。我对此不知该说什么才好。

斐：但还不止于此。物质客体本身是可感知的呢，还是不可感知的呢？

希：能被恰当地和直接地感知的东西，除了观念以外，没有别的东西。因此，一切物质事物本身都是不可感觉的，它们只能靠我们的观念被觉察到。

斐:那么观念是可感的,而它们的原型或原本则是不可感的。

希:对。

斐:但是可感的东西如何能与不可感的东西相像呢?一个看不见的实在的东西本身能与一种颜色相像吗? 或者一个听不见的实在的东西能与一个声音相像吗?一句话,除了一个感觉或观念能与另一个感觉或观念相像以外,还能有任何东西与一个感觉或观念相像吗?

希:我必须承认,我认为它们不能相像。

斐:对这一点还能有任何怀疑吗?你不完全知道你自己的观念吗?

希:我完全知道它们;因为我不感知或不知道的东西就不可能是我的观念的一部分。

斐:那么请你对它们加以考虑和检查,然后告诉我,在你的观念中是否有任何东西能在心外存在; 或者你是否能设想任何与观念相像的东西在心外存在。

希: 一经考虑之后, 我发现除了一个观念可以与一个观念相像以外,再不能设想或理解任何东西如何能与观念相像了。而且最为明显的是,任何观念都不能在心外存在。

斐:那么你的原则强迫你否认可感物的实在性了;因为你认定这种实在性的要点就在于它是一种心外的绝对存在。这就是说,你是一个彻头彻尾的怀疑论者了。我原来想要证明你的原则会导致怀疑主义,现在我达到目的了。

希:目前我虽然没被完全说服,至少也只得闭口无言了。

第三篇对话

斐:我向你保证,希勒斯,我决不妄自构造任何假设。我肉眼凡胎,思想简单,相信我的感官,我见到事物是什么样子,就认为它们是什么样子。说明白一点,我的见解是,实在的东西就是我凭我的感官看到、摸到和感知到的那些东西。我知道这些东西;而且发现它们可以适合人生所有的需要和目的,我也就没有理由再关心任何其他未知的存在物了。例如,一片可感的面包已经可以充饥,比成千上万片你所说的那种不可感觉,不可理解的真正的面包还要好些。我同样认为,颜色和其他可感的性质都在物体上面。我不能不想,雪是白的,火是热的。你既然用雪和火意指某些外界的、不被感知、没有知觉的实体,自然可以否认白或热是在它们之内固有的属性。但是,我既然把那些语词理解为我看到和摸到的东西,我也不得不像其他人一样想了。关于事物的本性,我既然不是怀疑论者,那么关于事物的存在,我也同样不是怀疑论者。在我看来,如果说一个事物可以实在地被我的感官所感知,而同时又不是实在地存在着,这是一个明显的矛盾;因为甚至在思想中,我也不能把一个可感物的存在从它的被感知中抽象出来或孤立地加以思考。我所命名和谈论的木、石、火、水、肉、铁及类似的东西,都是我所知道的东西。我若不是凭我的感官感知到它们,则我也不会知道它们;而感官所感知到的东西都是被直接感知到的;直接感知到的东西都是观念;而观念又不能在心外存在;因此它们的存在就在于被感知;因此,当它们实际被感知到的时候,它们的存在便毫无疑问。那么,整个怀疑论和所有那些荒唐可笑的哲学上的疑惑,都应扫除干净。一个哲学家只有等到人们根据上帝的诚实无欺来给他证明可感物的存在,他才不再怀疑它们的存在;或者他妄称我们的知识在这一点上缺乏直观性或明证性;这是多么可笑的事啊!我要是怀疑我实际看到和摸到的那些东西的存在,那我最好还是怀疑我自己的存在吧。

希:斐洛诺斯,你的推理别这么快,你说你不能设想可感物如何在心外存在,是吗?

斐:我是这样说的。

希:假设你被化为乌有,你就不能设想可以被感官感知的东西仍能存在吗?

斐:我能这样设想;不过那时它必定存在于另一个心灵中。我否认可感物存在于心外。并不是指我个人特殊的心灵,而是指一切心灵。现在很清楚,可感物是在我个人的心外存在的;因为根据经验我发现它们独立于我的心之外。因此,在我感知它们的各段时间以外的间隔期内,它们存在于别的某个“心灵”中;在我出生前它们是这样存在,在我假定的消灭以后它们也将如此存在。既然同样道理适用于一切其他有限的被创造的精神,那么必然得出结论:有一个无所不在、永世长存的大心灵,他知道一切事物,理解一切事物,并且以一定的方式、按照一定的规则把一切事物呈现在我们眼前,这种方式和规则是他自己制定的,而我们称之为自然规律。

……

斐:首先我要说,我否认物质实体的存在,不仅因为我没有关于它的概念,而且因为那种关于它的概念是自相矛盾的;或者换句话说,因为应该有一个关于它的概念这种看法本身就是矛盾的。有许多东西,虽然我和其他任何人对它们都没有或不能有任何观念或概念,也许仍然可以存在。不过那些东西必须是可能的,就是说,在它们的定义里必须不包含任何自相矛盾的东西。其次我要说,虽然我们可以相信我们没有感知到的东西存在,然而如果这种信仰没有某种理由,我们便不能相信任何特殊事物存在;而我没有理由相信“物质”的存在。我既不能直接直观到它,也不能间接从我的感觉、观念、概念、行动或情感中推知一个不能思想、没有知觉、被动的实体——无论是通过或然的演绎还是通过必然的推论。至于“自我”的存在,即我自己的灵魂,心灵或思维本性,我可以通过反省而明白地知道它。请你原谅我为了答复同样的反驳而重复了同样的论证。正是在那个“物质实体”的概念或定义中,包含着一种明显的矛盾。但是关于“精神”的概念可不能这么说。要说观念竟然存在于没有知觉的东西中或被不能自动的东西所产生,这是矛盾的。但是,要说一个有知觉的东西可以是观念的主体,或说一个能动的东西可以是观念的原因,则并不矛盾。我们承认,我们对于其他有限精神的存在既没有直接的证据也没有论证的知识；但是不能由此就说这些有限的精神说与物质实体立于同等地位：因为我们假定有物质虽然是矛盾的，可是要假定有精神则是不矛盾的；我们虽然不能借论据来推断物质，但是精神的存在却有很大可能；我们虽然看见一些迹象和效果，它们指示出一些单独的与我们相似的有限的能动者，但却看不到任何迹象或征兆可以使我们对“物质”产生一种合理的信仰。最后我要说，虽然严格说来，我没有一种关于“精神”的观念，但是我有一种关于它的概念。我不是把它作为一个观念而感知到它，也不是靠一个观念觉察到它，而是通过反省而知道它。

……

斐：靠想象形成的观念是暗弱而不清晰的；而且它们是完全依赖于意志的。但是，感官感知的观念，即真实的事物，则是较为鲜明生动和清晰的；而且它们既然是被一个不同于我们的精神印入我们的心灵的，所以它们不依赖于我们的意志。因此，这些观念与前一种观念并没有混淆的危险；至于梦中暗淡、不规则和混杂的幻象，则几乎没有与之混淆的危险。虽然梦像有时也会异常活跃、异常自然，然而由于它们不能作为一个片段被连接到我们生活的前后事务中，所以它们可以被轻易地与实在事物区别开来。总之，在你的方案中你用以区分事物与幻影的任何方法，显然可以同样适用于我的方案。因为，我认为，做这种区分一定要凭借某种被感知到的差异；而我并不愿意使你丧失你所感知到的任何一个事物。

希：但是，斐洛诺斯，你仍然坚持认为世界上只有精神和观念，而没有别的东西。你不能不承认这听起来是非常奇怪的。

斐：我承认，观念一词通常不是用来代表事物的，因此听起来有点异常。我使用它的理由是，这个名词暗示着对心灵的一种必然联系；而且现在哲学家们通常也用它来指称理智的直接对象。但是，无论这个命题在字面上听来如何奇怪，然而在它的意义中并不包含多么奇怪或骇人听闻的东西；实际上，它的意义只不过是说，世上只有能知觉的东西与被知觉的东西；或者说，每一个不能思想的存在物，出于它的存在的本性，必然被某个心灵所感知；即使不被一个有限的被创造的心灵所感知，也一定被上帝的无限心灵所感知，在上帝的心灵中，“我们生活和运动，并且获得我们的存在”。而另一种观点认为，可感的性质不存在于物体上，或说，我们不能确信事物的存在，不能对事物的真实本性获得任何知识——虽然我们凭借我们的全部感官看到它们，摸到它们，感知到它们；我的观点是像这种观点这么奇怪吗?……

……

希：关于这一点你该说些什么呢?因为按照你的观点，人们是凭感官对事物的实在性作判断的，那么一个人怎么会把月亮错认为一个直径大约一英尺的发光平面呢？或者他怎么会在远处观看方塔时把它误认为是圆的呢？或者他怎么会当桨的一端放入水中时把它误认为是曲折的呢?

斐：关于他实际感知的观念，他并没有错误，错误在于他根据他当下的知觉而做出的推断。因而就桨的例子来说，他凭视觉所直接感知到的当然是曲折的；到此为止他是正确的。但是，如果他由此推断出，当把桨从水里拿出时他仍可以看到同样曲折的样子；或推断出用他的触觉感觉它时也像惯常感觉曲折的东西一样；那样他就错了。同样，如果他要根据在某一位置所感知的月亮或塔便推断说，当他走近月亮或塔时仍然可以感知到相似的观念，那他就错了。但是，他的错误不在于他当下直接感知到的观念（假设他会在这方面犯错误，将是一个明显的矛盾），他的错误乃是在于他所做出的错误判断，他错误地认为某些观念应该与那些直接感知的观念联结在一起，他错误地想象那些出于他当下感知的东西的观念也可以在别的情况下被感知到。关于哥白尼天文体系的情况也是一样。我们在这里不能感知到地球的任何运动；但是，我们如果由此就推断说，假如我们位于距离地球很远的地方，就像我们现在距离其他行星那么远，我们那时仍然不能感知到地球的运动，那便是一种谬论了。

……

斐：我满心愿意。只要你不把任何不同于其被感知的存在归属于感官对象，那么如果你愿意，也尽可以保留“物质”一词，并把它应用于感官对象。我决不会为了一个字眼儿与你争辩。“物质”或物质实体是哲学家们采用的名词；而且他们使用这些名词时，暗示着一种独立性或一种不同于被心灵所感知的存在；但是，普通人从未使用过这些名词；或者即使用过，也是指感官的直接对象。因此人们会认为，只要一切特殊事物的名称以及可感觉的、实体、物体、质料等语词都保留着，那么在普通谈话中就决不会为失去“物质”一词而感到遗憾。至于在哲学谈论中，似乎最好完全废弃这一名词；因为，恐怕没有任何事物会比使用这个意义混乱的一般名词更能助长和加强人心的堕落的无神论倾向了。〕

除了那些前面讨论过的观点以外，还有几个重要的学说是在上面引证的关键段落中提出的——有些学说充分展开了，有些则只勾画出大致的轮廓。贝克莱有效地反驳了洛克企图在经验论中为第一性的和第二性的质——对象量的方面与质的方面——的区别找到一个基础的尝试。这一区别显然植根于那些伟大的物理学家思想中，因此它必须被保留下来，甚至使之成为核心。但是，为两种性质所提供的经验论的证据却都是一样的，即感官知觉；而且两者地位的不同——二元论——与它们同一的经验本性和经验来源也是不相容的。洛克为调和这个矛盾做了一次大胆的尝试；贝克莱则不是想解释而是想驳倒唯物主义的物理学或非经验论的数学，他轻而易举地推翻了洛克摇摇欲坠的建筑物。此外，他提供了一个新的基础用以区别以下两个方面：一方面是主观印象，由有意识或无意识地活动的想象与记忆所产生；另一方面是客观实在，即鲜明生动性、强制力、不可改变的秩序和规则性，它们决定我们把什么称做“客观的”东西，而与那些或多或少是由我们自己随意产生和操纵的观念和意象相反。这个学说很容易招致反对意见，例如，幻觉、错误的记忆以及其他陈腐固执但不一定使人误入歧途的经验，有时也会像我们所谓真实的知觉一样强烈、鲜明生动、持久、具有内在秩序——但我们仍然把它们归类为主观的东西。然而，贝克莱的理论建议总是强烈地诱惑着经验论者：休谟、穆勒、马赫、罗素，都对它有所利用；而且今天它仍有可尊敬的拥护者。更有趣的是，贝克莱预示了罗素借用数理哲学的术语而称为“逻辑构造”的东西。某些人指责贝克莱，既然根据他的观点，除了观念以外没有任何东西存在，那么我们就必定是在吃观念、喝观念、穿观念了，如此等等肯定是荒谬的。贝克莱答复了这些人的指责，他指出，这是一个言语的谬误而不是哲学的谬误，造成这一谬误的原因是，当我们用“观念”替换了“物质客体”时却没有对受到牵连的其余因素做出相应的替换。如果说面包只是我头脑中的一个观念；因此当我吃面包时是在吃一个观念；这种说法忘记了我的身体和吃的动作同样也都是一些观念；因此，“我正在吃面包”就等值于“一个被描述为‘我正在吃面包’的经验（一些观念）正在发生；并且如果这个经验（这些观念）不是正在发生，则‘我正在吃面包’就不是真的”。这一谬误的产生是由于虽然把面包“还原”为“观念”，同时却仍然把身体和吃的动作保留在“未还原的”和“实在的”状态，并与现在所谓虚幻的面包相对照。①

现代关于“逻辑虚构”或“逻辑构造”的学说正是从这里发源的，这种学说主张，关于表面上独立于经验的实体——从政治“实体”，比如法

① 著名的俄国马克思主义者普列汉诺夫在他为一本辩证唯物主义教科书所写的导言里曾经辩驳道：“老唯心主义者贝克莱说，一切事物都是我们头脑的产物，因此我们的父母是我们头脑的产物，因此我们的父母是我们的产物；但是对任何一个捏造出这种谬论的人都不值得去理会。”对于这种想走三四步棋就把对方将死的愚蠢和引人发笑的尝试，贝克莱的（以及后来马赫与罗素的）答复给予了很充分的驳斥。列宁后来以一种更粗糙的形式重复了这个论证。

国、英国宪法、证券交易所、美国民主制、俄国革命，到各种物体与事件，比如桌子、虹、地震、心脏病、手枪射击——的一切陈述，都可以完全翻译为不包含任何实体而只包含经验观察者的实际经验或可能经验的陈述。这样一来，所有那些假定物质客体、政治"模式"、"有机整体"是组成世界的不可消除的终极成分，并把这一点设想为彻底经验论的致命障碍的哲学，它们自己都被这种威力无比的紧缩通货的武器炸毁了。这种学说已不再像它从前那样令人生畏了，它在现代经验论中发挥着关键的作用。

最后，贝克莱认为，我们关于他人的自我的知识不是根据"观念"（这会与唯我论相契合），而是依据类推——推想某些不是我们自己却又与我们相似的观察者可以存在的见解，这不是他所定义的"观念"——他的这种观点是一个具有基本重要性和独创性的洞见，休谟和罗素由于（正确地）认为它是贝克莱思想中的一个矛盾，而没能够从中获益，这应算做他们自己的损失。

贝克莱对逻辑学以及今天称做"语言分析"的贡献是很大的。但是，他在哲学史上永恒的重要性仍然在于他毫不含糊地坚持主张：任何声称是关于存在于外界的物理对象的陈述，如果它可能有意义的话，都必定通过某种方式"可以还原为"或"可以分析为"关于直接感官经验内容的陈述。时至今日这一点一直是经验论者的感觉理论的主要论题。在这个论题的种种困难当中——这些困难导致了经验论者的很多晦涩的形而上学——包括一些未能取得一致意见的问题，如：分析（或还原）或者直接感官经验的内容这些说法究竟表示什么意思。在化学或数学中，"分析"一词具有一个精确的意义；而哲学家对它的使用却常常是依据某种未明确定义的类比。

一种为人们广泛主张的关于感官知觉的现代哲学理论即现象主义，在很大程度上更要特别归功于《人类知识原理》中的一句话："我说我写字用的桌子存在，这就是说我看见它并且摸到它；假若我走出书房以后还说它存在，这个意思就是说，假若我在书房中，我就可以感知它，或者是说，有某个别的精神实际上在感知它。”换言之，说某个现在不被感知的东西存在，也就是说，假如一个观察者处于适当的位置，他就会感知它。贝克莱自己并没有沿着这条思路继续研究。对他来说，正如我们已经看到的那样，不被感知的对象的持续存在，是借助于上帝而得到保证的。但是穆勒采纳了这一建议，他把物理对象描述为“感觉的恒常可能性”，而现象主义是对这一分析的发展。根据现象主义，每一个关于物理对象的有意义的陈述都可以翻译成一组关于“感官资料”的假设的陈述，即，假如观察者处于适当的位置（不论任何观察者是否在事实上处于适当位置），他就会获得这种感官资料。现象主义者希望以这种方式为贝克莱的经验论的论题（把关于物理对象的陈述变为直接感官经验陈述的完全“可还原性”）提供保证。这一希望还没有实现；为探讨“还原”的不同程度的似合理性而做的努力或者仍在继续进行，或者已导致提出各种精致的解释，以说明为什么这种还原虽然在实际上不可行，但这一点却不会造成（至少在理论上）对于这个学说的致命威胁。这一问题仍在激烈争论之中。

第四章
大卫·休谟

1711年，大卫·休谟出生于爱丁堡一个有教养的家庭。他并不富裕，但有足够的财力放弃他父亲希望他从事的法律职业，转而以一种散漫的方式，致力于对哲学和一般学术的研究。1734年，在布里斯托尝试经商失败后，他经历了一场理性的危机，并且在刹那间的灵感中发现了他真正的职业，他去了法国，在那里撰写他的哲学巨著《人性论》，该书次年出版，用他自己的话来说，“它从印刷机死产下来”。

但是他并不因为学术界和公众同样的冷淡而气馁，1742年他出版了第一个论文集。他做过阿兰德尔勋爵的私人教师，陪同圣·克莱尔将军参加过一次反对法国的军事探险，参观过维也纳和都灵的法庭，其后，返回苏格兰，避居乡间。1752年，他返回爱丁堡，出版了一些政治论文集，并且开始出版他的著名的《英国史》。他没能得到哲学家的名声，现在史学家的声望降临于他。1761年当他完成出版他的《英国史》时，他已是举世闻名了。两年后，他供职于巴黎的英国大使馆，在那里他受到了卓越而又开明的知识团体的热烈欢迎，正是这些团体使得巴黎成为当时文明世界的中心。1766年返回爱丁堡，接着做了副国务大臣，两年后告退，闲居故里，安度余生。这时，他被公认为他的时代第一流的天才人物之一。在《人性论》之后十四年出版的《道德原则研究》最终遂了他的宿愿：成为他自己或者任何时代最伟大和最反对偶像崇拜的哲学家之一。他卒于1776年，和生前一样，他至死还是个无神论者，为友人们所爱戴(正如他自己所描述的一样)，是“一个秉质温和的人，会克制脾气，性情开朗，乐于交游而又愉快幽然，可以有些眷爱，但几乎不存敌意，在我的一切情感中都非常有节度，即使我的主要欲望——文名欲，也不能使我的脾气变得乖戾，尽管我经常失望，我的交往对那些初出茅庐，担心莽撞的人以及勤奋执着的饱学之士，无不欢迎”。亚当·斯密谈到休谟时说道：“他欢快的脾气在交往中令人愉快，也常不免伴有琐屑和浅薄的品性，而这一切在他身上当然都伴随着最严肃的专心，最精深的学问，最深刻的思想和无所不通的能力，所有这一切都使我认为他在人类脆弱的本性所能接受的范围之内最臻于完善的智慧和有德之人的理想——不论在他生前还是在他死后。”只有卢梭曾设法与这位最可爱而又慷慨的人儿挑起争吵。对休谟的哲学著作至今仍有争论，不仅对《自然宗教对话录》，也许对他所写的有关这个课题的最著名的论文也是这样。没有谁比他更深刻、更激荡人心地影响过哲学思想的历史。

休谟的哲学著作几乎不需要解释，可能除了贝克莱以外，他是那个格外明晰的时代中最流畅的哲学著作家。他有权利认为自己是英国最伟大和最革命(在观念的历史中，这些都几乎是同义词)的哲学家。他的特殊的哲学概念例如“关于人的经验科学”是近代哲学的真正开端，这个概念本质上是他思想的发展史，也是与他的思想相对立的。关于“人的科学”必须由自然科学方法即观察和概括来指导。哲学要变成严格的科学必须排除它自己的方法。这些方法都将被揭露而表明为冒牌货和错觉。

休谟的知识理论所需要的“观察”显然主要是在思辨心理学领域进行的，他的哲学思考几乎总是难以与这个领域区别开来。正如《人性论》第二卷和第三卷所讨论的一样，“人们在交往，日常事物，享乐活动中的行为”，与对“情感”的解释和精神哲学的关系比它们与休谟的知识论和对形而上学的批判的关系更为密切。

下文引自《人性论》。

〔**导论**

……因为关于人的科学是其他科学的惟一坚实的基础，所以我们所能给予这门科学本身的惟一坚实基础必须立足于实验和观察之上。考虑到实验哲学用于精神对象要比用于自然晚了一个多世纪，也不必大惊小怪。因为我们发现这两门科学的起源事实上有着相同的时间间隔,从泰勒斯算到苏格拉底,这段时间跨度接近于从培根勋爵到晚近的一些英国哲学家的时间跨度。这些哲学家们开始把关于人的科学置于新的立足点上,引起了公众的注意,激起了他们的好奇心。所以,虽然其他国家在诗歌方面可以与我们相媲美，在其他令人愉快的艺术中可以超越我们，但是理性和哲学的进步则只能归功于我们这个宽容而又自由的国度。

我们非但不应该认为，在关于人的科学这种晚近的进步为我们祖国增添的荣耀少于自然哲学先前的进步所增添的，而且应该去说明这门科学具有更大的重要性,必须进行一番改革,在此基础上,把它尊奉为更光荣的事业。因为对我来说,这一点似乎是显而易见,那就是心灵的本质和外在物体的本质一样是不可知的，除非在仔细和精确的实验中,在对心灵于不同的环境和情势中产生的那些特殊结果的观察中,我们便必定同样不可能形成任何关于心灵的能力和性质的观念。虽然我们应该把实验推溯到底，解释清楚从最简单和最少的原因中产生的一切结果,借此努力使我们的原理尽可能地普遍化,但是我们不能超出经验,这一点仍是确定不移的。一切自命发现了人类本质的终极原始性质的假说都应当做虚妄和空想予以抛弃……

的确,精神哲学具有这样一种特殊的不利条件,这是自然哲学所没有的;那就是精神哲学在搜集它的实验材料时,它不能带有目的和预先的计划，并且不能以这种方式消除关于它自身的可能出现的每种特殊的困难。当我想知道一物体对另一物体在某种情势中产生的作用时，我只需把它们放在那种环境中观察所发生的结果就行了。但是，如果我想通过把自己置于我要考察的同样的情形中，以同样的方式来努力澄清精神哲学中的任何疑难，那么显然，这种思考和预计的计划就会干扰我的自然原理的作用，必定会使我们不能从这种现象中得出任何正确的结论。因此，在这门科学中，我们必须从对人类生活的细心观察当中搜集我们的实验材料，而且在尘世的日常生活中，通过人们在交往、事务及其娱乐活动中的行为来取得这些材料。只有审慎地搜集这类材料并把它们加以比较之后，我们才可以希望建立一门其确定性不亚于人类的任何其他理解力，而其实用性质更高的科学。〕

关于“心灵的内容”，洛克和贝克莱不加分别地给它们全都贴上“观念”的标签，休谟则把它们区分为两类：“印象”和“观念”。印象意指感觉和反省直接给予的材料，而观念则是记忆和想象的影像。休谟避免了洛克所曾陷入的困境，即借助(感官)印象和观念各自的来源把它们区别开来，印象“来自在我们之外的物体”。相反，他是借助观念所不具备的、印象的内在性质，即有力和生动来区别它们的——而且，确实，他曾采用过一种严格的认识论处理方法(即给出精神材料的清单，而不是不可知的外在实在的清单)，如果他想避免一种恶性循环的话，他必须这样做。正如休谟本人所说的那样，这种区分并不令人满意。因为见于幻觉和谵妄的梦想中的印象可能远比任何感觉经验更为“有力”和“生动”。

接着他把我们所具有的每个简单观念确定为一个简单印象的摹本，而且，与此同时，我们可以形成并不是任何观念的摹本的复杂观念，这些复杂观念都是用做为印象的摹本的简单观念建构起来的。最终，他证明了印象在时间上先于与它们相似的观念。首先是由于这样一个简单的观念事实：印象由于观念而产生；其次是由于这样一个推论：如果随后没有任何相似的观念,我们可以有印象;但是,如果不是事先就有一个相似的印象,我们就永远不会有一个(简单)观念。这是休谟对经验论主题思想的陈述,是一种描述性的心理学:所有复杂观念都是由简单观念组成的;所有简单观念都是先前曾被经验到的简单印象的摹本;因此,我们所有的观念最终都是从印象中派生出来的。休谟不必证明(似乎是必需的)感觉经验和反省对我们的观念的存在在逻辑上是必需的,倒是证明了它们在时间上是在先的,这是当时发生学研究的特征。

举一个与这种学说相反的关于绿色的中间色的著名例子:如果两种中间色在持续的光谱刻度上毗邻于绿色,那么我就能够想象出一种新的中间色(即一种先前在感觉经验中并未给定的颜色),这个例子表明了休谟的原子感觉论和他对哲学的整个心理学和发生学研究方法的更一般的不足之处。

休谟的哲学论述似乎并不是将其结果建立在观察和归纳基础之上的很精确的自然科学。这一点在下面的段落中是很明显的。毫无疑问,他对他的一般规律的例外,以及对通过生动性标准把不能令人满意的印象与观念区别开来如此不关心,原因就在这里。他并不希望能够像一些人证明数学公理一样去证明他的概括是不可辩驳地正确的。世界是一个丰富的混合物,而不是一个笛卡尔式的体系。它并不具有严格的界限,我们在上面刻画的界限必定是我们的创造,我们不能希望关于世界的命题高于“在整体上正确”。

下文引自第一卷,“论理智”,第一部分,“论观念,它们的起源、组成、联系和抽象”。

〔第1节 论我们观念的起源

人心中的所有知觉都把它们自己分为显然不同的两类,我称之为印象和观念。二者的区别在于它们作用于心灵和进入我们的思想与意识的有力和生动程度不同。我们把那些进入我们思想最有力、最强烈的知觉称为印象。在印象这个名称之下，我包括了所有第一次出现在我们心灵中的感觉、情感和情绪。观念，我的意思是指感觉、情感和情绪在思维和推理中微弱的影像，例如，由当下的谈论所引起的一切知觉便是观念，只是要除去由视觉和触觉所引起的那些知觉，以及由谈论可能引起的直接的快乐或不快。我相信，不需多费笔墨就可以解释清楚这种区别。每人自己都会很容易地察觉到感觉和思维的区别。它们通常的程度很容易加以区分，尽管在特殊的事例中，它们可能会彼此非常接近，因而不可能加以区分。例如，在睡眠、发烧、疯狂或心灵的任何其他剧烈的情绪中，我们的观念可能会接近我们的印象。另一方面，有时又会发生这种情况，即我们的印象是如此微弱、低沉，以致我们不能把它们与观念区分开来。但是，虽然在少数事例中有这种接近的相似，一般来说它们都是迥然不同的，不会有人犹疑不决，不敢把它们归于不同项目之下并且各个赋予一个特殊的名称以标志这种区别。

我们的知觉还有另外一种很便于观察的分别，这种分别一直扩展到我们的印象和观念两者之中，此即简单与复杂的分别。简单知觉，或者说简单印象和观念，不允许有任何区别和分离。复杂印象和观念则与此相反，可以划分为一些部分。尽管一种特殊颜色、味道和滋味是一个苹果中结合在一起的一些性质，但还是很容易知道它们并不相同，至少可以彼此区分开来。

通过这种分别，我们给我们的对象以秩序和排列，现在我们应当致力于更精确地考察它们的性质和关系。第一个引起我注意的情况是：我们的印象和观念除了有力和活泼程度上不同以外，在其他每一个方面都具有很大的相似性。它们彼此都似乎以某种方式互相反映。因此心灵的所有知觉都是双重的并且呈现为印象和观念。当我闭上眼睛思考我的卧室时，我所形成的观念就是我感觉到的印象的精确表象；观念中的任何一个情景都可以在印象中见到。在检查我的其他知觉时，我仍然发现同样的相似和表象。观念和印象总是彼此相应而出现的。这种情况对我来说似乎是很突出的,而且立即引起了我的注意。

在更精确的观察基础上,我发现我已被初次的现象困惑得过甚了。我必须利用简单知觉与复杂知觉的区分来限制这样的一般规定:"我们所有的观念和印象都是相似的。"我看到我们的很多复杂观念从来就没有与之相应的印象,而我们的很多复杂印象从来就没有在观念中被精确地复制。我能想象耶路撒冷这样一个城市,它的街道是黄金铺成的,它的城墙是红宝石砌就的,虽然我从来不曾见过这种城市。我见过巴黎,但是难道我能肯定我能形成关于那座城市这样一个观念,它以真实和恰当的比例完全再现该城的所有街道和房屋吗?

因此,我发现,尽管一般来说,在我们的复杂印象和观念之间有很大的相似性,但是认为它们彼此互为精确的摹本这条原则并不是普遍正确的。其次,我们要考察一下简单知觉的情形是什么样的。在做了一些我所能做的最精确的考察之后,我敢断言这里的规律没有任何例外,即,每一简单观念都有一个与之相似的简单印象,每一简单印象都有一个与之相应的简单观念。我们在黑暗中所形成的关于红色的观念,与阳光下作用于我们眼睛的红色印象,只是在程度上而不是在本质上有所不同。我们的所有简单印象和观念情况都是如此,然而,不可能一一举例加以证明。在这一点上,每人都可以经过任意检查多少例证,以使他自己得到满足。但是,如果有谁竟然否定这种普遍相似性,我也就不知用什么办法使他信服,只有要求他展示一个没有相应的观念的简单印象,或者一个没有相应的印象的简单观念。如果他不能响应这个挑战——事实上他肯定不能——我们就可以根据他的缄默以及我们自己的观察,确立我们的结论。

由此,我们发现所有简单观念和印象都是彼此相似的,而且,由于复杂观念和印象是由简单观念和印象构成的,我们就可以一般地断定这两种知觉是精确对应的。既然发现了这种不需要进一步考察的关系,我非常想发现观念和印象的其他性质。让我们考察一下它们和它们的存在之间的关系，看看哪些印象和观念是原因，哪些是结果。

充分考察这个问题便是本书的主题。因此，在这里，我们要满足于确定一个一般性命题：我们所有的简单观念，在它们初次出现时都得自于简单印象，这些简单印象都和简单观念相对应，并且被它们精确地再现。

在寻求证明这个命题的现象时，我只发现了两种现象，但每种现象都是明显的，数量众多的，确定的。首先，通过新的审查，我使自己确信已做的断言，即每个简单印象都伴随一个相应的观念，每个简单观念都伴随一个相应的印象。根据相似知觉的这种恒常结合我直接得出这样的结论：在我们相应的印象和观念之间有一种牢固的联系，而且一种的存在对另一种的存在具有相当大的影响。在这样无数的例子中的这种恒常的结合，决不可能产生于偶然，恰好清楚地证明了印象对观念，或者观念对印象的依赖关系。为了弄清究竟哪方依赖于哪方，我就考察它们初次出现的先后次序，并且通过恒常的经验发现，简单印象总是先于它们的相应观念而出现，决不会以相反的次序出现。要想给一个孩子以关于深红或橙黄色和甜或苦的观念，我就会向他呈现这些物体，换言之，向他传达这些印象；但我不会荒谬地试图通过激起这些观念让他产生这些印象。我们的观念在它们出现时，不会产生与之相应的印象，我们不能单靠思维就知觉到任何颜色或感到任何感觉。另一方面，我们发现任何印象，不论是关于心灵的还是关于身体的印象，都恒常地伴随着与之相似的一个观念，只是在有力和生动的程度上与之不同。我们相似的知觉间的恒常结合令人信服地证明了其中之一是另一种的原因，而印象的这种优先性同样证明了我们的印象是我们的观念的原因，我们的观念不是我们的印象的原因。

为了进一步证实这一点，我考察了另一个明白而又令人信服的现象，这就是：在任何情况下，如果产生印象的官能由于事故而使其作用遭受妨害，例如如果某人生来即聋或哑，他不仅会没有印象，而且也不会有与之相应的观念，因此，在心灵中就不会出现印象和观念的一丝痕迹。不仅在感觉器官完全被破坏的情况下是这样，在感觉器官从未进行活动以产生特殊印象的情况下也是如此。如果我们没有实际尝过凤梨，我们自己就不会形成关于凤梨味道的恰当观念。

但是，有一个矛盾的现象，可以证明，观念出现在与之相应的印象之前并不是绝对不可能的。我相信，人们很容易就会承认，由眼睛进入心中的个别的关于各种颜色的观念，以及由听觉传入心中的关于各种声音的个别的观念，委实是彼此不同的，尽管它们同时是相似的。如果不同的颜色是这样，那么同种颜色的不同浓淡程度也必定差不离是这样，就是说，各种色调都产生一个独立于别的色调的独特的观念。如果否认这一点，我们就可以通过色调的持续渐变，使一种颜色渐变到离它最远的一种色调；如果你不承认各种中间色是不同的，那么如果你再否定两极色调是相同，便不能不陷入谬误。因此，假设一个人三十年来视力正常，完全熟悉各种颜色，只有一种蓝色色调，他没福气见到过。现在，把蓝色的所有色调都放在他眼前，从最深的逐渐过渡到最浅的，中间只缺那种色调；显然，这个人在缺少那种色调的地方会发现一块空白；并且会感觉到在那个地方，两个互相邻接的色调之间比别的地方距离更大。现在，我要问，他是否可能凭他自己的想象，弥补这一空缺，自己呈现出关于那种特殊色调的观念，尽管那种色调从未通过感官传入他的心中。我相信，很少有人会认为他不能做到那点。而这正可用来证明简单观念并非总是来自相应的印象。不过，这种例子是特殊而又罕见的，简直就不值得我们注意，也不值得我们单为了它而改变我们的一般性准则。

但是，除了这个例外，我们不妨就这个题目解释一下，印象对观念的优先性原则还必须予以另外一个限定，即，正如我们的观念是我们印象的意象一样，我们能够形成第二种观念；它们是第一种观念的意象。这点在我们当前对观念所做推理中就可以看到。严格地说来，与其说它是这条规律的例外，倒不如说是对它的一种解释。各种观念在新的观念中产生它们自己的影像，但是，因为次要的观念都来自印象，所以说，我们所有的简单观念都直接或间接地来自它们相应的印象仍是正确的。

那么，这就是我在关于人的科学中所确立的第一原理。我们不应该因为它显得素朴简单而轻视它。因为值得注意的是，眼下关于印象和观念孰先孰后的问题，和另一个已被人们在不同的名词下争辩过而依旧众说纷纭的问题是一样的，这个问题就是：有没有天赋观念？或者是否所有的观念都来自感觉和反省？我们可以看到，为了证明广延和颜色的观念不是天赋的，哲学家只不过表明它们是通过感官传入心灵的罢了。为了证明情感的欲望的观念不是天赋的；他们只是说，我们自身先前就有关于这些情感的经验。现在，如果我们细心考察一下这些论证，我们就将发现他们只不过证明了观念之前已经先有了更生动的知觉，这些观念都来自知觉，再现知觉。我希望对这个问题的这一清晰的陈述将消除在此问题上的争论，并且使这一原理较之以前更多地用于我们的推理。〕

在导论中，休谟讨论了他的关于观念的结合的学说，这种学说来自哈特莱，以及十八世纪新的心理科学基础，带有这种科学的、机械的、化学的模式，这种模式尤其反映在法国哲学的主要学派中。

休谟赞同流行的术语即“心灵的能力”。在下面一些章节中值得注意的是，他在多大程度上把我们所说的一般思维归于想象的“能力”，观念联结的过程正是发生在这种想象的“能力”中。

下文倒数第二段是休谟自觉的科学研究的一个好例子。带着自然科学家的尝试精神和对形而上学的厌恶，他建议描述事物是怎样发生的，而不要寻求它们发生的秘密的原因。

〔**第4节 论观念的联系或联结**

既然所有简单观念都可以被想象加以分离，而且又可以任意用一种形式把它们联结在一起，如果这种能力的作用不受一些普遍原理指导，从而使它在某种程度上在任何时间和地方都与自身保持一致，那么，就没有任何东西比这种能力的作用更不可解释。如果观念完全是松散而没有联系的，那就只有偶然性能联结它们；如果在观念中间没有联结它们的纽带，和一些联系的性质，以使一个观念自然地引导出另一个观念，那么相同的简单观念就不可能有规律地组合成一个复杂观念（而它们通常正是如此）。我们不能把观念中的这种联结原理看做一种不可分的联系，因为这种联系已经从想象中排除出去了；我们也不能得出结论说，如果没有这种联系，心灵就不能联结两个观念，因为没有任何东西比那种能力更自由了。我们只能把它看做一种温和的力量，通常占着优势，并且是为什么在其他情况下使各种语言如此接近彼此对应的原因。自然以一种方式向每个人指出了那些最适于联结成一个复杂观念的简单观念。产生这种联系，并且使心灵通过这种方式从一个观念过渡到另一个观念的性质有三种，即相似性、时空接近、因果关系。

我相信大可不必去证明这些性质在观念中发生一种联系，并且在一个观念出现时自然地引出另一个观念。很显然，在我们的思维过程中，在我们的观念的经常变化中，我们的想象很容易从一个观念过渡到另一个与之相似的观念，单是这种性质就足以成为想象的充分的联系和联结的原则。同样显而易见的是，正如感官在改变它们的对象时必然要有规律地改变它们并且把它当做彼此互相接近的一样，想象必定由于长久的习惯而获得同样的思维方法，并且在设想它的对象时依次经过时间和空间的各部分。至于由原因和结果所形成的联系，后面我们还有机会予以透彻的考察，这里就不详细讨论了。只需注意到这一点就够了，在想象中，没有哪种关系能比困果关系在观念的对象之间发生更牢固的联系，并且使一个观念更容易唤起另一个观念。

为了弄清这些关系的全部范围，我们必须注意到：不仅当一个对象直接与一个对象相似,或者与之接近,或者是它的原因时,而且当两个对象之间插入第三个对象,而这个对象对那两个对象又都具有这些关系之一时,这两个对象在想象中都可以被联结在一起。这种关系可以推至很远,虽然我们会发现每次推移都会大大地减弱这种关系。第四服的堂兄弟是被因果关系联系起来的——如果允许我这样说的话,但并没有兄弟关系那样密切,更不及父子关系。我们可以看到,血亲关系一般以因果关系为基础,而其远近则依人们中间插入的联系的原因之数目而定。

在上述三种关系中,因果关系范围最广。不仅当一个对象是另一个对象存在的原因时,而且当前者是后者的行为或行动的原因时,我们都可以认为此二者是处于因果关系之中的。因为在某一点上看来,行为或运动只不过是对象本身,而且那个对象在各种情况下都保持同一,所以很容易想象一个对象对另一个对象的这种影响在多大程度上可以在想象中把它们联结在一起。

把这一点推而广之,我们可以说,不仅当一个对象在另一个对象中产生运动或行动时,而且在它具有这种在另一个对象中发生运动或行动的能力时,它们都是由因果关系联结在一起的。我们可以看到这正是利益和责任的关系之根源,人们正是通过这种关系在社会中相互影响从而处于统治和服从关系之中的。所谓主人即是这样的人,由于他得自暴力或契约的地位,他有权在特定的事项方面支配我们称为仆人的行动。而法官则能够在一切诉讼条件中,通过他的意见判定社会的任何成员之间的任何东西的所有权或财产权。一个人如果具有任何权力,他只需运用意志就可以使之变为行动,这一点在任何情况下都被认为是可能的,而且在多数情况下都是很可能的;在权威方面,情况更是如此,在这里臣民的服从即是长官的快乐和利益。

所以,这些就是我们的简单观念联系或联结的原则,它们在想象中取代了那种不可分离的联系,简单观念正是通过这种不可分离的联系在记忆中被联结在一起。这是一种吸引作用,我们将发现它在精神世界中与在自然界中一样具有同样明显的结果，并且以千变万化的形式显现它自身。它的结果在任何地方都显著可见,但是,它的原因通常却是不可知的,而必须被归入人的本质中的原始性质,对这种原始性质我并不想妄加解释。对一个真正的哲学家来说,最需要的是去遏制那种没有节制的寻根究底的欲望,在充分的实验数目之上建立起一种学说后,当他看到进一步的考察将会把他导入含糊和不确定的思辨时，他就应对那种学说感到满足。在这种情况下,他如果只是考察他的原则的效果,而不去探究它的原因,那么它的研究工作将会得到更好的结果。

在各种观念的联结和联系的各种结果中，最值得注意的是作为我们的思想和推理的共同主题并且是逐渐从我们的简单观念的联结原则中产生出来的那些复杂观念。这些复杂观念可以分为关系、样式和实体。在我们结束眼前这个可以看做哲学的基础的主题之前,我们将简略地依次考察一下以上各种复杂观念，并且附带研究一下我们的一般的和特殊的观念。〕

休谟完全接受了贝克莱的以下观点，即我们普通所谓的物理客体——用休谟的话来说就是“普通人用帽子、鞋子、石头所指的那些东西”——只不过是可感性质在时间中的结合和持续。当然,他并不相信需要“不可知的某物”(洛克的“基质”),或者相信它的存在。相反,他倒是会说,对“基质”的存在问题的讨论——没有哪种人类经验能够揭示它——是毫无意义的。确实,他把以一些性质指称一个不可知的某物这种做法叫做“虚构”。在第四部分中我们将会发现他研究了一种密切相关的“虚构”,即我们的一种信念:相信物体的持续的存在是独立于我们,并且在我们之外的。

〔第6节 论样式和实体

……关于实体以及样式的观念只不过是由想象联结在一起的一些简单观念的结合体,并且具有一个被给予的特殊的名称,借这个名称我们可以对自己或他人唤起那个结合体。但是,这两个观念的区别就在于,构成一个实体的特殊性质通常都指一个不可知的某物,而这些性质都是它所固有的;或者,纵使这种虚构不曾发生,那么这些性质至少应该是由接近和因果关系密切地,不可分地联系在一起的。其结果不论我们发现任何一个新的性质,只要它与别的性质具有同样的联系,我们就立刻把它包含在那些性质之中,哪怕它最初并没有进入这个实体的概念中。例如,我们关于黄金的观念最初可能是:黄色、重量、可延展性、可熔性;但是,在发现了它在王水中的可溶性后,我们就把这种性质加入到其他一些性质中间,并假设它属于这个实体,就好像它的观念从一开始就构成这个复合观念的一部分似的。既然这种结合的原则被看做复杂观念的主要部分,它就接纳了后来出现的不论是什么样的性质,而且这些性质就像那些最初呈现自身的性质一样被同样地包括在这种联结原则中……〕

下面的一些段落包含了休谟的一个最重要的原则,这个原则经常用做逻辑蕴含或者毋宁说是逻辑非蕴含概念的心理学的替代物。因此,这里我们应该说他真正想证明的是,例如,如果事件甲的发生并不逻辑地蕴含事件乙的发生,那么事实上他将断言甲的观念不同于乙的观念,因此,按照这一原则,这两个观念就是可区别的,可分离的。

〔**第7节 论抽象观念**

……第一,我们已经发现有差别的对象都是可以区分的,而凡是可以区分的对象都可以通过思想和想象来加以分离。这里我们还可以附加一条:这些命题逆转过来也同样为真,即凡是可以分离的对象也是可以区分的,凡是可以区分的对象也是有差别的。因为,我们怎么能够分

离那些不可区分的东西,或者区分那些没有差别的东西呢?……〕

此外，这条规律的对应面对他来说似乎是沿着与贝克莱相似的线索解决了共相的问题。他相信把独立的存在归于各种性质的谬误源于这样的事实,即这些性质能够从它们使之具有特性的事物中区分出来,而且凡是可以区分的就能分离地存在。他反驳了这样一种观点,即认为这种区分只是一种“推理”——如果我们把性质从对象那里区别开来,那就什么也不再剩下,因此,在这种意义上我们甚至不能进行区分。但是,我们能比较对象——“按照它们所具有的相似性,从不同的方面来考察它们”——而不需要区分,即把它们解析成一些分离的“观念”。如果没有这些不可分的“方面”和“相似性”,对象就是无,而这无在某种意义上也是对象;这些不可分的“方面”和“相似性”被标以一般名称,而且被错误地认为具有独立的存在——或某种存在。许多现代经验论者都通过各种变化了的方式和改进而持有这种学说。罗素和别的哲学家们认为这是不能令人满意的,而且抱怨说共相并不能通过被称做“方面”和“相似性”就被消除了,这只是一种术语上的变化,它使我们仍留在原地。今天,这个问题决不是无意义的。

〔在我结束这个主题之前,我将运用同样的原则解释一下在经验学派中谈论甚多而理解甚少的理性的区分。形象和有形的物体,运动和被推动的物体之间的区分就属于这种“理性的区分”。解释这种区分的困难源于上面曾加以说明的原则,即所有不同的观念都是可分离的,因为由此可以推论出,如果形状不同于物体,它们的观念就必定是可分离的而且也是可区分的;如果它们不是不同的,它们的观念就是既不可分离也不可区分的。那么既然它既不包含差别,也不包含分离,理性的区分又是什么意思呢?为了消除这种困难,我们必须求助于前面对抽象观念的阐述。的确,如果心灵没有发现即使是在这种简单状况中,也可能包含很多不同的相似性和关系的话，它决不会想到区分形状和有形的物体，因为实际上它们既不可区分，也没有差别，也不可分离。例如，当一个白色的大理石球呈现给我们时，我们所接受的只是分布在一定的形式中的白色的印象，而不可能把白色从形式中分离并且区分出来。但是，如果后来看到一个黑色的大理石球和一个白色的大理石立方体，并把它们与前面的球体比较，我们就会在先前看似完全不可分离而且确实完全不可分离的东西中发现两种个别的相似性。在这样多试几次后，我们就开始通过理性的区分来区分形状和颜色。就是说，既然形状和颜色实际上是同一而不可区分的，我们就把它们放在一起考察；但我们仍然按照它们所能有的相似性来从不同的方面考察它们。当我们仅仅考察白色大理石球时，我们实际上形成了一个关于形状和颜色两者的观念，但也默默地注意它和黑色的大理石球的相似性。而且，当我们以同样的方式只是考察它的颜色时，我们就转而考察它与白色的大理石立方体的相似性。通过这种方式，我们就在我们的观念上附加一种反省，但是习惯却在很大程度上使我们不能感觉到这种反省。如果有谁想让我们设想大理石球的形状，而不想到它的颜色，那么他是异想天开；但是他的意思也许是我们应该把颜色和形状一起考察，不过仍然应该注意它和黑色大理石的相似性，或者它与任何别的颜色和别的质料的球体的相似性。〕

在暂时处理了实体和共相问题后，休谟转向知识问题。他采用了唯理论对自明真理的基本区分：即推理的真理，莱布尼茨的先天的推理的真理和事实的真理，后者至多只是或然的。但是为了他的"科学的"经验方法，他是通过这些真理的源泉和起源，而不是通过它们的逻辑特征和自容来区分它们的。这就引导出一种注定要使康德从他的"独断论迷梦"中惊醒过来并且改变近代西方哲学的思想——不证自明的可知的先天真理是以我们运用词语和符号的完全独断的规则和习惯为基础的,而且没有给我们以任何关于这个世界的信息。命题要么是可靠而没有内容的,要么是有内容而不可靠的。因此,声称是既可靠而又有内容的形而上学的知识原则上是不可能的。

下文引自第三部分,“论知识和或然性”。

〔第1章 论知识

有七种不同的哲学关系,即相似、同一、时空关系、数量或数的比例、任何性质的程度、对立和因果关系。这些关系又可分为两类:一类完全依赖于我们并列比较的观念,一类则无需观念的变化就可以变化。正是从三角形这个观念中我们发现了它的三个内角等于两个直角这一等同关系,只要我们的观念保持同一,这种关系也就不变。相反,两个客体间的接近和远离关系,只要通过它们的位置的变化,而不需客体本身或它们的观念的任何变化就可以发生变化。而位置则决定于千差万别的偶然事件,是心灵所不能预知的。同一性和因果关系的情形也一样。两个客体,尽管彼此完全相似,而且在不同的时间出现在同一地方,也可能在数量上不同。而且由于一个客体产生另一个客体的能力决不能仅从它们的观念中得到发现,所以,显而易见,原因和结果是我们从经验中而不是从任何抽象的推论和反省中得到关于它们的信息的关系。没有任何单一的现象,哪怕是最简单的这种现象能够从客体呈现给我们的性质得到解释,或者我们无需记忆和经验的帮助就能够预知它。

由此看来这七种哲学关系中只有四种决定于观念,能够成为知识和确定性的对象。这四种关系即是相似、对立、性质的程度、数量或数的比例。其中三种关系是一眼就可发现的,最适合于归在直觉的领域而不归在论证的领域。当任何客体彼此相似时,它们的相似关系首先就会刺激眼睛,或者毋宁说刺激心灵,而且很少需要再次考察。对立关系的任何性质和程度的情况也是一样。没有人曾怀疑存在和非存在彼此消灭,并且是完全不相容和矛盾的。尽管当一些性质诸如颜色、味道、热、冷之间的差别很小的时候我们不可能精确地判断这些性质的程度，但是当它们之间的差别相当大的时候，仍然很容易确定它们之间孰强孰弱。我们总是一眼就能得出这种确定，无需任何探究或推理。

我们可以遵循同样的方式进一步确定数量或数的比例，而且尤其是在差别很大并且引人注意的地方，我们一眼就可以看出哪个较大，哪个较小。至于相等，或者任何精确的比例，从一次考察中我们只能猜猜而已，很小的数和非常有限的广延的比例则是例外，这是很快就可以理解的，而且在这里我们觉得不可能陷入太大的错误。在所有其他情况上，我们必须稍微自由地确定比例，或者以更人为的方式去确定。

我已经说过，几何学或者我们用来确定形状的比例的技术，尽管在普遍性和精确性两方面都优于感觉和想象的宽泛的判断，但它决没有达到完善的确切性和精确性。几何学最初的一些原理仍然是得自客体的一般现象，而且当我们考察自然所能容许的异常的微粒时，那种现象根本就不能给我们提供保证。我们的观念似乎完全可以保证：没有两条直线能有一条共同的线段。但是，如果我们研究一下这些观念，我们就会发现它们总是预设了两条直线的一个可见的倾斜度，而且如果这两条直线形成的角非常小，对这两条直线我们就没有精确的标准以保证这个命题的真理。数学的大多数基本判断也都是同样的情况。

因此，就只剩下代数和算术这两门科学是我们能够在其中把推理连续地推进到任何复杂程度而仍保持完全的精确性和可靠性的。我们具有一条精确的用来判断数的相等和比例的标准，而且依照数是否符合那条标准而确立它们的关系，而不至于有任何错误的可能。当两个数是这样地结合起来，以至于其中一个数的单位总是与另一个数的每一单位相对应，我们就断定它们是相等的。正是由于在广延中缺乏这种相等的标准使几何学难以成为一门完善无误的科学。

这里，我们不妨消除一个可能会在我如下的断言中产生出来的一个困难，这个断言即是：尽管几何学缺乏算术和代数所特有的完美的精确性和确定性,但它仍然优于感觉和想象的不完善的判断。我之所以把一些缺点归于几何学，是因为它的原初的、基本的原理都只是来自现象。或许有人会认为这种缺点必定永远伴随着几何学,从而使它在比较各种对象和观念时所达到的精确性不能比单凭我们的眼睛和想象所能达到的精确性更大。我承认这种缺点是这样地伴随着几何学以致不能使它达到它所追求的完全的确定性。但是,既然这些基本的原理建立在最简单和最少欺骗性的现象之上，它们就赋予它们的结论以一定程度的精确性,而这种精确性是这些结论单独达不到的。人眼不可能断定千边形的内角之和等于一千九百九十六个直角，或者做出任何接近这个比例的猜测。但是,当它断定若干条直线不能重合,过两点我们不能做一条以上的直线时,其错误决不会很大。这便是几何学的本质和功用;它使我们一直达到那些由于其简明性而不可能把我们引入重大错误的现象。

我想借此机会在这里提出另外一个涉及到我们的论证性推理的意见,这个意见也是由同一个数学论题所提示出来的。数学家们通常都自命那些作为他们的对象的观念具有一种精细的、理想的本质,使它们不会被归在想象的概念之下,而必须通过一种纯粹的、理智的观点才能理解,而这种观点只有心灵的高级能力才能具有。同样的思想也贯穿于哲学的大多数部门,而且主要是用于解释我们的抽象观念,表明我们怎样形成一个例如既不等腰,也不等边,也不限于特定的边的长度和比例的三角形的观念。很容易就可以看出为什么哲学家们如此热中于那些理想的、精细的知觉观念,因为通过那种方法他们可以掩盖他们的许多谬误，且可以通过诉诸他含混、不确定的观念拒不服从清晰的观念的判定。为了摧毁这种诡计,我们只需反省一下我们如此经常坚执的那个原则:我们所有的观念都是由我们的印象复制而来的。因为由此我们立刻就可以断言,既然我们的所有观念都是清晰而精确的,那么由它的复制出的观念也必定具有同样的本质,除了我们自己的过错以外,绝不能包含如此模糊繁杂的东西。观念本质上就比印象微弱而不明晰，但是在任何别的方面都是一样的，因而不可能包含任何极大的不可思议的东西。如果观念的微弱性使它含混，那么我们的责任便是通过尽可能地使观念可靠而精确来弥补那个缺欠。如果没有做到这一点，却奢谈什么推理和哲学，那是毫无裨益的。〕

上面列举的"完全决定于观念"的四种关系——有时也叫做"推理的关系"——对休谟来说是产生先天真理的关系。借助直觉和论证对这些关系的知觉是理性的能力所具有的惟一力量。只是对报道这些观念间关系的命题我们才具有与或然性意见相反的**知识**。所有其他命题都是借助通过与联想的原则一致的习惯而进行的想象得到的。

如上所述，休谟和所有其他在康德之前的经验论者一样，混淆了逻辑与发生心理学，并且借助于一个假设的关于我们认识真理的方式的心理学事实而把先天真理与其他真理区别开来。

他正确地把算术和代数命题置于先天真理之中，他如此认为的原因是，这些命题是从被直觉地认识的真理中演绎出来。至于直觉是什么，则仍然是含糊不清的。

在《人性论》中，休谟并不认为几何学是先天的。在第2部分中他以一定的篇幅讨论了这个问题。在这部分中他得出了在上面引文中总结出来的一些结论：我们用来证明来自几何学公理的定理的演绎推理的步骤确实是可靠无误的，但是公理本身因为"来自事物的现象"，所以不是可靠无误的，这尤其是因为并不具有（正如我们在算术和代数中对一些数具有）关于空间中广延相等的精确标准。然而，几何学仍大大地优于我们别的经验知识，因为这些几何学公理尽管不完全可靠，但"依赖于最简明而且最少欺骗性的现象"。

谈到应用几何学，即描述空间中的实际客体的性质的几何学，休谟是完全正确的。我们不具备关于比如说两条实际线条长度相等的标准；

确实，谈论绝对相等而不涉及到测量工具和它们的错误程度是否有任何意义，是值得怀疑的。然而，纯粹几何学并不描述空间的经验性质。它与英尺、测量员的测链以及经纬仪的作用方式毫无关系。它是纯粹抽象的关系的系统——是一种用于完全不同的问题的范围中的逻辑范型，这可以从下面这个事实看出：对它来说只存在着“解释”（或运用）而不是空间中的事物，在休谟的后期著作《人类理智研究》中，有一含糊的段落暗示了他已认识到这种区分，并且准备把纯粹几何学归于它所属的先验领域。

休谟对因果关系的分析，以及他必然提出归纳问题[①]，是他对知识理论的最重要贡献，也是他的最著名的贡献。康德研究这个问题的结论的巨大努力开了近代哲学的先河。而对休谟的问题不能提供答案（做这种努力的著作汗牛充栋）则被称做哲学的耻辱。

休谟从强调因果关系的重要性着手。因果关系是惟一能使我们超出当下直接印象而推知任何对象的存在、或者任何事件的发生的惟一关系。如果没有因果关系，我们就没有根据去相信任何超出我们自己当下的直接经验的事物[②]。然后，他继续考察原因和结果的一个独特的例子。他所采用的例子，我们也可以铭记心中。这个例子即是：一个弹子球撞击另外一个弹子球从而引起那个球的运动。在这种情况下，我们说事件甲引起事件乙，我们的意思是什么?休谟说，首先，甲和乙是空间上接近的；其次，甲直接发生在乙之前。但是，这些尽管是因果关系的必要条件，却不是充分条件。显然，我们不会说，每一对空间上接近的事件，如果其中有一个是直接发生在另一事件之前，那么它便是另外那个事件

① 洛克曾模糊地意识到这个问题的存在，但他只是一笔带过，在近代哲学中，因果关系重要性的出现始自休谟。

② 这一点可以稍加发挥。很多对过去的推论可以用记忆为基础；但即使这样我们也仍应该限于信念的微妙的集合体之内，并与我们实际持有的信念和假设作一比较。无论如何，对因果关系的依赖涉及到建立记忆的可信性。

的原因。如果你用手指碰一下桌子并且立即感到手指痛，你不会假定第一个事件（碰桌子）必然就是第二个事件（手指痛）的原因，因为第二个事件在没有第一事件的情况下也可以发生。第三个条件必须得到满足：必须有一种必然的联系。

在把因果关系这一观念解析为它的组成观念即空间接近，时间在先和必然联系之后，休谟在第三部分中致力于研究最含糊而且在目前最重要的第三个观念，即必然联系的观念。

通常，在阐明一个模糊观念时，休谟的研究总是受发生学问题的支配："观念来自何种印象？"论证是复杂的而且过程曲折，因为休谟"接触到了所有邻近的领域"。因此，在我看来最好用现代语言来做一个总结[①]。

让我们研究一个"甲引起乙"这个特殊的例子。休谟说，第一，这种关系不是一种逻辑蕴含关系，因为"不存在蕴含着其他任何对象的存在的对象"。休谟企图以心理学标准取代逻辑蕴含，并且质问我们是否能够设想没有乙伴随着的甲；不过这并不是他意欲形成的观点：不论甲和乙在心理学意义上是不是有差别（在这一点上一个个体可以与另一个彼此不同），它们要么是，要么不是这样被运用的，即使命题"甲已经发生，没有直接被乙跟随"是自相矛盾的。若不然，是什么使我们认为它陈述了一种必然的关系？因此，毫无疑问，我们经常陈述"甲引起乙"这种形式的命题，在这里"甲引起乙"的矛盾是自相矛盾，即命题"甲引起乙"是分析命题；不过这既不是对"引起"一词最常见的用法，也不是历史的基本用法。当然，如果我们所有的因果命题都在这种意义上是分析的，而且是从定义和诸如此类的东西中推论出来的，那么，总的来说，探究这些命题之间的关系就将变成一种类似于按照固定的规则交换筹码那

① 如果读者还记得休谟用来证明一个给定的命题不是"分析的"，即不是逻辑地为真——"由推理确立的"技巧，他就会发现很容易领会这种解释与原文之间的关系。他所采用的不是逻辑的标准，即这样的命题的矛盾不是自我矛盾，而是我们理应期待的更心理学化的标准——我们能够想象这种矛盾。

样的词典编辑式的游戏,而且,这种游戏不能给我们提供任何关于世界的信息。因此休谟的观点仍然有效:有许多最重要的因果命题,其中甲和乙的关系是非逻辑的。

但是,如果这种关系不是逻辑的,那么它必定是经验的。不过,正如休谟所强调的一样,在任何一个例子中,除了事件的纯粹结果以外,没有任何可观察的东西。一个弹子球滚回另一处一个弹子球,二者发生接触,第二个球也开始滚动,在这里没有任何可观察的东西能够被称做必然的联系。说一个事件是因另一个事件"发生"的仅仅只是杜撰"被引起"的同义词——而这正是我们所讨论的问题。而且诸如"力"、"功"、"创造"、"动因"等其他词也不能推动这种研究(可以看到,像力学所用的"力"这类词并不指称客体间的不可观察的联系,它们是指称被观察的现象的被观察和可观察的规律的速记方式。对这些词的拟人化联想确实会使人误解,而且已经导致了各种形式的"感情的误置",但是它们和力学毫不相干)。总之,关于非逻辑的必然联系——两个事件之间的当下可见而且是必然的一种联系的思想是难以理解的。

休谟接着又注意到第三种性质,它将空间上接近和时间上持续的事例(在这种事例中,我们称结果为因果性的)与那种事例(在这里我并不把结果称做因果性的)区别开来:在前者结果是有规则的,即经常看到它发生了而从不会发现它没有出现。休谟称之为"恒常联系"。按照休谟的说法,这当然不是事件之间的实在的、外在的、必然的联系——世界的一项内容。不过它却提供了一把钥匙,以便从心理学上解释为什么我们认为一些事件是必然联系着,尽管这种思想原来不过是体现了一种幻象(今天,如果我们接受休谟对因果关系的分析[①],我们应该更倾向于断言,恒常联系以及空间的接近和时间的持续构成了正确运用"原因"一词的标准)。休谟的解释是这样的:当我们经常发现一类事件甲总是和一类事件乙结合在一起时,我们的想象中就会建立起一种习惯性

① 这种分析事实上是有缺欠的。

的联想，以至于不论我们什么时候看到一个新的甲，心灵就会以一种势不可挡的力量产生乙的观念，这种力量本身是一种通过反省而可观察的感觉。现在，我们不合法地把这种关于力的感觉设计到外在世界中去，并且认为“力”或“能力”推动或牵引世界中的事件或物体。至于心理学的机制——不可抗拒的联想，使看来似乎显然是因果关系的形式——与其说是心理学的还不如说是物理学的内在强制力外在化的倾向等概念，休谟没有加以分析。如果我们想避免借助内在的因果关系使外在的因果关系得以解释搪塞的恶性循环，我们就必须假定休谟认为这种过程本身只是规律性，它们本身也是可观察的，是“冷酷的事实”——即对必然性的探究必须停止于此的终点。

休谟关于我们对“原因”一词用法的分析在其他意义上也是不充分的。在描述在世界中发现的规律时，我们并不采用“原因”一词，例如，在陈述天文学或者现代物理学规律时，从来就不会出现“原因”这个词。只是在要满足特定的具体条件时我们才倾向谈及引起彼一事件的此一事件。另外，被观察到的恒常会合并不总是研究“因果作用”的主要根据——它经常通过我们得自被人们接受的科学理论的演绎得到加强和超越。而这些理论通常被人们接受并不只是以规律为基础。最后，休谟从心理学上来解释世界中“实在的”有制约力的联系的幻象，当然不是完全正确的。这种思想至少可以追溯到关于无生命世界的唯灵论设计，例如意志作用的感觉和也许首先是肌肉作用力的感觉。

但是，这种批判并没有贬损休谟包含在对归纳问题揭示中的发现的极端重要性，如果我们关于世界的所有一般陈述都是因果关系的（实则不然），如果“原因”一词代表事件之间的彼此结合的形而上学的凝结剂，诸如在任何情况下如果没有彼一事件，此一事件不仅永远不会而且不能发生，那么就不会有归纳问题。而对未被观察到的事物正如对已观察到的事物一样，我们的一般命题都将完全得到“形而上学”的保证。但是，休谟表明了“原因”一词并不表象任何这样的不可感触的实体，因而公开揭示了一个迄今很少为人注意的问题，即，我们似乎能够认识，而原则上对此却决不会有确定的认识：任何以被观察到的现象的事例为基础的概括，当它被推论到包含不论是过去还是现在的未被观察到的事例时，都能保持为真。

如果我们想以类似于我们的演绎知识——比如说以数学知识的确定性认识我们没有观察过的事实，如果物理学的陈述要想如比方说几何学那样坚不可摧，那么，我们所需要的是对"没有观察到的事例与被观察到的事例相似"这条归纳原则的绝对保证。休谟正确地断言，我们无论在哪里都得不到这种保证——我们既不会也不能发现任何能使归纳像演绎那样确定的原则。而且——他比他的后继者们在这个领域里显得更为敏锐——我们不能不循环地表明这样一条原则甚至是可能的："或然性是建立在对那些我们已经经验到的客体与尚未经验到的客体之间的相似性的假设之上的。因此，这种假设不可能从或然性中产生出来。"或然性是以无法确立的归纳原则为基础的，它本身不能用来确立它自己，这是休谟及后来的哲学家们的著名的"怀疑论"的基础。人们要么以顺从来接受这种态度，要么视之为怯懦和荒谬而加以责难。然而要想为上面的两种做法中的任何一种找到好的理由都是困难的；因为我们所说的怀疑主义只是怀疑把归纳转变成正好为它所不是的那种演绎的可能性；而这并不是理性的抱负。休谟本人的主要过错是：和他的同代人一样，他认为演绎是正确推理的惟一真实的形式；因而把我们从原因到结果的推论归于"想象"——非理性作用的根源。如果我们想完全地理性化，我们就必须具有对归纳的"证明"。但是，什么能够证明它？寻求保证就是要求一个其中的事件和物体都是"客观"必然地联结在一起的世界。如果休谟表明了什么，那么他所表明的就是这种思想不是不可理解的，是以逻辑机制与经验事实的混淆为基础的，并且表明了他希望逻辑的或数学的或语法的符号应该具有客观的对应物，这种对形而上学体系的追求是所有占据人心的幻想中最令人着魔的幻想之一。[①]

〔第2节 论或然性和因果观念

关于这四种作为科学的基础的关系，我认为要说的就是这些。至于另外三种关系，它们并不依赖于现象。甚至在观念保持同一时可以不存在或者存在，理应对它们做更详细的说明。这三种关系是同一性、时空中的位置及因果关系。

各种推理都不过在于比较和发现两个或两个以上的客体彼此具有的不论是恒常的还是非恒常的关系。不论是这两个客体都呈现给感官，抑或都不呈现给感官，还是只有一个呈现给感官，我们都可以做出这种比较。当两个客体连同它们的关系一起呈现给我们的感官时，我们就称之为知觉而不是推理，因为在这种情形下，并没有任何思想或活动的作用，严格地说来，只是一种通过感觉器官对印象的被动的接受。依照这种思维方式，我们就不应该把任何对同一性和时空中的关系所做的观察看做推理，因为在这两种关系中心灵都不能超出直接呈现给感官的东西，也不能揭示客体的真实存在或关系。只有因果关系才产生这种联系，使我们从一个客体的存在或行为确信它必然伴随其他存在或活动，或者以其他存在或活动为前提。而其他两种关系则不能用于推理，除非它们在影响这种关系或者被这种关系影响的范围之内。在任何客体中都没有什么东西可以使我们相信它们要么总是遥远的，要么总是接近的；而且当我们从经验和观察中发现它们在这方面的关系是不变的时候，我们总是断言有一些使它们分离或使它们结合的秘密原因。同样的推理可以推广到同一性。尽管一个客体在我们感官面前时隐时现，我们也容易假定它可以保持其个体的同一，而且不管知觉的中断，我们还是

① 这一点只是严格地适用于一些想证明归纳具有确定性的尝试。许多认识到这是毫无希望的哲学家都已努力确立一种显然更脆弱的论点，即归纳只能被证明有或然性。这是同一类错误，然而论证甚繁，恕不详论。

把同一性归结它,不论什么时候,我们都断言,如果我们的眼睛保持不停地注视它,我们的手保持不停地触摸它,它就会传来一个不变的不间断的知觉。但是这种超出我们的感官印象的结论只能建立在因果关系之上。除此之外,我们不能另外提供任何保证,说不论新的客体与先前呈现给我们感官的客体多么相似,这个客体并没有根据我们而变化。不论我们什么时候发现这类完全的相似关系,我们都会考虑它是否与那类对象相同,是否可能或很可能有在产生这种变化和相似关系时发挥作用的原因;根据我们对这些原因和结果所做的判断,我们就形成关于客体的同一性的判断。

因此,这里已经表明,在那些不只决定于观念的三种关系中,惟一能被追溯到超出我们的感觉,并且告知我们不曾看见或感觉过的存在和客体的是因果关系。因此,在结束理智这个主题之前,我们将努力对这种关系做充分的解释。

依照程序着手,我们必须考察因果关系的观念,看看它是从什么来源产生的。如果没有完全理解我们进行推理的观念,我们就不可能进行正确的推理;而如果我们不对观念追根溯源,并且考虑它所产生的原初印象,我们就不可能完全理解任何对象。对印象的考察赋予观念以明晰性,而对观念的考察则赋予我们所有的推理以一种同样的明晰性。

因此,让我们把眼光投向我们称做原因和结果的任何两个客体,并且从各方面对它们加以审视,以便发现那个产生了如此重要的结果的印象。乍看之下,我发觉我不必在客体的任何特殊性质中探寻这个印象,因为在这些性质中不论我选定哪种,我都会发现一些客体虽不具备这种性质,却仍可归在原因和结果的名称之下,确实,不论是外在存在还是存在于内心的东西,没有不被认为是原因或者结果的,尽管很明显没有一种性质普遍地属于所有存在,并且使它理应得到那个名称。

所以,因果关系的观念必定是从一些客体间的关系中得来的,现在我们必须努力去发现那种关系。首先,我发现所有被看做原因和结果的客体都是接近的；在稍微离开其存在的时间和地方以外的时间和地方，任何东西都不能发挥作用。尽管那些互相远离的对象有时看似可以互相产生，但通过观察它们便会被发现是由原因的链条联系着的，而这些原因本身之间则是接近的，而且与那些彼此分离的客体也是接近的；在我们不能发现这种联系的任何情况下，我们仍假设它存在着。因此，我们可以认为接近关系对因果关系是必要的；在我们能找到适当的机会，通过考察哪些客体能够并列和结合，哪些客体不能并列和结合，从而澄清这个问题之前，我们至少可以依照一般意见假设它是这样。

我将要谈的对原因和结果是必要的第二种关系，并不为人普遍承认，倒容易引起争议。这种关系即是时间上因先于果的关系。有些人自称原因先于它的结果并不是绝对必要的。但是任何客体或活动，在它存在的最初一刹那，就可以发挥它的产生性质，从而产生与它本身完全同时的另一客体或活动。但除此以外，大多数情况下的经验都与这种意见相矛盾。我们可以通过一种推论或推理来确立因先于果这种关系。在自然哲学和精神哲学中，有一条公理，即，一个客体在其完满状态中存在了一段时间却没有产生另外一个客体，那么它就不是另外那个客体的惟一原因，而要由另外的原则加以补充，这原则能把它从不活跃状况中推动起来，并且使它发挥它隐含地具有的那种能量。如果一个原因和它的结果可以完全同时，那么依照这个公理就可以确定所有的原因和结果都必定是这样，因为其中任何一个如果在一刹那间妨碍了它的作用，从而在它原该发挥作用的那个刹那没有发挥其作用，那么它就不是适当的原因。这样的结果就不逊于毁灭我们在世上发现的原因的连续，而且确实完全消灭了时间，因为如果一个原因和它的结果同时，而这个结果又和它的结果同时，依此类推，那么显然就不含有连续这种现象，而所有的客体就必定是共存的。

如果这种论证显得令人满意，那就很好。若不然，我恳请读者宽允我以我在前面擅用的那种自由：即暂时假设它是如此。因为读者将会发现,这件事本是无关紧要的。

在这样发现或者假设接近和连续这两种关系对原因和结果是必不可少的之后,我发现我只得暂时打住,不能再进一步考察原因和结果的任何一个事例。在撞击时,一个物体的运动被看做另一个物体运动的原因。当我们带着极大的关注考察这些客体时,我们只发现一个客体接近另外一个,而且它的运动先于另一个物体的运动,但是并没有任何可感的时间间隔。在这个题目上,即使我们绞尽脑汁思考而又反省也毫无裨益。在研究这种特殊的例子中,我们不能再进一步了。

如果有人离开这个例子,而且妄想为原因下一定义,说它有时可以产生另一客体,那么很显然,他什么也没有说。因为他所谓的产生是什么意思?他能给它与因果关系的定义不一样的定义吗?如果它能,我要求他给出这个定义;如果他不能,他便是在这里陷入了循环,只是给了一个同义词,而没有给出定义。

那么我们将满足于接近和持续这两种关系,以为它们提供了一个关于因果关系的完善的观念吗?绝非如此。一个客体可以在空间上与另一个客体接近,时间上先于另一个客体,但却不是另外那个客体的原因。有一种必然联系必须纳入研究,那种关系比上述两种关系中的任何一种都更为重要。

这里我又从各方面审视客体,以期发现这种必然联系的本质,并找到这种必然联系的观念可以从中产生的印象或一些印象。当我把目光投向客体的可知的性质时,我立即发现原因和结果的关系根本就不依赖于它们。当我考察它们的关系时,我只发现了接近和持续关系,而这些关系我已经认为是不完善的和不能令人满意的。难道对成功的失望将会使我断言我在这里具有一个在它之前没有任何相似的印象的观念吗?这将是对轻率和易变的强有力的证明。因为与此相反的原则已经如此确定地被建立起来,以致不容任何进一步的怀疑,至少在我们更充分地考察目前的困难之前是这样。

有些人在探寻那些对他们隐藏着的任何东西时，没有在他们所预期的地方发现它，于是在毫无确定的观点或计划的情况下，遍处搜索邻近的领域，希望他们的好运气会引导他们得到他们所探寻的东西，因此，我们必须像这些人一样继续下去。对我们来说，必须抛弃对进入我们原因和结果的观念中那种必然联系的本质的直接研究，努力去发现另外一些问题，而对这些问题的考察也许会提供一种可以用来消除目前的困难的启示。我将继续考察这些问题中的两个，即：

第一，我们有什么理由说，每一事物的存在都有个开始，也都有个原因，是必然的呢？

第二，为什么我们断言，如此特定的原因必定产生如此特定的结果？我们所做的因果互推的推论的本质是什么？在这种推论中我们所怀的信念的本质又是什么？

在做进一步研究之前，我只能说，虽然原因和结果的观念既是从反省的印象中也是从感觉印象中产生的，但为了简明起见，我通常只提到后者作为这些观念的来源，不过我希望关于感觉印象我所说的一切也可以推广到前者。各种情感和它们的对象以及这些情感彼此之间都是互相联系着的，这并不亚于外界物体都是互相联系在一起的。因此，属于感觉印象的同一种原因和结果的关系也必定是反省印象和感觉所共有的。

第3节 为什么一个原因总是必然的

首先从关于原因的必然性这个问题开始。哲学中有一条一般准则，即凡是开始存在的东西必定有一个存在的原因。在所有推理中，这通常都被看做是理所当然的，而既不举出证明也不要求证明。这是被假设建立在直觉之上的那些准则之一。尽管人们口头可能会否定它，骨子里却不可能真的怀疑它。但是，如果我们借上述的知识观念来考察这条准则，我们将会发现在这条准则中没有这种直觉的必然性的任何迹象。恰好相反，我们将会发现这条准则具有一种完全异于那类信念的本质。

所有确定性都产生于观念的比较，以及对那些只要各观念保持同一就不可改变的关系的发现。这些关系是相似性，数和量的比例，性质的程度，和对立，其中没有一种关系包含在这个命题中：凡有始者亦有其存在之原因。这个命题便因此不是直觉地确定的。至少，如果有谁断定它是直觉地确定的话，他必须否定这些关系是惟一可靠无误的关系，而且必须发现包含在这个命题中的别的那种关系，对这一点，我们将有足够的时间加以考察。

但是，这里有一个论据，即刻便可以证明上面的命题既不是直觉地确定的，也不是论证地确定的。我们如果不同时表明要是没有产生原理，任何东西便不可能开始存在的话，那么我们就永远不能证明一个原因对每一个新的存在或者存在的新的样态的必然性。如果后一个命题没有得到证明，对证明前一个命题我们必定会丧失信心。既然后面的命题不可能具有论证性的证明，那么，只要考虑下面这一点，我们便可以满足了。这就是：因为所有个别的观念都可以彼此分离，又因为原因和结果的观念显然是有别的，所以，我们便很容易设想某一客体在此一刹那是不存在的，而在下一刹那则是存在的，而不必给它加上一个个别的原因的观念或关于产生原理的观念。因此，原因的观念与存在开始的观念的分离，对想象来说显然是可能的；其结果是，这样客体的实际分离，就其不包含矛盾，也不包含谬误来说，是可能的，因此便不可能被那些仅仅得自观念的推理所驳倒。而如果驳不倒这一点，便不可能证明一个原因的必然性。

因此，在考察的基础上我们发现，为原因的必然性提出的每一论证都是错误的、诡辩的。有些哲学家说，我们能够假设某一客体开始存在于其中的时间和空间所有的点，本身都是相等的；除非有某一原因，为一个时间和一个地点所特有，并且通过那种方式决定和确定这种存在，它就必定处于永恒的未定状态中，而这客体由于缺乏确定其开始的东西，也就永远不能开始存在。但是，我要问的是，假设时间和空间无需原因就能被确定，比假设以那种方式确定这个存在有更多的困难吗？在这个课题上出现的第一个问题通常是：那个客体是否将要存在？其次便是，什么时候，在什么地方它将开始存在？如果在一种情况下除去原因在直觉上就是荒谬的话，那么在其他情况下也必定如此。如果在一种情形下没有一个证明便不能使那个谬误清晰可见，那么在另外的情形下也就同时需要一个证明。因此，一个假设上谬误决不能成为另一个假设的谬误的证明，因为它们都建立在同一立足点上，并且必然要因同样的推理而成立或失败。

我发现人们用于课题的第二个论据，也为同样的困难所苦恼。据说，每一事物都必定有一个原因，因为如果某一事物缺乏一个原因，它就将自己产生自己；即是说，它在它存在之前就已存在，而这是不可能的。但是这种推理显然是没有确定性的，因为它假设，在对一个原因的否定中，我们仍然承认了我们明白地否定了的东西，即必须有一个原因，这个原因因此被认为是客体本身；毫无疑问，这是一个明显的矛盾。但是，说某一事物没有原因就被产生出来了，或者更恰当地说，就开始存在了，这并不是去断定它是它自身的原因，而是相反，排除了一切外在的原因，就更加排除了被创的那个事物本身。绝对不需要任何原因而存在的客体当然不是它自身的原因，而当你断言一物是从另一物中产生出来的，你恰好预设了有争议的论点，并且认为任何事物完全不可能没有原因就开始存在是理所当然的。但是，在我们排除了一个产生性的原则之后，我们仍然必须求助于另外一条原则。

用来证明原因的必然性的第三个论据的情形也完全一样。所有不需任何原因就被产生的东西，是由无产生的，或者换言之，它是以无作为它的原因。但是无永远不能成为一个原因。正如它不能成为某物，或者等于两个直角。我发觉无不等于两个直角，或者是某物，通过同样的直觉，我们发觉它永远不能成为一个原因，因此，我们必定发觉每一客体都有其存在的真实原因。

我相信,在我论说了前两个论据之后,并不需要太多的口舌就可以表明这个论据的弱点。它们全都建立在同样的谬误之上,并且来自同样的思想特征。只需陈说这一点就够了,即当我们排除一切原因时,我们确实排除了它们,我们既不假设无是存在的原因,也不假设客体自身是存在的原因。因此不能从这些假设的荒谬性中得出论据以证明那种排除的荒谬性。如果每一事物必有一个原因, 那么在排除了其他原因之后,我们必须承认客体自身或者无是原因。但是,是否每一事物都必须有一个原因正是争论的焦点,因此,按照一切正确的推理,我们决不应该把这一点视做理所当然的。

有些人说每一结果必有一个原因,因为原因蕴含在结果的观念中,这些人就更是轻率的了。每一个结果必然以一个原因为前提,因为结果是个相对的名词,而它的原因则是它的相关项目。但是,这并不证明每个存在必定以一个原因为前提;正如不能因为每个丈夫必有个妻子,因此就推论说每个男人必定是已婚的一样。这个问题的正确说法是:是否每个开始存在的客体必须把它的存在归于一个原因;我已经断言这一点既不是在直觉上确定的,也不是在论证上确定的,并且希望通过前面的论据已经充分地证明了这一点。

既然我们不是从知识或任何科学推理中得出如下的意见, 即每一新的产物都必然有其原因,那么这个意见必然得自观察和经验。因此接着而来的问题自然是,经验怎样产生这样一条原则?不过,我发现把这个问题放在下面这个问题中更为方便:为什么我们断言如此特殊的原因必然有如此特殊的结果?为什么我们要做出因果互推的推论?由于这样,我将把这个课题留待以后研究。最后也许会发现,同一个答案可以解决这两个问题……

第6节 论从印象到观念的推论

很容易就可以看到,在探溯这种关系时,我们所做的从因到果的推论不是单从对这些特殊的客体的考察中得来的,也不是从对那些可以表明客体彼此之间依赖关系的本质的洞察中得来的。如果我们只研究这些客体自身,而从不超出我们形成的关于它们的观念之外,那么就没有蕴含其他任何客体的存在的客体。这样的推理就等于知识,而且意味着:设想任何不同的东西是绝对矛盾和不可能的。但是,因为所有个别的观念都是可分离的,显然就不会有那种不可能性。当我们从当下的印象转向某一客体的观念时,我们可能会把观念与印象分离开来,并且以另外的观念取代它。

因此,只有通过经验我们才能从一个客体的存在推论出另一个客体的存在。这就是经验的本质。我们记得曾有一个常见的关于一类客体的存在的例子,也记得另一类客体中的各个个体总是伴随着它们,并且和它们处于一种有规则的接近和连续的秩序中。例如,我们记得曾经见过一类我们称为火焰的客体,而且记得曾感到过一种我们称做热的感觉,我们还向心灵唤醒了在过去一切例子中它们的恒常会合。无需更进一步的程序,我们就把一个称为原因,把另一个称为结果,并且从一个的存在推出另一个的存在。在我们所了解的特殊原因和结果结合在一起的那些例子中,原因和结果两者都通过感官知觉到了,而且被记下来了。但是,在我们对它们进行推理的所有情形中,只有一种是被知觉到并被记住了的,别的则是依照我们过去的经验补充而来的。

因此,在研究进程中,当我很少期望、而完全忙于另一个课题时,我们已经不知不觉地发现了因果之间的一种新关系。这种关系便是原因和结果的恒常会合。接近和连续并不足以使我们断言任何两个客体是原因和结果,除非我们发觉这些关系被保存在一些例子中。现在我们可以看到,为了研究构成因果关系的必要部分的那种必然联系的本质,放弃对这种关系的直接考察是大有益处的。借助这种方法,我们可以希望最终达到我们的预期目的;不过,说实话,这种新发现的恒常会合的关系似乎使我们在研究过程中推进不了多少。因为它的意义只不过是:相似的客体通常都处于相似的接近和连续关系之中,而且至少初看起来,我们似乎显然不能凭这种方式发现任何新观念,我们只能增加而不能扩大我们心灵的对象。或许有人会认为,我们从一个客体中所不能了解到的东西,我们也决不可能从一百个全都一样的而且在所有条件下都相似的客体中了解到。因为我们的感官在一个事例中向我们表明两个物体或运动或者性质处于一定的连续和接近关系中,所以我们的记忆只是向我们呈现大量的例子,在这些例子中我们总是发现相似的物体、运动和性质处于相似的关系中。单是从过去印象的重复——即使重复无数次——中绝不可能产生任何诸如必然联系那样的新的原初的观念;在这种情况下,众多印象比我们只限于一个印象时也并不能产生更大的作用。但是,尽管这种推理看似正确而且明显,可是失望过早却不免愚妄,所以,我们将继续我们的研究线索。而且,既然在发现了任何客体间的恒常会合之后,我们发觉我们总是从一个客体到另一个客体做出推论,那么,我们现在不妨考察推论以及从印象到观念过渡的本质。或许在最后会表明这种必然联系依赖于这种推论,而不是推论依赖于必然联系。

既然已经看到从一个呈现给我们的记忆或感官的印象向一个客体的观念的过渡,是建立在我们过去的经验和我们对它们恒常会合的记忆基础上的,那么下一个问题便是,经验是通过理智还是通过想象而产生观念;是理性还是知觉的一定联系或关系决定我们做出这种过渡。如果是理性决定我们,那么它将遵循下面这个原则而进行:即我们没有经验过的事例必定类似于我们已经经验过的事例,自然的过程总是继续一致地保持同一。因此,为了澄清这个问题,让我们研究一下这样一个命题可能被假设建立于其上的所有论据。由于这些论据必定是从知识或者或然性中产生出来的,我们可以依次观察这两种证据的程度,看看它们是否提供任何关于这种性质的正确结论。

我们前面的推理方法将很容易使我们确信不可能有论证性的证据来证明那些我们没有经验过的事例类似于我们已经经验过的事例。我们至少可以设想一种自然过程中的变化，这就足以证明这种变化不是绝对不可能的。形成关于某一事物的一个清晰的观念，就是它的可能性的不可否定的一个论据，单这一点就足以驳倒任何反对它的伪论证。

或然推论既然不是发现观念间的关系，而被认为只是发现客体间的关系，它必定在某些方面是以我们记忆和感官的印象为基础的，在某些方面又是以我们的观念为基础的。如果我们的或然推论不杂有任何印象，那么结论就将完全是虚妄的，而如果不杂有观念的话，那么心灵在考察这种关系时的活动，严格地说来就只是感觉，而不是推理。所以，在所有或然性推论中必定有某些东西呈现给心灵，这些东西或是被看见，或是被记住的。由此，我们可以推出某种与它相关而却既没有被看见，也没有被记住的东西。

惟一能引导我们超出记忆的感官直接印象的联系或关系是因果关系，这是因为它是我们能够把从一个客体到另一个客体的正确推论建立于其上的惟一关系。原因和结果的观念得自经验，而经验告诉我们这些特殊的客体，在所有过去的事例中都是彼此恒常地会合在一起的。当我们假设一个与这些客体中的一个类似的客体是立即呈现在它的印象中时，我们就因此推测存在着一个与它通常伴随物相似的客体。按照这种我认为在各方面都没问题的对事物的解释，或然推论是以对我们已经经验到的那些客体和尚未经验到的那些客体间的相似性的假设为基础的，因此，这种假设就不可能得自或然推论。同一个原理不可能既是另一个原则的原因又是它的结果。也许，这是关于那种既是直觉地确定的，也是论证地确定的关系的惟一命题。

如果有谁想避开这个论据，而且在没有确定在这个课题上我们的推理是得自论证还是得自或然性时，就声称所有从因果关系中得出的结论都是建立在牢固的推理之上的；那么我只能要求他提出这个推理，以供我们考察。也许有人会说，在有了某些客体的恒常会合的经验之后，我们按照以下方式进行推理。我们总是发现这样一个客体产生另外一个客体，如果它不具有一种产生的能力，它就不可能具有这种结果，这种能力必然地蕴含这种结果，因此就要有一个正确的基础以供从一个客体的存在推断出它通常的伴随物的存在。以往的产生蕴含着一种能力：能力蕴含着新的产生，而新的产生则是我们从能力和过去的产生中推论出来的。

我在前面已经说过，生产观念和因果关系观念是一回事，而且没有一种存在确实地、决定性地包含任何其他对象的能力；我如果愿意利用这些说法，或者我如果把我关于能力和效能观念将来有机会要说的话先在这里提出，如果这样做是恰当的，那么我就很容易地指出上述推论的弱点。不过这样一种进行方法似乎会使体系的各部分互相依托，因此削弱我的体系，并且会在我的推论中引起混乱，所以我将力求不借这类帮助而维持我现在的主张。

因此，我们暂时可以承认，在任何一个事例中，一个对象通过另一个对象的产生蕴含着一种能力；而这种能力又与它的结果相联系。但是，既然我们已经证明，这种能力并不存在于这个原因的可感性质中，而只是有一些可感的性质呈现给我们，那么我就要问，为什么在别的事例中你只是根据这些性质的出现就假定这种同样的能力仍然存在？你诉诸过去的经验对眼前的问题也无济于事，那至多只能证明，在那个事例中，那个产生任何其他客体的客体本身，具有这种能力，但决不能证明这种同样的能力必定继续存在于同一客体或者一些可感性质的集合体中，更不用说证明一种相似的能力总是与一种相似的可感性质结合着。如果有人说我们具有这样的经验，即同一的能力继续与同一的对象结合着，而相似的对象具有相似的能力，那么，我将重新提出我的问题：为什么从这种经验中我们能形成超出我们已经经验过的那些过去的事例的结论？如果你按照与前面一样的方式回答这个问题，你的答案仍然会产生同样的新问题,以至无穷;这就清楚地证明了前面的推理没有正确的基础。

因此,不仅我们的理性不能使我们发现因果之间的最终联系,而且,即使在经验给我们指出它们的恒常会合之后,也不能向我们证实为什么通过我们的理性我们能超出曾经观察到过的那些特殊的事例。我们只是假设但决不能证明,在我们已经经验到过的客体与那些超出我们的发现范围之外的客体之间必定具有相似性……

在观念之间确有一条联系的原则,初看起来就会认为它不同于上面这些原则中的任何一条,但我们会发现它在本质上依靠于同样的来源。当我们通过经验发现任何一类客体中的每一个体与另外一类客体的一个个体恒常结合在一起时,不论哪类客体中出现任何新的客体,我们自然会把思想转移到它的通常的伴随物上去。例如,因为这样一个特定的观念总是附着于一个这样的词,所以就不需要任何东西,而只要听到那个词就可以产生相应的观念,而且心灵以极大的努力也不可能阻止那种推移。在这种情况下并不绝对需要在听到这样一个声音后还必须反省过去的经验,考虑什么样的观念曾经总是和这个声音联系在一起。对声音本身的想象就取代了反省,而且如此习惯于从词推到观念,以至于在听到一个词与想到另外一个观念之间,并无丝毫的停顿。

但是,尽管我承认这是观念之间联系的一条真正的原则,我却断言它与因果观念之间的联系是一回事,而且是我们依据因果关系进行的所有推理中的一个必要部分。对因果关系,我们没有别的什么观念,而只有这样的观念:总是结合在一起而且在过去的一切事例中都被发现是不可分离的特定的一些客体。我们不能洞察联系的原因。我们只是看到事物自身,并且总是发现客体在想象中由于这种恒常会合而得到一种联系。当一个客体的印象呈现给我们时,我们立刻就形成一个关于它的通常的伴随物的观念。因此,我们可以把这确定为意见或信念定义的一部分,即它是与一个当下印象相关联或联结着的一个观念……

第7节 论观念或信仰的本质

关于一个客体的观念是关于这个客体的信念的必要部分，但并非全部,我们可以想象许多我们并不相信的事物。那么,为了更充分地发现信念的本质,或者我们所赞同的那些观念的性质,让我们衡量一下下面的考虑。

显然,根据因果关系的所有推理都终止于关于事实、即关于客体的存在或它们的性质的结论。同样显然的是,关于存在的观念与关于任何客体的观念并无不同,而且当我们在得到关于任何事物的简单概念后,再认为它是存在的时候，我们实际上并没有增加或改变我们最初的观念。例如,当我们肯定上帝存在时，我们只是按照人们描述他的样子形成一个这样的存在的观念，并不是通过一个我们加到关于他的其他性质的观念上、而且能够又和它们分离开,区别开的特殊观念来想象我们归给他的存在。但我还要更进一步,并不满足于断言任何客体的存在的概念对它的简单概念没有增益，我另外还主张关于存在的信念对那些构成关于客体的观念之观念没有增加新的观念。当我想到上帝时,当我认为他是存在时,而且当我相信他存在时,我关于他的观念既没有增加也没有减少。但是,由于在一个客体的存在的简单概念与对它的信念之间确有重大的差别，而且由于这种差别不在于我们想象的观念的部分或组成之中，因而可以推论出这种差别必定存在于我们想象它的方式之中。

假设在我面前有个人提出一些我不赞同的命题，如恺撒死在他的床上,或者银比铅更易熔化,或者水银比黄金更重,那么,显而易见,虽然我不相信,但我清楚地理解了他的意思,并且形成了他所形成的全部相同的观念。我的想象和他的想象具有相同的能力,他想象的观念并不是我所不能想象的,他结合的观念也并不是我不能结合的。因此,我就要问,相信和不相信一个命题之间的区别究竟何在?一涉及到被直觉或论证证明了的命题,答案就很容易得出。在那种情况下,同意那个命题的人不仅会按照命题去想象一些观念，而且还必然地被决定以哪种特定的方式——要么是直接的，要么就通过其他观念的插入——去想象那些观念。凡是荒谬的就是不可理解的,想象不可能设想任何与论证相反的东西。但是,由于在根据因果关系所进行的推理,和关于事实的推理中,这种绝对的必然性不可能产生,而想象可以自由地设想问题的两方面,又由于在两种情况中,形成观念都是同样可能的,必需的,因此,我仍然要问,不相信与相信之间的区别究竟在哪里?

下面这个回答是不能令人满意的：一个不同意你所提出的命题的人,在以与你一样的方式想象那个客体后,就会立即以一种不同的方式想象它,而且对那客体具有不同的观念。这个答案之所以不令人满意,不是因为它包含一些谬误,而是因为它没有发现全部真理。大家都承认凡是在我们不赞同别人的地方,我们都设想问题的两方面。但是,因为我们只能相信一个方面,那么显然可以推理出:这个信念必定在我们所赞同的概念与我们不同意的概念之间形成了差别。我们可以用上百种不同的方式混合、结合、分离、组合,改变我们的观念,但是直到出现某种原则可以确定这些不同的情况中的一种,我们实际上并没有意见。而且,既然这种原则显然对我们以前的观念无所增益,所以它只能改变我们想象这些观念的方式。

心灵的所有知觉共分两种,即印象和观念,这两者的区分在于它们的有力和生动程度不同。我们的观念是从印象复制而来的,并且在它们的所有部分都表现印象。如果你想以某种方式改变某一特定的客体观念，你只能增加或减少它的力度和生动性。如果你对它做出了别的改变,它就会表象一个不同的客体或印象。这种情况与颜色方面的情况一样。任何颜色的一种特定的色调可以不需任何别的变化而得一种新的生动或明亮程度。但是,当你引起任何其他变化时,它就不复是同一种颜色或色调;因为信念只能改变我的想象任何客体的方式,所以它只能赋予我们的观念以另外的力度和生动性。所以,一种意见或信念可以被最精确地界定为，一种与我们当下的印象相关或者联系着的生动的观念。

这些便是把我们导向这一结论的论证项目。当我们从其他客体的存在推论出一个客体的存在时，一些客体必定总是要么呈现给我们的记忆，要么呈现给我们的感官，以便成为我们推论的基础，因为心灵不能无穷地推论下去。理性决然不能为我们证实任何一个客体的存在总是蕴含另外一个客体的存在，所以当我们从一个客体的印象过渡到关于另外一个客体的观念或信念时，决定我们的不是理性，而是习惯，或者一种联系的原则。但是信念却比简单观念略胜一筹。它是形成观念的一种特别的方式：而且由于同一个观念上能通过它的有力和生动程度的变化才能变化，因而总的说来，信念，按照前述的定义，是通过与当下的印象的关系而被产生出的一种生动的观念。

心灵的这种形成关于任何事实的信念的作用，至今似乎仍是哲学的最大秘密之一；尽管任何人都不曾猜想到解释这个秘密有什么困难。至于我，必须承认在这方面发现了一个巨大的困难，而且即使当我认为我完全理解了这个课题时，我也不知道用什么词语来表达我的意思。通过一种在我看来非常明显的归纳，我断言一种意见或信念只不过是一种观念，这种观念之不同于虚构，不在于它的本质或者它的各部分的秩序，即在于它被想象的方式。可是，当我想解释这种方式时，却找不到任何完全符合这种情况的词语，而不得不求助于每个人的感觉，以便给他一个关于心灵这种活动的完善的观念。单是想象就可以向我们表明的一个符合感觉的观念，是不同于一个虚构的观念的。我想把这种不同的感觉称做较强的力量，生动性、稳定性、坚定性或稳固性，借此力图说明它。这种词语看似没有一点哲学意味，我只是想表达出正是这种使实在比虚构更亲切地呈现给我们的心灵的活动，使它们在思想中更为重要，而且使它们对情感和想象具有更大的影响。如果我们同意这一点，那就不需对词语争论不休。想象能完全支配它的观念，而且能够以一切可能的方式结合、混合并改变它们。它可以想象客体和它们的时间和地点的全部情景。它可以以一种方式在我们眼前确定客体的真正颜色,就如它们已经存在的那样。但是由于那种能力本身不可能达到信念,因此,信念显然不在于我们的观念的本质和秩序中,而在于它们的概念的方式以及它们给心灵的感觉之中。我承认不可能完全解释这种感觉或概念的方式。我可以使用那些表示与此相近似的东西的词语。而它的真实和恰当的名词便叫信念,这是每个人在日常生活中就足以理解的一个词语。而在哲学中,我们除了断言它是被心灵感觉到的、可以把判断的观念与想象的虚构区别开来的某个东西外,不能再深入一步。这种信念给观念以更大的力量和影响,使它们显得更为重要,把它们灌输到心中,使它们成为我们一切活动的支配性原则。

我们将会发现,这种定义完全符合每个人的感觉和经验。我们所同意的那些观念比关于空中楼阁的散漫式的幻想更为强烈、坚定而又生动,再也没有比这更明显的了。如果一个人坐下来把一本书读做浪漫文学,另一个把它读做真实的历史,他们显然都接受了同样的观念,而且是以相同的秩序接受的。一个人的不信,和另一个人的相信并不会妨碍他们把相同的感觉加给他们的作者。作者的词语在两人心中产生了相同的观念,不过他的证据对两人都没有相同的影响。后者对所有情节都有更生动的概念,他更深入地体会到了人物和遭际:他向自身表象人物的行为、性格、友情以及敌意。他甚至对他们的形貌、精神和风度形成了一个概念。而前者则不信作者的论据,对所有这些都只是一个更模糊的、倦怠的概念;除了文体的优美和结构的精巧之外,他几乎不能从这本书中得到愉悦……

第14节 论必然联系的观念

我们已经说明通过什么方式,我们使推理超出我们当下的印象,并且断言如此特殊的原因必有如此特殊的结果。现在我们必须回到原路上来考察一下首先出现在我们面前，而被我们在中途搁置下来了的那个问题，即当我们说两个客体必然地被联系在一起时，什么是我们的必然性的观念？对于这个题目，我要重复我在前面曾经说过的那句话，即既然我们没有不是得自印象的观念，我们就必须发现产生这个必然性的观念的某个印象，假如我们坚持我们真的有这个观念的话。为了做到这一点，我就考察一下必然性通常被假定存在于什么样的客体中。既然发现必然性总是被归结给原因和结果，我就把眼光转向两个被假定处于那种关系中的客体，并就这两个客体所能处于其中的所有情况考察它们。我立刻发觉它们在空间和时间中是接近的，我们称做原因的客体先于我们称为结果的其他客体。在任何事例中我都不能再进一步，对我来说，也不可能发现客体之间任何第三种关系。于是，我便扩大我的视野，考察若干个事例，在这里我发现相似的客体总是存在于相似的接近和连续关系中。初看起来这似乎对我的目的没有多大用处，对一些事例的反省仅仅重复了相同的客体，因而决不会产生新的观念。但是通过进一步的考究我发现这种重复并不是在每个特殊客体中都是一样的，而是会产生新的印象，而且是通过那种方式产生我眼前考察的观念。因为，在经常的重复之后，我发现，在一个客体出现时，心灵是被习惯决定着要去考察它的通常的伴随物，并且通过它与第一个客体的关系以更强的眼光去考察它。正是印象或这种决定，给我提供了必然性的观念。

我并不怀疑，这些决定初看起来就不难被人接受，因为它们是从我们已经建立并且经常在我们的推理中运用的那些原则中推论出来的明显的结论。这种在最初的原则和推论中的明显性会诱使我们不加警觉地达到这种结论，并使我们相信其中不会包含任何奇特的东西，也不值得我们好奇一看。不过，尽管这种粗心轻率会促使人们接受这种推理，却也会使人们更容易忘记它。由于这个原因，我认为发出一个警告是适当的，就是：我正在考察最高深的哲学问题之一，即关于原因的能力和效能的问题，这是所有科学都非常关心的问题。这样的警告自然会引起读者的兴趣，并使他希望得到对我这个学说以及它赖以建立的论据的更充分的解释。这个要求是这样合理，以致我不能不答应，尤其是因为我希望愈考察这些原则，便愈能得到力量和明显性。

关于原因的效能或者说使它们被结果跟随的性质的问题，在古代和近代哲学家中因为它的重要性以及困难引起了众多的争论。但是在争论这些问题之前，我想不妨考察一下我们对那种效能有什么样的观念，而这正是争论的主题。这是我发现在他们的推理中所主要缺乏的、也是我将努力予以补充的一点。

开门见山地说，像效能、动力、力、能力、功能、必然性、联系及产生性质这些名词都几乎是同义词，因此，如果用其中的任何一个名词去界定其他名词，那是荒谬的。由于这一说法，我们立刻便排除了哲学家们给能力和效能所下的模糊的定义。我们不能在这些定义中寻求这个观念，而必须在它最初从中产生出来的那个印象中寻找这个观念。如果它是一个复杂观念，它必定产生于复杂印象。如果它是简单观念，它必定产生于简单印象。

我相信对这个问题最一般而且最流行的阐述便是说，既然从经验中发现有一些新的物质产物，诸如物体的运动和变化，而且断言必定在某个地方有一种能够产生它们的能力，那么我们就通过这种推理达到了能力的效能的观念。但是，为了使人相信这是一种通俗性胜于哲学意味的阐述，我们只需反省一下两条非常明显的原则。第一，单是理性永远不能产生任何原初的观念；第二，理性由于与经验有别，永远不能使我们断言原因或者有效的性质对每一存在的开始都是绝对必需的。这两种考虑都已被充分地说明，因此，眼前我就不复加以申论。

我将只是从这两条原则中推论出，既然理性永远不能产生效能的观念，那个观念必定得自经验，必定得自效能的一些特殊例子，而这些事例则是通过感觉和反省的共同通道而进入心灵的。观念总是表象它们的客体或印象，而相反，每个观念的产生必然需要一些客体。因此，如果我们自称具有一个关于效能的正确的观念，我们就必须提出一些事例，在这些事例中，效能可以明白地呈现给心灵，而效能的作用也会明显地呈现给意识或感觉。如果举不出例子，那么我们就得承认这个观念是不可能的，假想的，因为惟一能够挽救我们脱离这个两难境地的天赋观念原则，已经被驳倒，而且现在在学术界已普遍地被人抛弃。因此，当务之急乃是去发现一些自然的产生过程，这些产生过程中，心灵能清楚地想象和理解原因的作用和效能，而不会有任何含混和错误的危险。

在那些自称发现了原因这种隐秘力量和功能的哲学家们的纷纭意见中，我们发现了巨大的分歧，但是在这里的探究中我们几乎不能从那里受到鼓励。有人主张物体是凭其实体形式而发生作用的，另外一些人则主张物体是凭其偶性或性质而发生作用的；有些人主张物体是通过它们的质料和形式而发生作用的；有些人主张物体是通过它们的形式和偶性发生作用的，另外一些人则主张物体是通过与所有这些东西都不相同的潜能和能力而发生作用的。所有这些意见又都以千百种不同的方式混杂并且变化着，从而形成了一种强有力的猜测，其中没有一个是有任何根据或证据的，而且对物质任何一种已知性质中的效能的假设是完全没有根据的。如果我们考察一下这些实体形式、偶性和能力的原则实际上并不具有物体的任何已知性质，而是完全不可理解并且不可解释的，那么这种猜测就会在我们身上增加。因为很显然，如果哲学家们在诸如清楚而且可以理解的原则中没有得到满足，他们显然不会求助于这种含混而又不确定的原则。尤其在这个问题上更是如此，因为这件事情如果不是感官的对象的话，必定是素朴的理智的对象。总而言之，我们能够断言，在任何事例中，都不可能表明原因的力和功能寓于其中的原则、而且最精敏的理智和最平庸的理智在这一点上都同样地不知所措。如果有谁认为应该反驳这一断言，那么他不需要费心去炮制任何冗长的推理，而只需立刻向我们昭示一个关于原因的事例，在这个事例中我们可以发现能力或者作用的原则。我们不得不经常使用这种挑战，因为这几乎是哲学中证明一个否定命题的惟一办法……

有些人曾经断言我们在心灵中感到一种功能或能力，而且在以这种方式得到能力的观念之后，我们就将那种性质转移给我们不能立即在其中发现这种性质的物质。(他们说)我们身体的运动，我们心中的思想和情绪都服从于意志。为了得到关于力或能力的正确观念，我们无需远求。不过为了使我们相信这种推理是如何错误的，我们只需考虑一下在这里被当做原因的意志和它的结果之间并没有比物质原因与它的相应的结果之间更易被发现的联系，因为我们远远不能发现意志的活动与身体的运动之间的联系。而且大家都承认，根据思想和物质的能力和本质，没有任何结果是更不可以解释的，君临于我们心灵的意志王国也不是更易理解的。那里的结果是可以与原因区别和分离开来的，而且在没有关于它们的恒常会合的经验时也就不能被预测到。我们在一定的程度上对心灵具有控制权，但超出那个限度我们便完全丧失了对它的控制权。如果我们不求助于经验，我们就不能确定我们的控制权的精确界限。简言之，心灵在这方面的活动与物质的运动是相同的。我们只能发觉它们的恒常会合，永远不能超出它进行推理。任何内在的印象并不比外在的客体具有更明显的功能。因此，既然哲学家们承认物质是借一种不可知的力量而发生作用的，那么，我们希望借助于向心灵请教而得到一个关于力量的观念，理应是徒劳无望的……

必然性的观念是从某种印象中产生的。一切由感官传来的任何印象都不能产生那种观念。因此，它必定是从一些内在的印象或者反省的印象中产生的。不存在与现在的问题有任何关系的内在印象，与现在的问题有关系只是那种由习惯产生的从客体推移到它的通常伴随物上去的倾向。因此，这便是必然性的本质。总而言之，必然性是存在于心灵中而不是存在于客体中的某种东西。如果把它看做物体中的一种性质，我们永远不可能对它形成哪怕极渺茫的观念。要么是我们没有必然性的观念,要么必然性只是依照因果之间被经验到的结合而从果推到因,从因推到果的那种思想倾向。

因此,正如使二乘以二等于四或者使三角形的三内角之和等于两个直角的必然性只存在于我们用来考察和比较观念的理智的活动中,使原因和结果联系在一起的必然性或者能力就以类似的方式存在于心灵由因推到果、由果推到因的那种倾向之中。原因的效能或者功能既不存在于原因本身,也不存在于神性之中,也不存在于这两个原因的结合之中。而完全只是属于心灵,正是心灵考察了两个或更多的客体在过去一切事例中的结合。而原因的真实能力连同它们的联系和必然性正应放置在这里。

我感到,在所有我已提到的,而且在本书的进程中将来还会提到的所有似是而非之论中,眼下这个是最为极端的。而且只有通过充分的证明和推理,我才能希望它为人接受,并且克服人类根深蒂固的偏见……

对这种关系可以有两个定义,它们之不同仅在于对同一对象表现出不同的观点,并且使我们认为它要么是一种哲学关系,要么就是一种自然关系;要么是两个观念之间的比较,要么就是两个观念之间一种结合。我们可以把原因界定为“先于并且接近于另一个客体的客体,在这里所有与前者相似的客体都和与后者相似的客体处于相似的先行和接近关系之中”。如果因为这个定义是从外于原因的客体中得来的,而被认为是有缺陷的,我们可以用另外一个定义来取代它,即“原因乃是先于并且接近于另一个客体的一个客体,这个客体与另一个客体是这样联系着,以至于关于其中一个客体的观念决定了心灵去形成关于另一个客体的观念,关于其中一个客体的印象决定心灵去形成关于另一个客体的印象”。如果这个定义因为同样的理由而被否定,那么我就别无他法,只好希望表现出这种细心的人以更正确的定义取代它。至于我,则必须承认对这件工作的无能为力。当我以最大的精细考察那些通常被称做原因和结果的客体时，我发现，在考察单独一个事例时，一个客体先行于并且接近于另一个客体；而在扩大我的视野，考察若干个事例时，我只发现相似的客体通常都处于相似的连续和接近关系中。另外，当我考察这种恒常会合的影响时，我发觉这种关系永远不能成为推理的对象，而除了通过习惯的方式外永远不能对心灵产生作用，而正是习惯决定想象做出从一个客体的观念向它的通常的伴随物的过渡，并做出从一个客体的印象向另一个客体的更生动的观念的过渡。不论这些意见显得多么奇特，我认为费心对这个课题予以进一步研究或推理，是徒劳无益的，因此我将把它们当做确定的公理而深信不疑。〕

以上所谈的是关于这个不可解决的问题——逻辑上办不到的事情——即怎样在不引进不合理的先验自然规律的情况下，通过某种与经验论相容的原则或真理“证明”归纳是合理的，而它本身既不只是很可能的，也没有被未加批判地“在直觉的基础上”被人接受。下文包含了休谟对一个与此密切相关并且同样重要的议题的论述：所谓物质客体，特别是它们在时空中的持续的同一性是什么意思？而一旦事物的同一性被考察了，那么人的同一性就会成为同样模糊的观念。与事物相反的自我的本质，除了洛克和贝克莱粗略地提到过以外，仍是未加讨论的问题，不过，贝克莱与其说是对精神与活动或者意志的关系，倒不如说是对精神与知觉的关系提出过一些模棱两可的意见，后来德国和法国的一些反感觉论的形而上学家们曾对这些意见加以反思。但是戳破唯理论者和有神论者们共同持有的关于永恒不变的实体性自我的独断假说的荣誉，只属于休谟一人。他对自我的分析可能是对他的经验论方法的最有特色的破坏性运用，他的分析以他特有的方式在这个领域所引起的两百年哲学耻辱与摧毁归纳的先天根基所引起的哲学耻辱一样巨大。物质客体对休谟来说是个无害的幻象，但仍然是个幻象。

我们又一次发现休谟声称对我们是怎样持有一种特定的错误的信念(“稍加反省的哲学思考便足以使我们看清这种意见的谬误之所在”)给予了一种心理学的解释——和通常一样，想象又是被告，关于这一点，我们今天会倾向于说他所做的是想解释我们特定的标准——这里是对物理客体的标准的本质。如果我们像休谟那样违背他的经验论前提而对外在世界持一种形而上学的理论，按照这种理论，所有存在的东西都是急速流动，异常短命的“印象”的集合体，那么物质客体——或者归在这个观念之下的事物——是怎样由印象复合而成呢？什么是一组特殊的感觉材料的特征？正是根据这种特征使这些感觉材料被认为是专属于一个客体的。

这个问题事实上包含着尽管部分重叠却仍旧不同的两个问题，即属于同一客体的问题和时间中的连续问题。第一个问题的一个例子如下：当我坐着写字时，我正在经验的各种感觉的特征是什么？正是根据这种特征，“纸的”形状、颜色、气味等将它们自身作为同一客体(这张纸)的属性呈现给我，而且与手的形状、纸的气味和我的铅笔的颜色是有区别的。以上各种属性虽然是同样并存的，却不是同一客体的属性。经验论者们主要是以纸的属性的“空间结合”来回答这个问题。当纸的一种属性运动时，其他属性(只有它们)总是和它一起运动，等等。如果我们在不同的意义上提出休谟式的问题：为什么我们以这种而不是那种方式将属性集成一束，其理由必定是独断的(部分地是生物学上的)，即在我们应付外在世界时，它们必须满足我们的基本要求——既简易又方便。

然而，这并不是休谟所讨论的问题，他关心的是连续性问题。假设贝克莱的(通常也是洛克的)观点是：我们所熟悉的一切只是“观念”，或者用休谟的术语来说，只是“印象”(我们时代的英国哲学家称之为感觉材料)，那么根据什么样的原则，我们将这些感觉材料的某些(中断的)时间上的结果结合在一起，把它们当做一个客体的连续的历史的一部分，并且认为这个客体具有外在于我们的心灵而且在因果关系上独立于心灵的清楚的、连续的存在?[①]

休谟以所谓的"恒常性"和"结合"来回答这个问题。假设感觉材料保持相对的稳定——或者以这样的一种方式变化，即假设这种变化即使在没有被知觉到时仍然是连续的，这个假设并不与我们的其他感觉材料不一致——那么我们便说客体在变化中仍是同一的。他的答案在细节上不是不可以批判的，而且他对这种回答的系统阐述在某些点上当然是粗疏的。然而,他的贡献却具有最高的重要性。任何接受关于外在世界的感觉材料理论的哲学家迟早都会服膺于休谟所考虑的问题。不论这些哲学家们随之而来的解决办法在细节和精确度上可能多么不同,他们在原理的主要之点上不可避免地要与休谟的理论相似。在提出这个问题并且为了得到答案而提供确切的基本计划时，休谟在发端于贝克莱的知觉理论方面取得了重大的进展。

休谟当然并不认为他只是提出了一种知觉理论，或者甚至只是提出了一种关于物质同一性或物质客体这个概念的运用标准的理论。他认为他从心理学上解释了我们对一些"虚构"的错误信念。其中之一便是我们对客体同一性的虚构性描述。休谟本人很是为同一性这个观念所烦恼(正如一个半世纪之后的布拉德雷一样)。他不能明白我们怎么能够真正地说出像"甲与乙是同一的",或者用更通俗的话来说,怎么能说出像"甲(人、树、船等)和乙是一样的"这种形式的命题。因为,如果"甲"和"乙"真的指称同一实在。那么——休谟是这样认为的——词的形式就根本不会陈述一个有意义的命题("这个命题也不会包含一个谓词和一个主词,然而,它们却蕴含在这个断定中")。实际上它只是说"甲是甲",而这看起来是单调乏味的同义语反复。但是,如果它们在字面上不是指同一实在，这个命题——由于将根据假说并不同一的两个实在

① 加了着重号的四个词指的是休谟所讨论的客体的性质,不过休谟当然认为它们是被虚构地归给了神秘的实体。

等同起来——就显然是假的。

事实上，休谟采用了一种除了在数学和逻辑学中之外不可运用的同一性概念，即字面上的同一概念，不论在哪方面都同一的概念。这种概念不能用于实在世界。当我确实断定这是我十年前在同一个花园见到的同一棵树时，我的意见并不是指这棵树（或者这个花园）在各方面绝对地同一。例如，我们并不希望否定那棵树产生一些新细胞并且丧失了一些老细胞。即使是像石头这样的固态物体，如果它被凿掉了一点，我们也仍称它是同一块石头，而且我们当然不想否定在石头的电子分布中有一些变化。又如，就房子、城镇或者鲜花来说，在我们怀疑它们是否是同一的之前，我们仍承认它们有许多变化。那么，休谟的同一性概念的"理想界限"的一个结果便是：凡是我们说他描述了诸如"他是我一年前在伦敦见到的那个人"、"那是我1946年在地中海见到的同一只船"这类命题的真值标准（因事而异）的地方，休谟都认为他自己从心理学上解释了我们对同一性的永远错误的描述。这些描述是错误的，但是我们显然不能避免做出这些描述——它们是一种必然的幻象。在讨论了物质客体的同一性之后，在他对人的同一性的著名的讨论中，这种悖论更着魔似地萦绕着休谟。

下文选自第4章"论怀疑论和其他哲学体系"。

〔第2节 论感官方面的怀疑论

因此，怀疑论者尽管声称他们不能通过理性捍卫他们的推理，却仍然继续推理和相信。而且，由于同样的规则，他们必须同意关于物体存在的原则，尽管他不能自称通过一些哲学论证坚持它的真实性。自然并没有给他留下自由选择的机会，而且无疑也认为这件事太重要了，不能委托给我们的不确实的推理和思辨。我们完全可以问：**是什么原因诱使我们相信物体的存在？**但如果我们问：**究竟有没有物体？**那是徒劳无益的。在我们的所有推理中，我们都必须认为这一点是理所当然的。

因此，我们现在研究的课题乃是促使我们相信物体的存在的那些原因。我在这个问题上的推理将始于一种区分,这种区分初看起来似乎是多余的,但将大大有助于完全理解下述的道理。我们应该分开考察那两个通常被混在一块的问题,即,为什么在即使客体没有呈现给我们的感官时,我们仍然赋予它们以连续的存在?为什么我们假设它们具有不同于心灵和知觉的存在?在最后这个事项下,我包含了客体的环境和本质,它们的外在位置以及它们的存在与作用的独立性。这两个关于物体的连续与个别的存在的问题是紧密联系在一起的。因为,如果我们感官的对象即使在它们没有被知觉到时,仍然继续存在,那么,它们的存在当然独立于并且有别于知觉;反之,如果它们的存在独立于并且有别于知觉,那么,纵使在它们没有被知觉到时,它们必定继续存在着。但是,尽管对一个问题的解决决定了另一个问题，为了发现这种解决由以产生的人性原则,我们将一直带着这种区分,去考察究竟是感觉、理性,还是想象产生了关于连续的或者独立的存在的观念。在眼前这个课题上,这些问题才是惟一可以理解的。因为关于外在存在被认为是从类上不同于我们知觉的那种想法,我们已经指出其荒谬性。

先从感觉谈起,显然这些能力在对象不复呈现给感官之后,是不可能产生关于它们对象的连续存在的观念的。因为假设感官即使在停止了一切方式的活动之后仍继续发生作用,在字面上就是矛盾的。所以,这些能力如果对目前的问题有什么影响的话，必须产生关于独立的而不是连续的存在的意见,而为了产生那种关于独立存在的意见,就必须要么把它们的印象呈现为意象和表现，要么把它们的印象呈现为那种独立的、外在的存在。

我们的感官并不将它们的印象呈现为关于某些各别的或者独立的而且是外在的事物的意象,这是显而易见的,因为它们只给我们传入一种单纯的知觉,而绝不会给我们一点儿关于外物的暗示。单纯的知觉除非通过理性或想象的推论,便绝不可能产生关于双重存在的观念。当心灵之所见超出直接呈现给它的东西时，它的结论绝不能归源于感觉。当心灵从单纯的知觉中推论出一种双重的存在，并且假定了它们之间的相似与因果关系时，它确实是看得较远了……

先谈关于外在存在的问题。或许可以说，除却思维实体的同一性这个形而上学问题不论，我们自己的身体显然属于我们；而且因为一些印象显得是在我们身体之外的，我们就假定它们也是在我们的自我之外的。我现在用来书写的纸是在我的手之外，桌子在纸之外，房子的墙又在桌子之外，当我把眼光投向窗外时，我看见了大片田野和房屋。从所有这一切可以推论出，无需感觉之外的别的能力就可以使我们相信物体的外在存在。但是为了避免这种推理，我们只需衡量一下以下三种想法。第一，严格地说来，当我们观察我们的肢体和器官时，我们所知觉到的不是我们的身体，而是由感觉传入的一些印象。所以，赋予这些印象以一种实在的有形的存在，是一种和我们目前正在考察的心灵活动一样难以解释的心灵活动。第二，声音、味道和气味，虽然通常被心灵看做连续的独立性质，却并不显得是任何占有空间的存在，因而对感官来说不能显现为位于身体之外。我们为什么给它们一个位置的原因，将在后面加以考察。第三，正如那些最理性的哲学家所承认的一样，甚至我们的视力如果不借助某种推理和经验，也不能直接把距离和外在性（如果可以这么说的话）报道给我们。

至于我们的知觉对我们自身的独立性，绝不能成为感官的对象，但我们对它所形成的任何意见必定都得自经验和观察。后面我们将会发现我们从经验得来的结论远不会支持关于我们知觉的独立性的学说。与此同时，我们可以看到，通常我们更注意它们的独立性，而不太注意它们在空间中的外在位置。而且，当客体的存在是连续不断的并独立于我们在自身中意识到的那种不断的变化时，我们就认为它具有充分的实在性。

我对感官所说的话可以总结为，它们没有为我们提供关于连续存在的观念，因为它们不能在它们真正地发挥作用的范围之外去发挥作用。感官同样也不能产生关于独立存在的观念,因为它们既不能把这种独立的存在作为被表象的东西呈现给心灵，也不能把它作为原初的东西呈现给心灵。要想把它呈现为被表象的东西,感官就必须既呈现出一个对象,又呈现出一个意象;要想把它呈现为一种原初的东西,那么感官就必定传入一个假象,而这个假象必定存在于关系和位置之中。要做到这一点,它们必须能够把客体和我们自身予以比较。而且即使在那种情况下也并不欺骗我们,并且也不可能欺骗我们。因此,我们就可以确定地断言,关于连续和独立的存在的主张绝不可能从感觉中产生出来。

为了证实这一点,我们可以说有三种不同的由感官传来的印象。第一种是物质的形状、大小、运动和坚固性的印象。第二种是颜色、味道、气味、声音、热和冷的印象。第三种是从物体与身体的接触中产生的痛苦和愉快的印象,诸如肉被刀割,等等。哲学家和一般人都认为第一种印象具有各别的连续的存在，只有一般人才认为第二种印象也处于同样的地位。哲学家和一般人又都认为第三种印象只是知觉,因而是有间断的、从属的存在。

显然,不论我们的哲学主张是怎样的,颜色、声音、热和冷,就它们呈现给感官而论,是和运动、凝性以同样的方式存在的。而我们在它们之间所做的区别,在这方面并不单只是从知觉中产生的。人们对前一种性质的独立连续的存在所抱的偏见是如此之顽固，以致当现代哲学家们提出与之相反的主张时，他们便认为他们几乎可以用自己的感觉和经验驳倒它,而且他们的感觉本身就驳斥了这种哲学。同样显而易见的是,颜色、声音等与由力产生的痛苦、由火所生的愉悦最初是处于同样地位的,而它们之间的差别既不是建立在知觉之上,也不是建立在理性之上,而是建立在想象之上的。因为,既然这两者被认为只是从物体的各部分的结构和运动中产生出来的知觉，那么，它们的差别究竟何在呢?总而言之,我们可以断言,就感官作为审判官而论,所有知觉都以同样的方式存在。

我们也可以看到,在这个关于声音和颜色的例子里,我们无需求助于理性或者通过任何哲学原则衡量我们的主张,就可以将一种独立连续的存在归于各个客体。的确,不论哲学家们可以想象出怎样令人信服的论据以确立对独立于心灵的客体的信念,这些论据显然是鲜为人知的。儿童、农民和绝大多数人并不是通过这些论据而被促使将对象归之于一些印象而不归之于其他印象。因此,我们发现一般人在这个问题上所形成的全部结论都与哲学家们所形成的那些结论正相反对。因为哲学家们告诉我们呈现给我们心灵的每一事物都只是知觉,并且是间断的,依靠于心灵的;相反,一般人则混淆知觉和客体,并且赋予他们所感到或者看见的事物本身以一种独立连续的存在。这种意见既然是完全不合理的,它必定是从其他能力中产生的,而不是从理智中产生的。对此,我们可以补充一点:只要我们认为我们的知觉和客体是同一的,我们就决不可能从一个的存在推出另外一个的存在,也不可能由因果关系形成任何论证,而因果关系是惟一能使我们相信事实的关系。即使在我们将知觉和对象区别开来以后,我们也可以立刻看到:我们仍不能从一个的存在推出另一个的存在。因此,总而言之,我们的理性并不,也不可能根据任何假设使我们确信物体连续和独立的存在。那种意见必然完全来自想象,所以现在必须把想象作为我们研究的课题。

既然所有印象都是内在的,忽生忽灭的存在,而且也是如此显现的,关于它们的独立和连续的存在的观念必定是由印象的一些性质与想象的性质的相互配合而发生的;而既然这种概念并不扩展到所有印象,它必定是从一些印象所特有的某些性质中产生的。所以,我们只要比较一下我们认为有独立连续存在的那些印象与我们所认为内在的和忽生忽灭的印象,就将很容易发现这些性质。

因此,我们可以看到,我们之所以认为某些印象有一种实在性和连续的存在，而不认为其他随意的、微弱的印象有这种实在性和连续的存在，既不是如一般人所假设那样，是因为这些印象的非随意性也不是因为它们有较高的力度和烈度。因为，很显然，我们所永不假设其他在我们知觉以外存在的那些痛苦和快乐，情感和情绪，比我们假设为是永恒的存在的形状和广延、颜色和声音的观念，作用更为强烈，而且同样是非随意的。火的热度在适当时，被认为是存在于火之中的，但由于接近它而引起的痛苦则被认为在知觉之外没有存在。

因此，既然这种一般的主张被人们抛弃，我们就必须探寻一些别的假说，借以发现存在于我们印象中，使我们认为它们具有一种独立的、连续的存在的那种性质。

在略加考察之后，我们将发现，所有我们认为具有一种连续的存在的那些客体，都有一种特别的恒常性，使它们有别于那些依赖知觉才能存在的印象。现在，我眼前所见的那些高山、房屋、树木，总是以同样的顺序向我呈现；而当我闭上眼睛或者掉头不见它们时，立刻发现它们又返回我的面前，没有一点变化。我的床和桌子，我的书和纸，也以同样一致的方式呈现它们自身，并不因为我在看或知觉它们时有任何间断而有所变化。凡是其对象被认为具有一种外在存在的印象，情况都是这样，而其他印象的情况则不是这样，不论它们是温和的还是剧烈的，是随意的还是非随意的。

然而，这种恒常性并非如此完善，以致不容许重大的例外。物体经常改变它们的位置和性质，而且在稍微离开或间断之后，就会难以辨认。但是，可以看到，即使在这些变化中它们也保持一种一贯性，而且彼此之间具有一种有规则的依赖性，而这正是我们根据因果关系进行推理的基础，并且也正是它产生了关于物体的连续存在的信念。当我离开我的房间一小时后返回室内时，我发现我的炉火与我离开它时情况不大一样了，但在别的事例中我习惯于看到在相似的时间里产生相似的变化——不论我在与不在，离它近还是离它远。因此，外在客体的变化中所有的这种一贯性,是它们的一种特征,也是它们的一种恒常性。

在发现那种关于物体的连续存在的意见依赖于这种一贯性和恒常性之后，现在我要进一步考察这些性质是以什么样的方式产生如此奇特的一种意见的。先从一贯性谈起,我们可以看到,尽管那些我们认为是飘忽不定，乍生乍灭的内在印象在它们的现象中也具有一种一贯性或规律性,然而它却具有一种不同于我们在物体中所发现的本质。通过经验发现我们的各种情感是互相联系的,彼此依赖的。但是,无论如何都不必假设它们在没有被知觉到时仍然存在并且发挥作用，以便保存我们已经验过的依赖性和联系。而外界客体的情况就与此不同了。那些客体需要一种连续的存在，否则就会在很大程度上失去它们活动的规律性。我面对着火坐在我房子里,所有刺激我感官的客体都在周围数码之内。我的记忆诚然向我通报了许多客体的存在。但这种报道并不扩展到它们的过去存在之外，而且我的感觉或记忆也并不提供任何对它们的存在的连续性的证明。因此,当我这样坐着反复沉思默想时,我突然听到好像是开门的声音,一会儿之后看见一个守门人向我走来,这使我产生许多新的反省和推理。第一,我从来不曾注意到,这个声音除了从门的运动传来之外,还能由别的事物产生。因此,我就断言,除非我记得这间房子另一面那道门仍然存在，眼前的现象就与过去的经验是一个矛盾。其次,我总发现人体具有一种我称为重力的性质,阻止人体升入空中。可是,除非我所记得的楼梯并没有因为我不在而被毁灭,那么守门人就必定是腾空上升来到我面前的。但还不止这些。我还收到一封信,打开后,由笔迹和签名发现是一位朋友的来信,他住在两百里格之外,显然,我如果不在心中展现我们俩之间的整个海洋和大陆,并按照我的记忆力和观察假设驿站和渡船在发挥作用并且连续存在着,那么,我就绝不可能依照我在别的地方的经验来解释这个现象。以某种观点来思考一下这些关于守门人和信件的例子，那么它们与通常的经验是矛盾的,并且可以认为它们驳斥了我们关于因果关系所形成的原理。我习惯于同时听到这样的声音,看到这样运动着的物体。但在这个特殊例子里我没有得到这两种感觉。除非我假设那道门仍然存在,并且是在我没知觉到它时被打开的,那么这两个现象便是正相反对的。这种起初完全是独断的、臆测的假设,由于它是我能用来调和这些矛盾的惟一假设,便因此得到了一种力量和证据。在我的一生中,几乎没有哪一刻时间没有一个相似的事例呈现在我面前,而我并没有必要假设客体的连续存在,以便把它们过去和现在的现象联系起来,并给它们以一种彼此之间的结合,这种结合正如我通过经验发现的一样,是适于客体的特殊本质和条件的。因此,在这里我就自然而然地会把世界视为实在而持久的东西,看做即使在它不再呈现给我的知觉时也仍保持它的存在……

当我们已经习惯于见到一些特定印象中的一种恒常性,而且发现例如关于太阳或海洋的知觉在一度不见或消失后,又和其初次出现时一样以同样的部分和秩序呈现给我们时:我们并不易于认为这些间断的知觉是不同的(事实上它们是不同的),恰好相反,我们会因为它们的相似性而认为它们在个体上是同一的。但是,因为它们存在的这种间断性与它们的完满的同一性是正相反对的,而且使我们认为第一印象已被消灭了,而第二印象则是新被创生的,所以我们觉得有点茫然不知所措,而陷入了一种矛盾。为了使我们摆脱这种困难,我们就尽可能地通过假设这些间断的知觉是由我们感觉不到的实在存在联系起来的,以此来掩盖这种间断,或者完全消除它。这种假设,或者关于连续存在的观念,从我们对这些间断的印象的记忆中,并且从这些印象赋予我们假设它们是同一的倾向性中,得到一种力量和活泼性。而按照前面的推理,信念的本质正是存在于观念的力量与活泼性之中的……

这种关系倾向于使我们把一种同一性归于不同的客体,后面我们将看到很多这方面的例子。但这里我们只限于现在的题目。我们由经验发现在几乎所有的感觉印象中都有这种恒常性，以致它们的间断也不能使它们有所变化，也不会妨碍它们像它们的最初存在一样以同样的现象,同一位置重又呈现出来。我观察我房内的家具,我闭上眼睛,然后睁开,我发现新的知觉完全类似于先前刺激我感官的那些印象。这种相似性在千百个事例中被观察到，并且通过最强有力的关系自然而然地把我们对这些间断知觉的观念结合在一起，而且以一种自然而然的推移使心灵从一个观念过渡到另一个观念。想象沿着这些不同的、间断的知觉自然而然地推移或过渡,这和我们考察一个恒常的、连续的知觉时的心理倾向几乎是一样的,因此,我们很自然就会把这二者混同起来。

那些对我们的相似的知觉的同一性持有这种意见的人，一般都是人类中不爱思考且无哲学精神的那一部分人（有时，我们全体都是这样),因而也就是假设他们的知觉是他们的惟一对象,而且从不考虑内在和外在、表象和被表象的双重存在的那些人。呈现给感官的意象本身对我们来说就是实在的物体，我们赋予一种完全的同一性与这些间断的意象。但是,由于这些现象的间断似乎与这种同一性正相反对,而且很自然地使我们认为这些相反的知觉是彼此各异的，所以我们发现自己对如何调和这些相反的意见不知所措。想象沿着相似知觉的观念的顺利过渡使我们赋予它们一种完满的同一性。而它们现象的间断方式则使我们认为它们是许多在一段间隔之后出现的类似但仍然是各别的存在。产生于这种矛盾的迷惑心理就产生一种倾向要借着连续存在这样一个虚构来联合这些断续的现象，这就是我原来计划要加以解释的那个假设的第三部分……

怀疑主义对理性和感觉两方面的怀疑是一种永远不能根治的疾病,不论我们怎么驱逐它,而且有时似乎已完全摆脱了它,它也会不时复发。无论根据任何体系,都不可能捍卫我们的理智,或者捍卫我们的感觉，而反倒会在我们试图以那种方式为它们辩护时进一步暴露它们的弱点。由于怀疑主义的怀疑是自然而然地起于对这些题目的深刻而认真的反省，我们愈是加以反省——不论与这种怀疑相反还是与它一致——这种怀疑便愈是加剧。只有粗心和不留意才能给我们提供某种治疗。由于这个原因，我就完全依赖它们。而且，不管读者此刻的主张是怎样的，我假定他一小时之后将相信外在世界和内在世界的存在。在进一步对我们的印象作更细致的研究之前，我想继续根据这种假设考察古代和近代关于内在和外在世界所提出的某些一般体系。最后，我们也许会看到这种考察并非与我们现在的目的毫不相干。

第5节 论灵魂的非物质性

在关于外在实体的每一体系以及我们想象得如此清晰而又确定的物质观念中，我们既然发现了这样的矛盾和困难，那么我们自然会预料到，在关于我们易于想象得更加含混而又不确定的我们内在知觉和心灵的本质的每一假说中，将有更大的困难和矛盾。可是在这一点上我们却欺骗了自己。理智世界虽然陷入了无限的含糊性之中，却并不为诸如我们在自然界所发现的矛盾而困惑烦恼。关于自然界我们所知道的一切都是自相符合的，而对我们所不知道的我们必须安于把它搁置一边。

确实，如果我们听信一些哲学家，那么他们会答应减少我们的无知，不过我担心这样会有使我们陷入这个题目本来可以避免的矛盾中的危险。这些哲学家们是对他们所假设的我们的知觉寓存其中的物质或物质实体进行细密推理的人。为了制止双方的没完没了的吹毛求疵，我不知道还有什么更好的方法，而只是想用一句话问这些哲学家们，*实体和寓存性是什么意思？*在他们回答这个问题之后，而且一定要到那时，我们认真地参加这场争论才是合理的。

我们已经发现，在物质的物体方面，这个问题是不可能回答的。但在心灵方面，除了苦于所有相同的困难之外，它还为这个题目所特有的另外一些困难而苦恼。因为每个观念都是从先前的印象中产生的，如果我们没有任何心灵实体的观念,我们就必定有一个关于它的印象,这一点如果不是不可能的,也是很难想象的。因为一个印象除了与一个实体相似以外,怎么能表象这个实体呢? 而且,根据这种哲学,既然印象不是实体,也不具有任何实体的特殊性质或特征,那么印象又怎么能够与一个实体相似呢?

但是,假使撇开可能是什么或可能不是什么这个问题,来考察实际是什么这个问题,我要求那些自称我们具有关于我们心灵实体的观念的哲学家们指出产生那个观念的印象,而且明白地说出那个印象是以什么方式发生作用的,它是从什么客体产生出来的。它是愉快的,还是痛苦的,抑或是漠然的?它是一直伴随着我们,还只是间断地重又呈现给我们?如果是有间断的,那么它主要是在什么时候重又返回来?它是由于什么原因被产生的?

如果有谁不回答这些问题,却说实体的定义是能够独立存在的某种东西,并且说这个定义应该可以满足我们,以此来躲避这个困难,那么我要说,这个定义符合任何可以被想象的事物,但决不能用来区别实体与偶性,或者区别心灵与它的感觉。因为我是这样推理的。凡是被清楚地想象的东西就可以存在,凡是以某种方式被清楚地想象的东西,就能以同样的方式存在。这是一条已被承认的原理,而且,任何有差别的事物都是可以区分的,任何可以加以区分的事物都可以被想象分离出来。这是另外一条原则。从这两条原则我得出的结论是:既然我们的知觉是彼此各异的,而且和宇宙中的任何事物都是有差别的,那么它们也就是各别的,可以分离的,而且可以被认为是分离地存在的,因而也就可以分离地存在,并且不需要任何别的东西来支撑它们的存在。因此,就这个定义说明了一种实体而言,这些知觉便都是实体了。

因此,不论是通过考察观念的最初起源,还是借助于定义,我们都不能达到令人满意的实体观念,这对我来说似乎是放弃关于心灵的物质性或非物质性那种争论的充足理由,而且使我绝对鄙弃这个问题本身。除了对知觉外，我们对任何事物都没有完善的观念。而实体完全不同于知觉，因此，我们便没有实体观念。偶存性是假设地支撑我们知觉的存在的必要条件，但并不需要任何东西支撑知觉的存在。因此，我们便没有偶存性的观念。对知觉是寓存于物质实体中，这是寓存于非物质实体中这个问题，当我们甚至不懂得它的意思时，又哪有可能加以回答呢?……

这个论据并不影响关于心灵实体的问题，而只影响关于心灵与物质在空间中的结合这个问题，因此一般地考察什么客体能够或者不能够有空间上的结合，那也许不是不恰当的。这是一个奇特的问题，或许会引导我们对重大契机的某些发现……

在说明这一点之后，如果我提出为一些形而上学家们所反对的，而且被认为是违反人类理性的最确定原则的一个原理，那就不会令人惊讶了。这个原理是：一个客体可以存在，但可以不存在于任何地方。我断言这不仅是可能的，而且，绝大部分的存在物都是而且必定是以这种方式存在的。当一个客体的各部分不是排列得彼此可以形成一个形状或数量，而且整个客体与其他物体的关系也不符合我们的接近或距离观念，那么，我们便可以说它不存在于任何地方。可以说，除了视觉和触觉两者的知觉和对象以外，我们所有的知觉和对象显然都是这样的。一种道德反省不可能处在一种情感的右边或左边，气味或声音不可能是圆形的或方形的。这些客体和知觉，远不需要任何特殊的空间，而且与它绝对不相容，甚至想象也不能把空间归给它们。至于它们不存在于任何地方这种假设的荒谬性，我们可以想想，如果情感和情绪呈现给知觉时占有任何特殊的空间，那么广延的观念就可以从情感和情绪以及视觉和触觉中产生，而这是和我们已经确立的理论正相反对的。如果它们是显现得不占有任何特殊的空间，它们就会以同样的方式存在，因为凡是我们所设想的都是可能的。

现在并无必要证明:那些简单而不存在于任何地方的观念,不可能在任何场合与占有空间并可以分离的物质或物体相结合,因为除非有某种共同的性质的依据,否则便不可能建立一种关系。更值得一提的是:关于客体在空间中的结合问题不仅出现在关于心灵本质的形而上学的争论里,而且甚至在日常生活中,我们也时时有机会注意到它。例如,我们假设在桌子的一头有一个无花果,另一头有一个橄榄。显然,在形成关于这些实体的复杂观念时,最明显的一个就是关于它们的不同滋味的观念。同样显而易见的是:我们还将这些性质与有颜色的、可触知的性质合并和结合起来,我们假设一种果实的苦味和另一种果实的甜味存在于这两个可见的物体之中,并且被这张桌子的整个长度所分开。这是一个极其引人注目而又自然的幻象,因此考察它所由以产生的原则也是恰当不过的事情。

尽管一个有广延的客体不能在空间中与另一个没有任何空间或广延而存在的客体相结合,但它们都可以有许多其他的关系。例如,任何果实的滋味和气味都不能与它的颜色,可触性两种性质分离开来;不论其中哪个是原因哪个是结果,它们确实是都永远同时并存的。它们不仅是一般的并存的,并且在心灵中也是同时出现的。正由于有广延的物体对感官的作用,使我们知觉到它的特殊滋味和气味。因此,有广延的客体和没有任何特殊空间而存在着的物质之间的这些因果关系,在其呈现的时间上的接近关系,必定在心灵上产生这样的作用,即当其中的一个出现时,它便立刻使思想转向另一个的观念。不仅如此,我们不仅根据客体和性质之间的关系使思想从一个转向另一个,而且还会努力赋予它们一种新的关系,即场所中的结合关系,以便使推移更顺利,更自然。因为当一些客体被某种关系结合在一起时,我们有一种强烈的心理倾向:给它们加上某种新的关系,以便完善这种结合,这是我们在人性中常有机会看到的一种性质,我们将在适当的地方予以充分解释。在我们排列物体时，我们决不会不把那些彼此相似的物体放在一种彼此接近的关系中，或者至少放在一种相应的观点之下。为什么?只是因为在我们把接近关系加到相似关系上，或者把位置的相似关系加到性质的关系上时，感到一种满足。在我们很容易假设的特殊印象与它们外在原因之间的相似关系中，我们已经见到过这种心理倾向的作用。但是我们在现在这个事例中发现了这种倾向更为显著的作用。在这个例子中，我们从两个客体间的因果关系和时间上的接近关系中，另外又想象出一种空间中的结合关系，以便加强这种联系。

但是，不论我们对有广延的物体(例如一个无花果)与它的特殊的滋味在场所中的结合形成什么含糊的观念，通过反省，我们必定会在这种结合中看到某种完全不可理解的、自相矛盾的东西。因为，如果我们对自己提出一个明显的问题，即假如我们认为包含在物体范围内的滋味，是存在于物体的每一部分中，这是只存在于其中一个部分中，我们必定会立即发现自己有些茫然无措，而且发觉不可能给出令人满意的答案。我们不能答复说滋味只存在于一个部分中，因为经验使我们相信果实的每一部分都有这种滋味。我们同样不能答复说滋味存在于每一部分，因为要是这样的话，我们就必须假设它是有形状有广延的，而这又是荒谬和不可思议的。因此，我们在这里是受了两个彼此正相反对的原则的影响，即决定我们把这种滋味与有广延的客体结合起来的我们想象的倾向，以及向我们表明这种结合之不可能性的我们的理性，我们在这个对立的原则中间无所适从，既不想放弃这个，也不想放弃另一个，只是在这个问题上陷入了混乱和暧昧，以致再也感觉不到它们之间的对立。我们假设滋味存在于物体的范围之内，但它的存在方式使它充满整个物体却没有广延，而且完整地存在于每一部分之内却无需分离，简言之，我们在我们最熟悉的思维方式中就应用了“全体存在于全体，全体又存在于各个部分”，那个经院学派的原则；这个原则若是不加修饰地被提出来，是十分骇人听闻的，因为那就等于说，一个东西存在于一个地方,同时却又不存在于那个地方。

所有这些谬误的产生，全部是由于我们试图赋予完全不能占有场所的东西以一个场所,而那种试图则来自于一种倾向,即通过赋予客体以一种场所中的结合而完善那种建立在因果关系和时间中的接近关系上的结合。但是,一旦理性具有足够的力量克服偏见,那么在目前的情况下,它必定能取得胜利。因为给我们留下的只有如下几个选择:要么假设某些事物没有场所而存在,要么假设它们是有形状、有广延的,要么假设当它们与有广延的客体结合起来时,全体就是全体,全体存在于每一部分中。后面两个假设的错误证明了第一假设的真实性。此外不会有第四种意见。因为如果假设它们以数学的点的方式存在,这种假设就会把自己归结为第二种意见,并且假设几种情感可以置于圆形之中,一定数量的气味与一定数量的声音结合在一起，可以形成一个十二立方英寸的物体;而只要提到这些,就会显得荒唐可笑……

由这些关于**实体**和我们的知觉在**空间中的结合**的假设，我们可以转向另一种比前一个假设更易理解,比后一个假设更重要的假设,即关于我们知觉的原因的假设。经院学派中通常说,物质和运动,无论怎样变化,仍然是物质和运动,而且只会在客体的位置和环境上产生差异。随你将物体分割到什么程度,它仍是物体。把物体放在任何形状中,只会导致形状或者各部分的关系。以任何方式推动它,你仍会发现运动或者关系的变化。如果想象,例如圆形中的运动只是圆形中的运动,而在另一种方向如椭圆形的运动却可以成为一种情感或者道德反省，或者两个圆形物体的撞击可以变成一种痛苦的感觉，或者两个三角形物体的撞击可以提供一种快乐,那是荒唐的。因为这些不同的撞击、变化以及混合是物质惟一能有的变化,而且,由于它们不能为我们提供任何关于思想或知觉的观念，所以经院学派就断言思想永远不可能从物质中产生。

很少有人曾经能够抵挡得住这种论证的表面上的明显性，然而世上再也没有比驳倒它更容易的事情了。我们已经详尽地证明，我们永远不能感觉到原因和结果之间的任何联系，只是由于我们所得到的关于它们的恒常会合的经验，我们才对这种关系有所了解，我们现在只需对此加以反省就行了。因为所有并非正相反对的客体能够有一种恒常会合，而且由于任何实在的客体都不是正相反对的，所以我已经从这些原则中推论出，如果对这个问题进行先验的考察，那么任何事物都可以产生某种事物，而且，不论客体之间具有多大或者多小的相似性，我们决不可能发现为什么一个客体可以或者不可以成为另一个客体的原因。这就显然破坏了先前对思想或者知觉所做的推理。因为尽管在运动和思维之间不显现任何联系，可是所有其他原因和结果也都是同样的情形。把一个一磅重的物体放在杠杆的一头，把另一个同样重的物体放在杠杆的另一头，你决不会在这些物体中发现依赖于它们与中心的距离的任何运动原则，正如你不会发现思想或知觉的原理一样。因此，如果你自称要先验地证明物体的这种位置决不会产生思想，因为不论你将怎样鼓捣它，它也只是物体的一种位置；那么你必须通过同样的推理过程，断言它绝不能产生运动，因为，在后一种情况下较之在前一种情况下并没有更明显的联系。但是，因为后面这个结论与明显的经验是正相反对的，而且因为我们在心灵的活动中也可能有一种相似的经验并且还会发现思想和运动的恒常会合；所以，如果你单只是从对观念的考察中就断言运动不可能产生思想，或者断言各部分的不同位置不可能产生不同的情感或反省，那么你的推理是太仓促轻率了。另外，我们不仅可能有这种经验，而且确实有这种经验，因为人人都可以发觉他身体的不同位置会改变他的思想和情绪。如果有人说这取决于心灵与物体的结合，那么我将回答说，我们必须把关于心灵实体的问题与关于心灵的思想的原因这个问题分离开来，而且当我们只限于后面这个问题时，通过比较它们的观念，我们会发现，思想和运动是彼此各异的；通过经验，我们会发现它们是恒常结合在一起的。因果观念被用于物质的作用上时,它的内容既然就只有这些情况,我们当然可以确定地断言运动可以是,而且确实是思想和知觉的原因……

因此,如果我们对全部情况做出最后的结论:我们可以说,关于心灵的实体的问题是绝对不可理解的。我们所有的知觉无论是与有广延的东西,还是与没有广延的东西都不可能有空间上的结合。有些知觉属于这一种,有些则属于另一种。而且由于正是客体的恒常会合构成了因果关系的本质,所以就我们对那种关系有某些概念而言,物质和运动可以经常被看做思想的原因……

关于人类心灵所能想象的任何对象的作用或持续,任何先验的结论都是没有基础的。任何客体都可以被想象或者为完全不活跃的,或者在刹那间被消灭了的。凡是我们能想象的都是可能的,这是一条明显的原则。这条原则对物质与对精神同样正确,对有广延的复合实体与对简单的没有广延的物体也同样正确。在两种情况下,对心灵永恒性的形而上学的论证都是同样没有说服力的,而且在两种情况下,道德的论证和那些得自自然类比的论证都是同样强有力的,令人信服的。如果说我的哲学因此对证明宗教的论证没做任何补充的话,但是一想到我并没有削弱它们,而是使一切都保持原样,我至少可以感到满意。〕

休谟对自我这个哲学问题的贡献始于他对作为实体的自我观念的批判,笛卡尔和莱布尼茨以及他们的后学持有的这种学说认为,存在着一种单一的心灵实体,它在时间中总是保持同一,构成了我们的“印象和观念”的基础,而且在这种心灵实体中实际上“含有”——即实际上具有一种对我们的印象和观念的关系,这种关系是和洛克的物质实体与物体性质的关系相同的。休谟是这样反驳这种“久负盛誉”的观点的:

(1) 所谓“实体”和“寓存”是什么意思?这些词语从来就没有得到令人满意的解释。

(2) 我们怎么能够发现关于这种实体的任何东西?我们对这种实体不能具有一个印象,因为印象只是与它相似的实体的印象。但是,那些相信心灵是一种实体的人的出发点正是:印象与实体完全不同,而且正是由于这个原因,印象才需要一种“寓存”于其中的实体。(我们还记得相信心灵是实体性的贝克莱曾自称我们没有关于心灵实体的观念,而只有一种“相对的概念”。)

(3) 论证(2)是逻辑论证,目的在于表明:我们具有所谓心灵实体在逻辑上是不可能的。休谟以一种经验的证据即求助于经验来加强这一论证。在第5章中,他对那些实体理论家们嘲笑道:“它〔对心灵实体的印象〕是令人愉悦的,还是痛苦的,抑或是漠然的?它时时伴随我们,抑或是断断续续地光顾我们?” 在第6章中,他提出了一种骇人听闻的观点:他说当我们在此范围内考察时,我们实际上决不会得到任何诸如关于单一的、在我们一生中都保持同一的自我的观念。相反,我们通常只是遇到某种特殊的知觉或者其他的知觉,或者只是遇到一束知觉,而这些大量的个别知觉都“以令人难以想象的速度成功地相互取代”。

(4) 古代形而上学家们主张:只有实体才能(在逻辑上)“独立自存”,因此必定有一种使印象寓存于其中的心灵实体。对此,休谟回答说,既然他能想象“独立自存”的印象,那么在逻辑上它们一定能这样存在;所以根据这个实体定义,各种印象本身可以呈现为实体,并且当然无需另外一个实体支撑它们。

他断言“关于心灵实体的问题是完全不可理解的”。他找不到这种实体:只是感觉材料的集合体,松散地联系着的一条或若干条思想、意象、感觉、知觉之流。心灵只是“一束不同的知觉或者不同知觉的集合体”。所以留给他的问题是,解释清楚是什么使我们把一些知觉而不是另外一些知觉“结合在一起”从而构成任何单个心灵的历史。按照他关于物质事物的观念的论述,他同样地鄙视心灵或自我。我们今天会倾向于说,休谟试图建立某种标准以用于将某些观念正确地描述为属于个别人的心灵史,在这种场合休谟认为他自己对我们虚构地把同一性归给一整套抽象的印象和观念的倾向,提供了一种心理学的解释,因为“我们有一种……想象那种单一性和同一性的自然倾向”,而它们实际上是不存在的。

我们已经看到,逻辑或者数学意义上的绝对同一性与对人或事物的识别毫无关系,它不可能具有诸如我们因充足的经验原因而经常说出的如下命题:“我昨天见到的那位琼斯先生和我五年前在伦敦认识的琼斯先生是同一个(人)”,或者“我现在写字用的这张桌子和十五年来一直在我书房的那张桌子是同一张(桌子)”,或者“广场上的这棵核桃树和二百年来一直在那里的那棵核桃树是同一棵(树)”。我们说这些命题中有一些是正确的,另一些是错误的。由此必然得出的结论是:我们具有正确运用这类陈述的标准。这些标准在任何经验的事例中都不会相当于休谟的绝对同一性。事实上,这种标准在不同的经验事例(不同的客体)中,具有不同种类和不同程度的伸缩性和含混性。因此,休谟认为他正在推翻关于实体的形而上学,而主张(同样不可证明的)关于感觉材料的形而上学,并且另外为我们虚构地把(形而上学的)同一性归给各种不同一的(经验的)客体提供了一种心理学解释,而凡是在这种地方,他实际上是在履行一项更为有用,表面上不太激动人心的工作:当把“与……同一”这个词用于各类不同的客体时,为它的正确运用提供标准。

休谟把“虚构的同一性的赋予”解释为起因于想象,而想象由于顺利地逾越彼此分离的知觉的观念,它便趋向于不再认为观念散乱的材料,而乃是一种单一的“连续的、不变的”客体。最后为了替它自身辩护,它好像“捏造”了某种心灵、自我或者实体,这些东西如果存在的话,实际上就会是单一不变的客体。像通常一样,使想象被引向这种欺骗性的顺利推移的联想原则是相似关系、接近关系和因果关系。不过,休谟说接近关系在这里作用甚微。

正如休谟本人所认识到的一样,他自己的建设性的“自我理论”并不令人满意。他对以下的问题尤其感到迷惑不解,那就是,记忆是产生还是发现人格的同一性,即分离的印象与观念之间的某种记忆关系在“与……同一”这个词被用于人的时候,是否构成这个词的意义或者其意义的部分,或者毋宁说,是否是通过记忆的方式使我们发现一些分离的印象和观念“属于”“同一个人”的历史。这两个问题是否像休谟所认为的那种各有区别,这一点并不清楚。无论如何,休谟并没有令人满意地解释清楚,在一组印象和观念中是什么使这组印象和观念成为我们立即便称之为单个人而不是若干人或者不是任何人的历史的这种“束”。什么是这种束的联结纽带?

这里的困难之一是,我们拿不准我们究竟要一种“关于自我的理论”做什么。如果我们需要的一切是对我们事实上所用以断定“甲(在t_2时)与乙(在t_1时)是同一个人”这种形式陈述的标准的一种解释,那么答案就会相当清楚。在这类问题中,通常有一些正常地——但并非总是——彼此相互伴随的标准:

(1)我们通过一种肉体现象的连续性(当然也容许由于年龄和身体状况等产生的变化)而进行判断。这是用于我们遇到的熟人身上的第一条标准。

(2)我们很注意生理上和“心理上”的行为方式的连续性。这里值得注意的是如下半形而上学的习惯用语:“他今天不舒服”和“他愤怒得发狂”,它们指称非连续的材料,但并不持久或者猛烈得足以破坏同一性。

(3)我们主要依靠记忆。当然,我们能够直接地求助于自己的记忆,但我们也求助于别人的记忆。例如,如果我今天遇到一个自称是

1947年我在巴黎见过的史密斯先生，如果除了外表的相似以外，他对我所记得的我自己和史密斯1947年在巴黎所做的一切做了一种完全错误的解释，那么，在缺乏信息——比如说在他丧失了记忆——的情况下，这就构成了一个明白的证据，据此，我们假设他是一个冒名顶替者，即他不是他所说的史密斯先生。

这些只是关于我们所采用的那些标准的例子。但是，还有另外一些例子，这可以通过以下事实得到证明：我们非常倾向于说吉基尔博士和海德先生是同一个人，尽管吉基尔——海德的复合不能满足以上三条标准中的任何一条。我认为我们的这种倾向产生于这样的事实：当吉基尔服了一剂药变成了海德时，正在那间房子的任何人都会看到一个有形的人体连续地占据着一定容量的空间。当突然发生形体变化时，即使精神的连续性仍然保持着：比如说，如果像在卡夫卡的小说中所描述的一样，当一个人变成了蟑螂时，他的作为人的记忆仍然保持着，即使这样，我们也很少倾向于肯定这种同一性。在这种情况下，当我们说这只蟑螂是不久之前还在这张床上的那个商业旅行推销员时，我们便会倍觉紧张。从这一点似乎可以得出结论说，较之精神特征，我们更注意形体特征。第四条标准在于位居一定的时空轨迹，而且似乎比别的标准更为基本，正如只有它在关于物理客体的事例中才是基本标准一样。

当这些在绝大多数情况下都是互相配合的、并且正是由于这个原因而颇为有用的标准不能出现时，困惑便由此而生。例如，精神分裂症患者（最昭著的例子是莫顿·普林斯博士报道的萨利·博查姆，他具有不下五种人格）能满足第（1）和第（4）条标准，不能满足第（2）条标准，以不同程度的不完全性满足第三条标准；记忆缺乏症患者能满足第（1）和第（4）条标准，不能满足第（3）条标准，或许可以在不同的程度上不能满足第（2）条标准，等等。这里对“患者是什么”的困惑要少于对“应该说什么的困惑”。一些相关的事实呈现在我们面前，而我们拿不准的则是：应该不应该以“这同一个人”所包含的全部意义运用这个词。我们对应该说什么感到困惑不解，正是因为这些标准在这里正好互相冲突，这里并没有哲学困难，因为这些标准在逻辑上当然是互相独立的。我们对所谓“自我”这种单一实体的存在并没有碰到互相冲突的证据，但面临着如果我们不想使自己或别人误入歧途，就不得不确定应该说什么的问题。有时我们解释说，从某些观点来看，我们面前的这个实体是同一个人，从其他观点来看又是两个（或更多）不同的人，借此，我们试图逃避那种冲突。例如，一个正在给一名精神分裂症患者出售火车票的职员把这个患者看做一个人；一名精神病医生就可能倾向于认为他是两个人，一名被召来确定他意志的可靠性的法官，则卷入了关于患者法律人格同一性的疑难案例。

这种解释只是似乎有理，因而令人不满。因为它似乎遗漏了对自我意识这个最重要事实的解释，这种自我意识正如康德所说的，即是伴随我们全部表象的“我思”，正是它使我的特别是在行为和意志中的经验成为我的经验。我们并不满足于把这种自我意识仅仅消解为一种多余的不可反省的感觉或者“感觉状态”，把它等同于某种“中性材料”的其他元素，这些元素等待着按照全都不很确定的实用原则被划分为称做人的分离的“束”。这或许可用于辨别“一朵云”或者“一个浪”。“云”与“浪”是可以互相融合的（正如我的头痛不能——在“不能”的某种意义上——化为你的头痛一样），但是它似乎省略了一道表面上不可识破的屏障，正是这道屏障使人们彼此区分开来，使他们个人的经验——他们的优点——为他们所特有，彼此之间互不透明而无法测知，一如云和浪却正相反一样。休谟试图建立的使知觉成为一个人的知觉的各种知觉间的关系这种半机械的模式，看起来不仅不值得称道，而且与“我们所谓的人格的同一性的意思是什么”这个问题毫无关系。要辨别我们提出的问题是什么，弄清为什么当我们要求对自我进行分析时，我们总把一些答案斥为肤浅的或者似是而非的，这其中还有很多工作留待我们完成。

在上面的引文中，休谟的另外两种重要但却被忽视了的理论应该引起注意,它们是:

(1)一个客体可以存在,但却不存在于任何地方。休谟本人并不怎么运用这一格言,他努力通过这句格言表明:这样的观念必定是幻象,例如橄榄的滋味与实在的有广延的物体是在空间中结合一起的;因为橄榄的滋味是一种知觉,说它存在于空间中的任何地方是不合适的。但是,休谟忘记了,根据他的观点,橄榄的广延、大小和它的滋味一样,不多不少正是我们的知觉，他也忘了他并没有解释“在空间中的某个地方”是什么意思。除去他用这句格言只是使他陷入了前后矛盾这个事实不论,这句格言和他经常有的直觉体悟一样具有头等的重要性。说心灵(以及“存在于”心灵中的生动观念)存在于某个地方,在逻辑上是荒谬的。空间谓词并不适用于心灵或者观念。休谟以这一发现把我们从笛卡尔关于心灵在字面上处于大脑之内的图景中解放出来，洛克在某种程度上也同意这种图景,按照这种图景,正像光线以机械方式先在眼睛里然后是在视神经里,最后是在大脑里产生变化一样,因此——因果链条的最后环节——大脑以一种半机械的方式在心灵中产生观念。

(2)某些笛卡尔主义者曾经认为，物质和运动两者在种类上是如此不同,以至于二者都不可能逾越这个鸿沟以“产生”另一方。休谟指出,一旦我们认识到原因只是规则性,“恒常会合”,那么,为什么任一事物不产生任何别的事物就不能够有先验的原因。他认为在各种事物或者事件之间并没有不可逾越的“天然”屏障,并认为任何种类的事件之间的因果联系都不能被先验地排除，他的这些原则即使在二十世纪也仍值得注意。

第6节 论人格的同一性

有些哲学家认为,我们每一时刻都密切地意识到所谓我们的自我,我们能感觉到自我的存在以及它在存在中的连续性，我们可以超过论证的确实性而确信它的完满的同一性和单纯性。他们说，最强烈的感觉，最剧烈的情感，不仅不会消解我们的这种观点，反而会使我们更执着地坚持这种观点，并且使我们通过它们所带来的痛苦和快乐考察它们对自我的影响。试图得到对这种观点的进一步的证明只会削弱它的自明性，因为不能从我们如此密切地意识到的事实中得到任何证据，如果我们怀疑这一点，我们就不能确定任何事物。

不幸的是，这些独断的说法却违背了可以用来为它们辩护的经验本身，我们也并不照这里所解释的方式具有任何自我观念。因为，这种观念能得自什么样的印象呢？要想回答这个问题，不可能不陷于明显的矛盾和谬误。但是，如果我们想具有被人认为是清楚明白的自我观念的话，这个问题就必须予以回答。产生每一个实在观念的必定是一个印象。但是，自我或人并不是一个印象，而只是我们的若干印象和观念理应与之具有一种联系的东西。如果任何印象产生了自我的观念，那么它必须在我们的整个人生旅程中继续同一不变，因为自我是被假定以那种方式存在的，但是没有任何印象是恒常不变的。痛苦和欢乐、悲哀和欢喜、情绪和感觉，总是互相接替而来，从不会同时存在。因此，自我的观念不能得自这些印象中的任何一个或者得自任何其他的印象，所以也就没有这种观念。

但是，更进一步来说，根据这种假说，我们的所有特殊知觉又必定会成为什么呢？所以这些知觉都是有差别的，可以区别，彼此分离，因而能被分离开来加以考察，可以分离地存在，无需任何东西支撑它们的存在。那么，它们以什么方式属于自我？又是怎样与自我发生联系的？对我来说，当我最密切地考察我所谓我自己时，我总是碰到一些特殊的知觉，如热或冷、亮或暗、爱或恨、苦或乐。我在任何时候都决不可能把握住一个没有知觉的自我，而且我决不能观察到任何事物，只能观察到知觉。当我在一段时间里比如在睡眠中丧失了知觉的时候，我就再也感觉不到自我，说我不存在也是正确的。如果死亡消除了我的一切知觉，我不能思考，不能感觉，不能看，不能爱，也不能恨，在我的肉体解体后，我就完全消失了。我想象不出还需要别的什么使我成为一个完全的非存在了。如果有谁经过严肃而不带偏见的反省之后，认为他有一个与此不同的他自己观念，那么，我必须承认，我不能再和他推理下去了。我能向他让步的只是，也许他和我一样正确，在这一点上我们是有本质的差异的。他也许可以知觉到某种单纯而连续的东西，他称之为他自己。不过，我确信在我心中没有这种原则。

但是，撇开这类形而上学家不论，我可以大胆地断言，别的人都只是那些以难以想象的速度互相接续出现的，并且处于永恒的流动与运动中的一束不同的知觉或者不同知觉的集合体。我们的眼睛每在眼窝里转动一次都不能不改变我们的知觉。我们的思想比我们的视觉更容易变化，我们其他的感官和能力都促进这种变化，心灵没有任何一种力量会不变地保持同一，哪怕只是一刹那间。心灵是一种舞台，在这个舞台上一些知觉接续出现，来回穿梭，悄然滑逝，混杂于无限多样的情状和势态之中。严格地说来，在同一时间里，心灵中没有单纯性，在不同的心灵里也没有同一性，不论我们想象那种单纯性和同一性的自然倾向有多大。我们切不可因心灵与舞台的比较而误入歧途。只有那些接续出现的知觉才构成心灵。对于表演这些场景的地方，或者这个地方所由以构成的材料，我们连最模糊的观念也没有。

那么，是什么给我们如此巨大的一种倾向，使我们赋予这些接续出现的知觉以一种同一性，并假设我们整个一生都具有一种不变的、连续的存在？为了回答这个问题，我们必须把与我的思想或想象相关的人格同一性和与我们的情感或者我们对自身的关切方面相关的人格同一性区别开来。第一种同一性是我们目前的题目，为了彻底地解释它，我们必须对这个题目做相当深入的研究，并且说明一下我们归给植物和动物的那种同一性，因为在这种同一性和自我或者人的同一性之间有很大的相似性。

对经过一段假想的时间变化而仍保持不变的连续的对象，我们具有一个清楚的观念，这个观念我们称之为同一性或相同性。对一些连续存在着，并且被一些密切的关系联系在一起的不同对象，我们也具有一个清楚的观念。经过精确的观察，这就为我们提供了一个完善的多样性观念，就好像在客体中原来没有任何联系一样。但是，尽管同一性和相关客体的接续这两个观念本身是完全有区别的，而且甚至相反。但是，在我们通常的思维方式中，它们确是往往被人混淆在一起。我们借以考察不间断的和不变的客体，并且由以反省相关客体的接续出现的想象活动，对感觉来说几乎是同一的，而且在后一种情况中并不比在前一种情况中更需要思想的努力。这种关系促使心灵从一个客体推移到另一个客体，并且使这种推移顺利无阻，就好像心灵在沉思一个连续的客体一样。这种相似关系便是混乱和错误的原因，并且使我们以同一性的观念代替相关客体的观念。不论在一个刹那中我们如何认为相关的连续是可变的、间断的，而在下一个刹那仍然一定会赋予它以一种完满的同一性，并且认为它是不可变的、连续的。我们根据上述的相似关系而犯这种错误的倾向是如此巨大，以致我们在还没有觉察之前就陷入了这种错误。尽管我们通过反省不断地纠正自己，并还回到一种更精确的思维方式，但我们不能持之以恒地坚持我们的哲学，或者消除这种来自想象的偏见。我们最后的办法是向这种偏见屈服，并且大胆地断言这些不同的相关客体实际上是同一的，不论怎样间断而容易变化。为了向我们自己证明这种谬误的合理性，我们经常炮制某种新奇的、并且是不可理解的原则把客体联系在一起，并且防止它们的间断或变化。这样，为了消除这种间断，我们便虚构了我们的感官知觉的连续存在；为了掩盖这种变化，我们便得到了心灵、自我及实体的观念。但是，我们可以进一步看到，凡是我们不产生这种虚构的地方，我们混淆同一性与客体间关系的倾向却是如此巨大，以致我们很容易想象，在它们之间的关系之外，还有某种不可知的神秘东西可以联系各个部分。我认为这和我们归之于植物和蔬菜的同一性的情形是一样的。而且即使在这种情况没有发生时,我们仍然会感觉到混淆这些观念的倾向,尽管在那种情况下我们也不能完全使自己感到满意,也不能发现任何不变的、连续的东西来为我们的同一性观念辩护。

因此,关于同一性的争论并不只是语词之争。因为当我们在不甚恰当的意义上把同一性归之于一些容易变化或间断的客体时,我们的错误并不限于表达,而是通常都伴有一种虚构,或者虚构某种不变的、连续的东西,或者虚构某种神秘的、不可解说的东西,或者至少带有做出这种虚构的倾向性。对每一个公正的研究者来说,能够使这种假说证明得令人满意的是,通过日常经验和观察表明,那些可变的间断的但都被假定为保持同一的客体只是由各部分的连续构成的,是通过相似关系、连续性或者因果关系联系在一起的。因为,既然这种连续显然符合我们的多样性观念,那么就只能是由于错误我们才赋予这种连续以同一性;既然把我们导入这种错误的各部分的关系实际上只是产生观念的结合,并使想象从一个观念到另一个观念的推移顺利无阻的一种性质,那么这种错误就只能产生于一种相似关系,即我们心灵的这种活动与我们用来思维同一而继续的客体时的那种心灵活动的相似关系。因此,我们的主要任务必定是证明:在我们尚未观察到它们的不变性和非间断性时就赋予它们以同一性的所有客体,都是由相关客体的连续构成的那样一些客体。

为了证明这一点,假设我们面前有任何一团物质,它的各部分都是接近的、联系着的,如果它的各部分都连续地、不变地保持同一,那么不论我们在这团物质的全体或某一部分看到什么运动或场所的变化,我们显然一定会认为这团物质具有完满的同一性。但是,如果假设给这团物质加上某一非常小或者细微的部分,或者从中减去这个部分,尽管严格地说来这绝对地破坏了整体的同一性,不过由于我们的思想很少那样地精确,所以我们会毫不犹豫地断言,我们所见的那个变化很小的物质团仍然是同一的。思想从变化前的客体推移到变化后的客体,是如此顺利无阻,以致我们很少察觉到这种推移,而且使我们很容易认为这种推移只不过是对同一客体的连续考察。

这一试验还伴随着一个非常值得注意的情况,即,尽管在一团物质中,任何重要部分的变化都会破坏整体的同一性,但我们必定是通过这个部分对整体的比例,而不是借绝对的标准来衡量这个部分的大小。虽然稍许几时的变化便会破坏某些物体的同一性,但增加或减少一座山并不足以在一颗行星中引起异样。除非借助下面的反省,我们便不可能解释这一点:各种客体并不是按照它们的实际大小,而是按照它们彼此之间的比例而作用于心灵的,并照此阻断或间断心灵活动的连续性。因此,既然这种间断使一个客体不再显得同一,那么,必定是思想的不间断的进程构成了这种不完满的同一性。

这一点还可以通过另一个现象得到证实。一个物体中任何一个重要部分的变化都会破坏它的同一性。但值得注意的是:在这种变化是逐渐地、不知不觉地产生的地方,我们便不易认为这种变化具有同样的效果。显然,原因不外是这样的,心灵在紧随物体的接续变化时,感觉到很容易从观察物体在此一刹那间状态过渡到观察它在另一刹那间的状态,而且在任何特定的时间都感觉不到心灵活动有任何间断。从这种连续的知觉中,心灵将一种连续的存在和同一性归于那个客体。

但是,不论我们如何谨慎地把这些变化逐渐引进,并使这些变化与整体形成比例,可以确定的是,在我们最终看到这些变化是相当大的时候,我们对赋予这些不同的客体以同一性便感到犹豫不决。但是,我们还有另外一个用来促使想象更进一步的手段,那就是,使各部分之间产生一种联系,并与某种共同目的或目标结合起来。一艘船由于屡经修理,而使重要部分发生了变化,但仍被看做是同一艘船,各种材料的差异也不会妨碍我们赋予它以一种同一性。各部分所谋求的共同目的,在它们的各种变化之后,仍保持同一,并使我们的想象顺利地从物体的一种情况推移到另一种情况……

现在,我们进一步来解释人格同一性的本质,这在英国,尤其是近年来,已经变成了一个如此重大的问题;在英国,人们对所有深奥的学说都以一种特有的热忱和勤奋加以研究。在这个问题上,显然,在解释植物、动物、船舶、房子及一切人工的和自然的复杂不变的产物的同一性所曾成功地运用的那个推理方法,在这里仍然必须继续运用。我们赋予人心的同一性只是一种虚构的同一性,而且与我们归之于植物或动物体的同一性相类似。因此,这种同一性不可能有不同的来源,而必定来自想象对相似客体的相似作用。

这种论证尽管在我看来是完全具有决定性的,但恐怕它仍然不能使读者信服,所以就请他衡量一下下面这个更缜密、更直接的推理。显然,我们归之于人心的那种同一性,不论我们可以把它想象得怎样完满,也不能使一些不同的知觉化而为一,并使那些知觉丧失作为它们基本要素的区分和差异的特征。这一点仍是正确的:进入人心组织中的每一个别的知觉都是一个各别的存在,并且与其他各个知觉(不致是同时的或接续的)都是有差别的,可以区分的,可以分离开来的。但是,尽管有这种区分和分离性,我们仍假设整个一系列的知觉是被同一性联结在一起的,由于这一点,对这种同一性的关系自然会产生一个问题:同一性是把我们若干知觉真正地结合在一起的某种东西,还是只把这些知觉的观念在想象中结合起来的某种东西?换言之,那就是,在声言人的同一性时,我们是观察到了他的各种知觉之间的真实联结,还是只感到对我们所形成的关于知觉的观念之间有一种联结?前面我们已经详细地证明过,理智决不会觉察到客体之间的任何实在的联系,而且即使是因果之间的联系,当它被严格地考察时,也会把自身化解为观念的习惯性联想。只要我们在回复到这个证明,上面这个问题便很容易解决了。因为由此会明显地得出这样的结论:同一性并不是真正地属于这些不同的知觉并把它们联结在一起的任何东西，而只是我们归之于这些知觉的一种性质，我们赋予它们这种性质是因为在我们反省这些知觉时，这些知觉的观念便在想象中结合起来的缘故。而我们能在想象中把各种观念联结得起来的惟一性质是前面曾提到过的三种关系。这些关系是理念世界中的联系原理，没有它们，每一独立的客体就会被心灵分离，并且被分离地加以考察，而且任何其他的客体似乎没有什么联系，就像它们因最大的差别和遥远的距离而漠不相关一样。因此同一性正是依赖于相似关系、接近关系和因果关系这三种关系中的一两种关系的。而且由于这三种关系的本质正在于它们产生各种观念的顺利推移，所以我们的人格同一性观念，完全是由于思想依照了上面解释的原则，沿着一连串关联着的观念顺利而没有间断地进行下去产生的。

因此，剩下的惟一问题是，当我们考察心灵或思维着的人的连续存在的时候，我们的思想这种不间断的进程是通过什么关系产生出来的？这里，我们显然必须把自己局限于相似关系和因果关系，撇开接近关系，因为，在现在的情况下，这种关系作用甚微，或者根本就没有作用。

先从相似关系谈起。假设我们能洞察别人的心胸，并且能看清构成他的心灵或者思维原则的那种知觉的连续；又假设他总能保持对过去知觉的重要部分的记忆，那么显而易见，再也没有什么比这个情形能更有助于给予层层递变中的这个连续现象以一种关系了。因为记忆不就是我们唤起过去知觉的意象的一种能力吗？而且既然意象必定类似于它的对象，那么使这些相似的知觉常常处于思想系列中，岂不必定使想象更容易地从一个环节过渡到另一个环节，并且使整个系列看上去像是一个客体的连续吗？因此，在这一点上，记忆不仅显现同一性，而且借助于产生知觉间的相似关系而有助于同一性的产生。不论我们考察自己还是考察别人，情况都是一样。

至于因果关系，我们可以看到，人心的正确观念是把它看做由那些被因果关系联结在一起的、互相产生、互相破坏、互相作用、互相限制的不同知觉或不同存在组成的系统。我们的印象产生它们相应的观念;反之,这些观念又产生其他印象。一个念头驱走另一个念头,其后又引进第三个念头,反过来又被第三个念头驱走。在这方面,再也没有把心灵比做一个共和国更为合适的了。在这个共和国中,各个成员被统治与服从这种相互关系联系着,而后生出其他的人,后人继承着前人,不断更替地来传续同一个共和国。同一个共和国不仅改变其成员,而且也改变其规律和制度;类似地,同一个人不仅改变他的性格和气质,而且也改变他的印象和观念而不失其同一性。不论他经受什么样的变化,他的若干部分仍通过因果关系联系着。依据这种观点,通过使我们一些彼此分离的知觉互相影响,并通过随时对过去或未来的苦或乐赋予一种关切,情感方面的同一性就可以用来证实想象方面的同一性。

因为只有记忆使我们熟识这种连续性和这种知觉的连续范围,所以主要是由于这个原因,它就被看做人格同一性的来源。如果我们没有记忆,我们就决不会有任何关于因果关系的观念,因此也就不会有任何关于构成我们的自我或人格的那种因果系列的观念。但是,一旦从记忆中得到这种因果关系的观念,我们就可以把这个因果系列,并且因而把我们的人格同一性扩展到我们的记忆之外,还能把我们已经完全忘记了的、但又一般地假设它存在的时间、环境和行动包括在内。因为我们能记住的过去的行动是多么少呢?比如说,谁能告诉我1715年1月1日、1719年3月11日、1733年8月3日他在想什么和干什么呢?或者他是否会因为他完全忘记了那些日子里的事件而断言现在的自我和那时的自我不是同一个人,并且由此推翻所有关于人格同一性的最确定的观念呢?由此,在这种观点看来,记忆与其说是产生了人格同一性,不如说是通过向我们表明我们的不同知觉之间的因果关系而显现了人格同一性。那些断言记忆完全产生我们的人格同一性的人们应该义不容辞地解释为什么我们能够这样把我们的同一性扩展到记忆之外去。

整个这种学说把我们导向一个对目前这个问题具有极大重要性的

结论:关系人格同一性的一切微妙而深奥的问题都不可能得到解决,与其把它们看做哲学难题,还不如看做语法难题。同一性依赖于观念间的关系,而这些关系正是通过它们所发生的顺利推移而产生同一性的。但是因为这些关系以及这种顺利的推移会以不可感知的程度减弱，所以我们就没有正确的标准来解决关于它们何时得到或失去这种同一性的争论。正如我们已经看到了的一样,除了各部分的关系产生某些虚构或想象的联系原则以外，所有关于联系着客体的同一性的争论都只是些废话冗词。

我所说过的关于同一性概念(在运用于人类心灵上时)的最初来源及其不确定性的话,无需多少变动或者根本就不需变动,就可以被扩展来用于单纯性的概念。各个并存部分都被一种密切关系联结在一起的一个客体,一定会像一个完全单纯而不可分的客体那样作用于想象,无需更大的思想努力就可以进入想象。根据这种作用的相似性,我们就赋予对象一种单纯性，并且虚构一种联系的原则作为这种单纯性的支撑和客体所有不同部分与性质的中心。

这样，我们便完成了对若干关于理智世界和自然界的哲学体系的考察,在我们各种各样的推理方式中,我们曾被引入若干论题,这些论题或者表明并证实了本书的前部分,或者为下面的主张廓清了道路。现在该回过头来对我们的题目做出更加细密的考察，并且在已经充分说明了我们判断和理智的本质之后,进而精确地剖析人生。〕

休谟对自然必然性、原因、实体、同一性、人格、词的关系、概念和事物等概念所做的划时代的分析就介绍到这里。在这种分析的最后他感到了一种理智上的强烈的不安，在他后面著名的陈述所提出的这种不安,带有他的哲学引他而至的怀疑主义那种典型的坦率和魅力。只要他以与“玩双六”相反的态度进行推理,他就会“被最深沉的黑暗包裹着”,而且不能给出相信某一事物的很好的理由。只有自然——他以信任和爱慕的眼光看待它——能将他从这种“哲学的忧郁症和迷惑症”中解救出来。哲学把他拉上一条道路,但“自然的倾向”却把他导向被普通人所接受的“对一般原理的信仰”,尽管这些原理可以证明是错误的。但是,至少他的“傻气”,如果不能避免的话,是“自然的、而且令人愉悦的”。然而,我们已经看到,休谟的结论并非像他想的那样荒谬或者粗鲁地违背常识。他所做的一切是想揭露一些人论证的错误,这些人要求自然中有一种必然的联系,或者要求牢不可破地保证自然未被观察到的部分类似于已被观察到的部分,或者寻求构成一切物体同一性基础的、来自假设因而不可观察的物质实体,或者寻求一种处于每个人的心灵之下或之内、简单的、连续的、永恒的、不可观察的自我。休谟表明了:提出这样的要求既不想弄清人们所要求的是什么,也不想追问什么是逻辑上不可能的东西。在论述中,他对原因观念实际发生作用的方式,对物质和人格同一性的观念,对经验和先验命题之间的关系,都得出了创造性的见解,并因此在这些题目上引起了其结局至今尚未揭晓的巨大争论。

〔**第7节 本章的结论**

……因为我已经表明理智在按照它的最一般原理单独行动时,完全推翻了它自己,而且无论是在哲学还是在日常生活的命题中,都不能留下最低程度的确实性。我们只是通过想象独特而且表面上浅薄的特性才把自己从这整个的怀疑主义中拯救出来,由于这种特性我们难以表达事物的远景,而且不能像我们对那些更容易更自然的事物那样对它们伴以同样可感的印象。那么,我们是否可以确立一条一般的原理说,任何精细微妙的推理都不应当接受么?请细心考虑一下这种原理的结果。通过这种方式你就完全割裂了一切科学与哲学:你根据想象的一个特性而进行推理,你就必须根据平等的理由接受它们的全部性质。既然这个原理必须建立在前面的推理之上……你在表达上就是自相矛盾的。那么,在这些难题中,我们应该选择哪些?如果我们接受这个原理,因而斥责所有精细的推理,那么我们就会陷入最明显的荒谬。如果我们反对这个原理而赞同这些推理,我们就会完全推翻人类的理智。因此,我们要么选择一种假理性,要么就毫无理性,这是剩下的惟一选择,舍此别无其他。至于我,我不知道在现在这个问题上应该做什么。我只能说出平常人所做的,那就是,这个难题很少或者根本就没有被想到过,即使它一朝呈现给心灵,也很快就被遗忘了,只留下一个模糊的印象。非常精微的反省对我们也影响甚微,或者没有影响,但我们不会,也不能确立一条原理说,这些反省不应该有任何影响,这一说法显然包含着矛盾。

但是我这里所说的,非常精细的形而上学的反省对我们影响甚微,或者根本没有影响,那是什么意思呢?根据我现在的感觉和经验,我不能不取消和摒弃这种意见。关于人类理性中这些多重矛盾和缺陷的执著的观点,使我如此激动,并且刺激了我的头脑,以致使我准备抛弃一切信仰和推理,甚至不能认为任何意见比其他意见更为可靠或者更为可能。我存在于什么地方?我是什么?我的存在得自什么原因?我将返回到什么状态?我应该追求谁的恩宠,惧怕谁的愤怒?有什么样的存在物环绕着我?我对谁施与了某种影响,谁又对我施与了某种影响?我被所有这些问题迷惑了,我开始想象自己处于可以想象的最可悲的状态中,被最深沉的黑暗包围着,并且完全被剥夺了每一器官和每一官能的运用能力。

最幸运的是,虽然理性不能消除这些疑云,自然本身却足以达到那个目的,并且治愈了我的哲学忧郁症和迷惑症,要么通过缓解心灵的癖好,要么借助于一些爱好,和我的感官的生动印象,消除了所有这些幻想。我就餐,我玩双六,我谈话,并和朋友们纵情欢乐,三四个小时之后,当我返回这些思辨时,它们显得如此冷酷、牵强而可笑,以致我发现再也无心进一步做这类思辨了。

因此,这里我发现自己绝对必然地命定要生活、谈话、行动,就像日常生活中的其他人一样。但是,尽管我的自然倾向,以及我的生气和情感的趋向,使我回到对世界上一般原理的这种消极信仰,但我仍觉得先前的那种心绪仍保留着,以致我准备把我们所有书籍和论文都扔进火堆,并决心再也不能为了推理和哲学而放弃人生的快乐。因为这些都是愤怒支配着我时所发的意见。在听从我的感觉和理智时,我就会而且必须顺从自然的倾向,而在这种盲目的顺从中,我就最完全地表明我的怀疑主义倾向和原则。不过,我是否必须竭力反对这种把人导向懒散和快乐的自然倾向呢?我是否必须使自己在某种程度上断绝与人们之间的如此令人愉快的社会交往呢?当我对从事玄思和诡辩的痛苦和勤奋是否合理尚不能得出满意的答案,并且没有多大的希望通过这种途径达到真理的确定性时,我是否还必须绞尽脑汁、惮精竭虑呢?我有什么义务如此浪费时间呢?它能用来达到什么目的呢?是于人类有益,还是可以用来达到我自己的私人利益?不能。正像所有进行推理和信仰某一事物的人都一定是傻瓜一样,如果我要做傻瓜的话,我的傻气至少应该是自然的、令人愉悦的。当我竭力反对自己的倾向时,我必须有反对自己的正当理由,我再也不想被导入前面曾遇到的凄凉的孤寂和险恶的路途去彷徨犹疑了……

我曾经抱着一些希望,以为我们关于理智世界的理论,不论有多大的缺陷,总可以摆脱人类理性所能给予物质世界的每一说明似乎必然伴有的那些矛盾和谬误。但经过对人格同一性那一节的较严密的检查,我发现自己竟陷入了迷宫般的困境,以至于我必须承认,我既不知道怎样纠正我以前的主张,也不知道怎样使它们首尾一贯。如果这对怀疑主义来说不是一个正当的一般理由,对我来说,它至少是一个充分的理由(如果我还没有得到大量补充理由的话),使我在我的所有判断中都保持怀疑和谦逊的态度。我将提出这两方面的论证,首先提出那些促使我们否认自我或思维的存在物的严格的、特有的同一性和单纯性的那些论证。

当我们谈论自我或实体时，我们必须有一个附着于这些名词的观念，否则，它们就是完全不可理解的。每个观念都是从先行的印象中产生的，而我们对自我或实体并不像对简单的个体事物那样具有印象，因此，在那种意义上，我们就没有关于自我或实体的观念。

凡是各别的东西，都是可以区别的，凡是可以区别的东西，都是可以被思想或想象加以分离的。一切知觉都是各别的，因此，它们就是可以区分、可以分离的，并且可以被想象成分离地存在着，因而可以分离地存在，这并没有任何矛盾和谬误。

当我观察这张桌子和那个烟囱时，呈现给我的只是特殊的知觉，这些知觉与所有其他的知觉具有一种相似的本质。这是哲学家们的学说。但是，呈现给我的这张桌子和那个烟囱，可以而且确实分离地存在着。这是一般人的说法，而且并不包含矛盾。因此，把这个学说扩展到所有其他知觉时，并没有矛盾。

一般来说，下面的推理似乎是令人满意的。所有观念都得自先行的印象，因此，我们关于客体的观念，也得自那个源泉。所以，凡是关于客体的可以理解的或一致的命题对知觉来说也没有不是这样的。但是，如果说客体是各别地、独立地存在着的，而无需任何共同的单纯的实体或寓存的主体，也是可以理解的，不矛盾的。因此，这个命题对知觉来说永远不会是荒谬的。

当我把我的反省转向我自己时，我从来不能察觉这个自我而没有某一种或更多的知觉，而且除了知觉外，我也不能发现任何东西。因此，正是这些知觉的组合构成了自我。

我们能设想一个思维的存在物具有或多或少的知觉。假设心灵降到甚至低于一个牡蛎的生命阶梯之下，假设它只具有诸如饥或渴这样一种知觉。请在那种情况下仔细考虑一下，仅仅除了知觉以外，你还能设想任何东西吗？你有任何关于自我或实体的观念吗？如果没有，加上别的知觉也决不能给你提供那个概念。

一些人所假设的随死亡而来的、并且会完全消灭自我的寂灭，也只是所有特殊知觉的灭绝而已。例如爱和恨、苦和乐、思想和感觉。因此这些知觉与自我必定是同一的，因为二者谁也不能比谁存在得更长久。

自我与实体是同一的吗？如果是同一的，那么关于实体变化后，自我仍然存在的问题是怎样发生的呢？如果它们是个别的，那么二者的差别又是什么？在我看来，当它们被认为是与特殊的知觉有差别的时候，我对二者之中的任何一个没有任何观念。

哲学家们开始信从了这个原理，即，离开了各个特殊性物质的观念，我们便没有外界实体的观念。这就必定会为关于心灵的相似原理廓清道路。这条原理就是：我们对心灵没有任何有别于特殊知觉的观念。

至此，我似乎得到了充分的证据。但是，在这样分离我们所有的特殊知觉之后，当我进而解释把这些知觉联结在一起并使我们认为它们具有实在的单纯性和同一性的联系原理时，我发现我的解释是很有缺陷的，而且也只是前面的推理的表面证据，才促使我接受这个解释。如果各种知觉是各别的存在，那么它们便只是通过被联结在一起才形成一个整体。但是，在这些各别的存在中，没有任何联系是可以被人类理智发现的。我们只是感觉到思想从一个对象推移到另一个对象的联系或确定性。因此，必然的结论是：只有思想——在它反省构成一个心灵过去的一系列知觉时——才发现人格的同一性。这些知觉的观念被觉得是联系在一起的，而且自然地互相引导。不论这个结论看起来多么奇特，我们也不必为此惊异。大多数哲学家似乎倾向于认为人格的同一性产生于意识，而意识只是被反省的思想或知觉。因此，就此而论，我们现在的哲学是颇有前途的。但是，当我进而解释在思想或意识中联结我们前后接续的各种知觉的原理时，我的全部希望便都消逝了。在这个问题上，我不能发现任何使我满意的理论。

简言之，有两个我不能使它们彼此一致，也不能抛弃其中的任何一个的原理。它们是：我们所有各别的知觉都是各别的存在物，而且心灵在这些各别的存在物之间永远不能发现任何实在的关系。如果我们的知觉寓存于某种简单的、个体的事物中,或者,如果心灵在这些知觉之间发现了某种实在的关系,那么在这种情况下就没有什么困难了。就我来说,我必须要求一个怀疑论者的特权,并且承认,这个困难太大了,不是我的理智所能解决的。然而,我也并不冒昧地宣称这个困难是绝对不可克服的。其他人或者我自己经过更成熟的反思之后,也许会发现某种假说,用来调和这些矛盾。〕

第五章
托马斯·里德

托马斯·里德一生始终平凡无奇。他的生平经历具有其时代、国家和环境的特点。他出生于1710年，二十七岁时成为苏格兰教会一名牧师，曾在阿伯丁教授哲学，1764年在格拉斯哥继亚当·斯密之后担任道德哲学教授。在他七十五岁时出版了他最著名的著作《人类智力论》。里德于1796年逝世。

里德哲学观点的重要性主要在于：他大胆地试图恢复关于外部世界的“常识”的观点以反对贝克莱和休谟所引起思想混乱的奇谈怪论。尽管洛克做过种种努力以跳出每一个单独的观察者都被禁闭于其中的他自己“观念”的魔圈；尽管贝克莱一再申辩他的观点与普通人的观点完全一致，申辩他的所谓“观念”就是通常被称为“事物”的东西，并且申辩说，并不是他而是那些主张不可见的微粒与不可感知的性质的神秘活动的物理学家，才对虚构出一个远离熟悉的人类世界的奇怪而不可理解的宇宙负有责任；尽管休谟虚心假意地宣称，寻找一个在感官“印象”和“观念”（它们只不过是暗淡的“印象”）“之后”或“之外”的坚实的实在是无意义的；尽管他们做了所有这些申明，在这种彻头彻尾的现象主义中的确仍然存在着一种不可否认的唯我论形而上学的倾向。这确实意味着没有任何一种存在不是在观察者的认知之中的，而那坚实的

“客观”世界就被消融于各种特殊意识之流的“主观”经验之中，而这样的意识之流在彼此的关系中组成了一切存在的东西。里德试图通过如下的论证来一刀斩断这个死结：即使贝克莱坚持的主张是正确的，即感觉实际上纯粹是主观的，声音、气味、滋味、颜色的感觉只在被听到、嗅到或看到时才存在，正如疼痛只存在于疼痛的感觉之中那样；物理的东西既不能嗅也不能看，当然不会具有这类感觉，就像它们也不能感觉疼痛一样。但是，只要我们不被幻觉困扰，我们就决不能由此得出结论说，那些通常恰恰具有我们认为它们具有的这类性质的物质客体是不存在的。我们实际上不是感觉到这些性质(各种感觉是私人的和主观的)，而是感知到它们，感觉是感知的诱因，感知伴随感觉而发生，在普通谈话中我们并不费心把感知从感觉中区分出来，因为只有“哲学家”才对这一区别感兴趣。由于持有这一理论，里德堪称是英国(实际上是英美)“实在论”之父。从他传下来的“苏格兰”学派或曰“常识”学派勾画了他们的探讨的轮廓，这种探讨(主要见于摩尔及其追随者们的著作)采取了这样的形式：坚持认为诸如“知识”和“熟知”一类语词，如果不能被恰如其分地应用于我们生活中最熟悉的客观事实，它们就毫无意义。这类事实包括：我们生活在一个容纳着三维的椅子的空间里，我们知道我们偶然地坐在这些椅子上，我们知道我们的身体从来未曾上升到离地面几千英里的高空，如此等等。因为如果为了赞同某种理论上的考虑而否认这一点，就是否认我们关于外部世界的全部思想所必须依赖的前提，就是否认科学信念或常识信念的共同基础——这些信念认为：存在着一个由公共对象组成的外部世界，这些公共对象是可以被讨论的，它们是我们的符号(无论是语词还是意象)所要指示的，而且惟有这些符号才使交流成为可能。他们坚持认为，否认或者怀疑这一点就是自命不相信那些公理，如果我们不想使我们的论证完全无效的话，就不可避免地必须以这些公理为一切的出发点，并且以其为一切的归宿。因为，批判性的思维可以阐明观念，重新整理它们并使之系统化，对它们的类型和用法进行分类，消除混淆和谬误，但是，它不能单靠它本身提供关于宇宙的信息，这种信息可以取消或改变人类直接经验的基本资料。对于这个现代哲学的中心学说，里德第一个给予了有力的支持。

下面的摘录选自《人类智力论》(第2篇论文)。

〔**第14章 关于观念的一般理论的反思**

……当我们看见太阳或月亮时，我们毫不怀疑我们直接看到的这些对象与我们相距甚远，而且它们彼此也相距遥远。我们一点儿也不怀疑，这就是上帝在数千年前所创造并从那时起一直在天空中运转的那个太阳和月亮。但是，当哲学家告诉我们说我们把这一切都搞错了的时候，我们是多么吃惊啊；他们说，我们所看见的太阳和月亮并不是像我们想象的那样与我们之间和它们彼此之间都相隔万里之遥，而是都在我们的心灵中；在我们看到它们之前它们不曾存在，并且当我们停止感知和思考它们时它们又将不复存在；因为我们所感知的对象仅仅是我们自己心灵中的观念，一旦我们停止思考它们，它们就不能再多存在一秒钟!

如果一个未受过哲学教育的普通人有信心接受这些故弄玄虚的观点，那么他的震惊该是多么巨大呀!他被带进了一个新的世界，他在那里所见、所尝或所触的每个东西都是一个观念——一种刹那生灭的存在物，他能使它在眨眼之间魔术般地成为存在或归于消灭。

当他的理智多少恢复冷静以后，自然要询问他的哲学导师：请问先生，那么是否不存在那种无论我们想到它们与否都会持续存在的、被称为太阳和月亮的、物质的和永恒的存在物?……

第16章 论感觉

……几乎我们的一切感知都有经常伴随着它们的相应的感觉，因此二者很容易混淆。我们也不应该指望感觉和与之相应的感知能在普通语言中被区别开,因为普通生活的目的并不需要这种区别。语言生来就是为平常谈话的目的服务的,我们没有理由期望它应当产生不属于普通用法的特性,因此,一种被感知的性质和与这种感知相应的感觉就常常被冠之以同样的名称。

这种情况使得我们大多数感觉的名称具有了二重意义,这种二义性一直使哲学家们大为困惑。有必要举例说明我们的感觉和感知的对象之间的区别。

当我嗅一朵玫瑰花时,在这个动作中既有感觉又有感知。如果单独考虑我所感受到的令人愉快的香味而不关联到任何外界对象的话,它就仅仅是一个感觉。它以某种方式影响心灵;我们可以设想这种对于心灵的影响而不必想到玫瑰花或任何其他对象。这个感觉只能是它被感受到的状态本身,而不能是任何别的东西。感觉的本质就在于被感受到,而当它没有被感受到的时候,它就不是感觉。感觉和对感觉的感受之间没有任何差别——它们完全是同一个东西。正是由于这个缘故,我们以前注意到,在感觉中没有任何不同于这种心灵活动(通过心灵的这种活动我们感受到感觉)的对象——而且这一点适用于一切感觉。

接下来让我们看一下嗅玫瑰花时我们所具有的感知。感知总是有一个外界对象;在这个例子中,我的感知对象是我凭嗅觉辨认出来的玫瑰花的那种性质。由于我注意到,当玫瑰花近在眼前时这种令人愉快的感觉就出现,而当它被移开时这种感觉就停止,因此,我的本性引导我断定有某种性质存在于玫瑰花中,而这种性质就是这种感觉的原因。玫瑰花中的这种性质是被感知的对象;而那种我借以获得对于这种性质的确信和信念的我心灵的活动,在这个事例中我称之为感知。

但是这里应该注意到,我感受到的感觉和我感知到的存在于玫瑰花中的性质,二者都被冠以同样的名称。玫瑰花气味就是给予二者的名称,因此这个名称有两种意义;区别它的不同意义就可以消除一切困惑,并且使我们能够对哲学家们一直争论不休的问题给予明白清楚的回答。

这样一来，如果有人问这种气味究竟是存在于玫瑰花之中还是存在于感受到它的心灵之中，那么答案是显而易见的：玫瑰花气味所意指的有两种不同的东西；其中一种存在于心灵之中，而且只能存在于一个有感觉能力的存在物之中；另一种确确实实、完完全全存在于玫瑰花之中。我感受到的感觉存在于我的心灵之中。心灵是有情感能力的存在；由于玫瑰花没有感觉能力，因此在它之中不可能有感觉，也不可能有任何类似感觉的东西。但是，我心中的这种感觉是由玫瑰花中的某种性质所引起的，这种性质和这种感觉都用同样的名称来称呼，并不是由于它们的任何相似性，而是由于它们经常相互伴随。

我们用以称呼气味、滋味、声音及不同程度的热和冷的一切名称都具有类似的二义性；我们关于玫瑰花气味所说的话都可以适用于它们。它们既表示一种感觉又表示靠这种感觉而感知到的一种性质。前者是符号，后者是被意指的东西。由于二者本性上就是结合在一起的，而且由于普通生活的目的也不需要在我们的思想中将它们分开，因此它们都用同样的名称来表达；并且这种二义性可以在一切语言中发现，因为它的理由在一切语言中都存在。〕

第六章
孔狄亚克

埃蒂耶纳·博诺·德·孔狄亚克是一个十八世纪典型的无神论的神父。他生于1715年，当他加入神父的行列时并没有对自己的唯物主义信念感到明显的不安。他一生过着一个法国启蒙运动学者的生活。他于1780年逝世。他的著作对于十九世纪法国和欧洲的自然主义具有比一般所想象的要大得多的、虽然往往是间接的影响，特别是在文学和通俗科学方面。

孔狄亚克也许是法国“感觉论”哲学家中最典型的代表。作为洛克的忠实信徒，他确信一切精神过程都可以被分解为由不能再分解的感觉基本单位构成的原子成分。为了证明这一点，他运用了著名的关于塑像的形象比喻，一个塑像被一个接一个地逐渐赋于新的“感官”——嗅觉、味觉，等等；并试图以这种方式一点一点地“建构”起正常的人的世界，从而表明这个世界中的每个东西都完全可以分解为在各感官正常的相互作用下产生的感官物理作用的结果。洛克理论中的困难之一就是对判断的说明——判断是我们对于资料做出肯定和否定，相信和不相信，总之对它们进行反省的能力，而不仅仅是就如它们雨点般落在被动的白板(心灵被设想成这样)上那样记录它们的能力。诸如反省和判断这种经验似乎需要比较、区别、分类等等活动，看起来显然与纯粹被动的摄影胶片(白板就与此类似)是不相容的。孔狄亚克试图改进洛克对于“反省的观念”的不恰当的描述,他把它们解释为“注意”的结果,而注意在他看来仅仅是另一种感觉。不能认为他的理论是成功的,任何一个费心读过康德或芒·德·毕朗著作中有关议论的人都可以自己看出这一点。注意、比较、信念、知识不能被等同于“纯粹的感觉”,纯粹的感觉大概就是纯粹的感受性,它没有反身转向自己的能力,它也不能从无差别的“原料”中选择、权衡、拒斥和建立理论,根据假设,它本身充其量不过就是原料而已。感觉的序列不能变成对序列的感觉。所有那些把知识等同于感觉或把信念等同于原子资料的序列的人,从孔狄亚克到卡尔纳普,都遇到了类似的困难。但是,孔狄亚克对实际感觉做了精细的分析,这些感觉构成的我们经验的部分超过迄今所允许的限度,他强调指出注意的中心重要性,所有这些仍然是饶有趣味的。

下面的段落选自《感觉论》(1784)。

〔自从有了双重的注意的时候起,也就有了比较,因为注意两个观念或比较两个观念乃是一回事。然而,如果不在它们之间觉察到某种差别或某种相似,是不能比较它们的;觉察到这类关系就是进行判断。因此,比较的活动和判断的活动无非就是注意本身;正是以这种方式,感觉相继变成了注意、比较、判断。

我们所比较的对象具有许多关系,这或者是因为它们给我们的印象本身就完全不同,或者是因为这些印象仅仅有程度上的差别,或者是因为这些印象虽然其本身相互类似,但在每个对象中的结合却不同。在这些情况下,我们给予对象的注意就从囊括它们引起的一切感觉开始。但是,由于这种注意被分割为很多部分,因而我们的比较就是模糊的,我们单独把握到的关系是混淆的,我们的判断也是有缺陷的或无把握的。因此,我们不得不把我们的注意从一个对象转移到另一个对象,分别考虑它们的性质。例如,判断它们的颜色之后,我们再判断它们的形状,然后再判断它们的大小;以这种方式判断完对象给予我们的所有感觉,我们依靠一系列的比较和判断发现了存在于对象之间的种种关系,于是这些判断的结果就是我们形成的关于每个对象的观念。被如此定向的注意就像一束光线从一个物体反射到另一个物体以便照亮它们二者,我把这称做反省。这样,感觉在变成注意、比较、判断之后,又以变成反省而告终。]

第七章
拉美特利

朱利安·奥弗雷·德·拉美特利生于1709年。作为一位职业医生，他受到普鲁士腓特烈大帝的庇护，并且由于他的著作《人是机器》和《人是植物》的亵渎内容而获得了名声。他在四十一岁时英年早逝。他的著作是最早的、充分发展的行为主义的论文。根据他的理论，人的每一种性格和活动都能以一种纯粹机械的解释来充分说明其原因；“第二性的”原因是公开显露着供我们所有人研究的；“原始的” 原因是隐秘的终极原因，上帝和大自然通过它们而起作用——虚构的事物对于拉美特利来说就像那些形而上学的“翅膀”，人们徒劳地试图用它们翱翔于耐心的经验研究所走的艰苦缓慢的道路之上。他的信徒卡巴尼斯医生后来宣称大脑分泌思想就像肝脏分泌胆汁一样；在我们的时代，沃森博士相信人们可以用生物化学的术语为精神和道德生活提供一个详尽无遗的解释，他的方法体现了拉美特利的方法的最高峰。

下文引自《人是机器》(1748)。

〔人是一台如此复杂的机器，要想一开始就对它形成一个明确的概念，从而给它下一个定义，这是不可能的。因为这个缘故，那些最伟大的哲学家先天地进行的一切研究，也就是企图借助他们智力的翅膀使自己腾空而起，结果证明都是枉费心机。因此只有后天地，或者说似乎通过人体的器官来设法剖析人的灵魂，我们才能——我并不是说明白揭露出人性本身，但至少是——在这个问题上达到最大程度的或然性。

让我们依靠经验的探路杖，而避开历来哲学家们的一切毫无结果的意见吧。既是盲人而又相信不借助于这个探路杖也能行，这才是盲目透顶呢。现代人说，只有虚荣才不从第二性原因里引出它从第一性原因里引出的那些结果，这是多么正确啊！人们可以并且确实应该赞美所有那些杰出的天才们，笛卡尔们、马勒伯朗士们、莱布尼茨们、沃尔夫们，等等，甚至对他们最无用的劳作也推崇备至；但是我要问，他们所有深刻的沉思和工作的成果在哪里呢？因此，如果想要获得一种平静的生活，就让我们撇开人们已经思考过的东西，而着手看一下我们需要思考的东西……

因此心灵只是一个人们对其毫无概念的空洞符号，一个思想健全的人使用这个符号只是为了指称我们身体里那个进行思维的东西。只是给出一点儿运动的本原，生命体便会具有它们为了运动、感觉、思维、重复和行为而必须的一切，总之，具有它们的身体活动和依赖于身体的精神活动所必需的一切。〕

第八章
约翰·格奥尔格·哈曼

到十八世纪中叶，英国经验论哲学的胜利似乎已确定无疑；特别是法国哲学家从英国经验论哲学中引申出来的系统的唯物论的胜利更是如此，这些法国哲学家中最著名的人物，尤其是狄德罗和达朗贝尔编辑的大百科全书的那些撰稿人，用这种唯物论成功地瓦解了既存秩序的神学、政治和道德的基础。有趣的是，我们发现差不多正在此时德国开始了对这种精神氛围的反动。德国哲学思想的主流——发轫于莱布尼茨并且被法国实证主义所加强——在启蒙思想、人道、理性和乐观主义上并不逊于西方其他地方。但是，逐渐开始听到了一些不谐调的声音：谦卑的德国人的情感开始表现自己，反对法国人的世界主义的、平等主义的、科学的、唯物主义的自然神论或无神论，他们针锋相对地提出了一种关于个人、传统和习俗——后来又扩大到种族、语言、教会、国家——的独特性及其无法衡量的、无法分析的、性质上的差异所具有的重要性的概念。他们公开赞扬直觉、想象、历史感，赞扬预言家、富有灵感的历史学家、诗人、艺术家的幻想，赞扬天才的顿悟，赞扬传统或普通人民——那些没有接触过复杂的事故或过多的逻辑的人们——一个民族的那些单纯质朴的圣贤或富有灵感的行吟诗人的无法追忆的古老智慧，认为这些都具有至高无上的价值。这些思想中的某些内容在卢梭和柏克的著作中是以道德和政治的词句来表达的，而它们在德国浪漫主义思想家们——赫德尔、费希特、施莱格尔兄弟、谢林，在某种程度上还有黑格尔——的著作中得到了形而上学的系统阐述。

在这些德国思想家的前辈中，最引人注意的是哈曼，“北方的魔法师”，一个倾向于神秘主义的，离群索居、与世隔绝的思想家，康德的朋友和最激烈的反对者之一，哈曼的著作深受赫德尔和歌德的赞赏，但在今天他是一个多半被人们遗忘的人物。哈曼生于1730年，死于1788年，一生贫困和被人忽视。然而，他不该受到这种忽视，因为他是一个有独创见解的人，他的创见的重要性只是在现时才变得明显起来。他的观点是幻想的虔信主义和怀疑论的经验主义的一种奇怪的混合物；由于深受休谟对理性主义的攻击的影响，哈曼相信在逻辑和数学的先天命题与断言世界真理的事实陈述之间没有连接的桥梁。一切企图证明事实真理的努力——不论是关于上帝的存在还是灵魂不灭、还是宇宙的起源与结构的真理，也不论是由托马斯主义者还是笛卡尔主义者还是莱布尼茨和沃尔夫的追随者所做出的证明，哈曼都看做是痴心妄想。但是，在这一点上，休谟满足于“自然”引导一切健全和稳健的理智所达到的或然性，而哈曼却乞灵于信仰：①

〔我们必须信仰我们自己的存在和一切在我们之外的东西的存在，而不能以任何其他方式来确定这种存在。〕（着重号是作者所加。第二卷，第35页）

① 下面的段落引自詹姆斯·奥弗莱厄蒂的译文，这些译文出现在他的著作《统一性与语言，约翰·格奥尔格·哈曼哲学研究》（切普希尔，北卡罗来纳：北卡罗来纳大学，1952）。北卡罗来纳大学1952年版权所有。注明的出处是指鲁特与维纳编辑的《约翰·格奥尔格·哈曼著作集》（柏林，1824）的卷数；或者如果前面标有字母“G”则是指吉尔德麦斯特的《J.G.哈曼，北方的魔法师，生平与著作》（哥达，1868）的卷数。

在哈曼那里,信仰采取了如下形式:绝对信仰基督教《圣经》和对天启真理的神秘解释,极端不信任那种对于呈现给直觉想象力的自然与经验不可分的浑然整体做出人为区别的合理化的理智,特别厌恶那些庞大的形而上学和科学的体系,这些体系创造了种种虽然美妙但是杜撰的框架并把它们冒充为实在,由此产生出种种假造的问题,这些问题之所以不可解决是因为它们建立于谬误的基础之上。在他的世纪里他是一个孤独的人物,他敌视那个时代的精神,蔑视它的成就,他一方面上继德国神秘主义幻想家如埃克哈特和伯埃默等人;另一方面下启反理性主义的浪漫主义思想家如赫尔德、谢林、克尔恺郭尔、柏格森,以及此后二百年中追随他们的存在主义者们,而成为连接两方面的一个中间环节。正如比他早半个世纪而与他非常相似(歌德注意到这一点)的詹巴蒂斯塔·维柯的情况一样,哈曼隐晦的神谕式的著作常常透露出极其引人注目的洞见的闪光。他最伟大的发现是,语言和思想不是两个过程而是一个过程:语言(或其他形式的表意符号体系——宗教礼拜、社会习惯等)直接传达个人与社会最内在的灵魂;我们并不是首先形成(或接受)"观念"然后再给它们穿上语言的外衣,而是进行思维**就是**使用符号——意象或语言——因此哲学家们以为他们研究的是关于实在的概念、观念和范畴,而实际上他们研究的是人类的表达工具——语言——它既是传达人们关于宇宙和他们自身的看法的工具,同时又是这个世界本身的重要组成部分,而这个世界并不是某种可以与它被经验和被思考的方式分开的东西。我们的麻烦来自于这个事实:"哲学家们总认为一种分离是真实的,他们把自然使之结合在一起的东西割裂开来,而且反过来也是如此。"(第四卷,第45页)他又说:

〔形而上学滥用关于我们经验知识的语词符号和修辞手段,把它们误做纯粹的象形文学和理想关系的类型,通过这种学究式的有害把戏把语言的**直接明确**性改制成某种不可信、不稳定、不明确的东西即等于未知的东西，以至除了无意义的声音以外什么也没剩下，至多只是一种变幻不定的幻境，正如聪明的爱尔维修所说的，只是对抽象理论实体的超验的和迷信的信仰的护符和念珠，只是它的空洞的口袋的标语。〕(着重号是作者所加。第七卷，第8页)

观念和事物可以而且必须只在它们的具体上下文中被研究，也就是说，只当它们出现在思想中即人们使用的语言中时才能对其进行研究，否则它们就会被误解和歪曲：

〔要是一位缪斯女神能像金银首饰匠的炉火和漂洗工的肥皂那该多好啊！——她将敢于把抽象作用的不自然用法从感官的自然用法中清洗出去，这样一来，我们关于事物的概念就会变得残缺不全，正如造物主的名字被禁止和被亵渎一样。〕(着重号是作者所加。第二卷，第283—284页)

无论亚里士多德或莱布尼茨会说些什么，也没有一种被称做理性的发现工具：

〔所有关于理性的无聊议论都只是空话；语言是它的工具和标准。(第六卷，第365页)

对我来说，问题并不是：理性是什么？而是：语言是什么？我想后者就是一切谬误推论和自相矛盾的基础，人们却把它们归咎于前者；因此人们就把语词当做概念并把概念当做事物本身。(G.，第五卷，第15页)

如果没有语言我的理性就无从显现……(G.，第5卷，第508页)聚集性是理性和语言的真实原则，通过它我们的感觉的表象得以修改。〕(G.，第五卷，第515页)

对概念体系的批判首先是对语言的批判。理解别人或我们自己关于任何事物的观念，就是理解语言如何成为我们的总体经验中的非语言的组成要素，以及经验如何修改我们的语言。这就是哲学的任务。

〔假如我像德摩斯提尼一样雄辩，我就只把一句话重复三遍：理性是语言，是逻各斯。我啃这块骨头，我要自己啃它啃到死。对我来说这个深渊的表面仍然还笼罩在黑暗里；我仍在等待一个启示的天使带来打开这个深渊的钥匙。（《致赫尔德的信》，1784。第七卷，第151—152页）

如果以下问题因此仍然是一个主要问题，即关于思维能力是如何可能的——向经验之右、向经验之左、在经验之前、在经验之外、伴随经验、超出经验，在如此这般的情况下进行思维的能力是如何可能的，那么为了确立语言在发生系谱上的优先性及其高于逻辑命题和推论的七种神圣职能的优越地位，就不一定非要进行演绎不可。不仅仅全部思维能力依赖于语言……而且语言也是理性误解自身的焦点……〕（着重号是作者所加。第七卷，第9页）

人们不必接受哈曼的神学信仰或反科学的偏见，但仍可以看出他关于思想、理性、不易表达的感情（和精神）生活、文化制度（感情生活包含于其中）与人类的语言、符号体系的关系的见解的深刻性和独创性。法国阿尔卑斯山南面的天主教作家博纳尔和德·迈斯特也有这类观点；但是直到我们自己的时代，特别是作为维特根斯坦及其追随者们的思想成果，这样一种处理哲学问题的方法的基本重要性才被认识清楚。作为一个罕见的独立思想家，哈曼抗拒了（有时是盲目地和刚愎自用地）十八世纪科学启蒙的极其强大的潮流（并在当时受到相当的惩罚，他的名字被人忽视或被贬低到博学的脚注中，常常与更有才华的维柯一起，被看做一个竟敢批评同时代最伟大的思想家并写了一些隐晦的神秘主义著作的作家),他理应得到在二十世纪才姗姗来迟的尊敬,他的一些工作预示了二十世纪最富革命性的哲学革新。

第九章
格奥尔格·克里斯托夫·利希滕贝格

利希滕贝格1742年出生于达姆斯塔特，就学于哥廷根大学，并留校成为物理学教授。作为天文学家、艺术批评家、几何学家、讽刺作家，他是一位具有广泛多样造诣的人物，他过着一种外表平静的生活，并把一生贡献给学术研究。他于1799年逝世。他创作了一些格言，其中一部分具有相当惊人的独创性，并提出很多与十八世纪产生于法国和德国启蒙运动的正常明智的观点大不相同的思想。即使这里引用的少量随笔也足以显示出这位非凡而无法归类的人物所具有的心灵的特性。

下面是他对“我的肉体”、“我的心灵”及二者的联系的描述。这一描述远比平常的心理学或生理学教科书中对“心身”关系的描写要深刻得多。引自《格言集》[①]。

〔我的肉体是世界的一部分，这个部分可以被我的思想所改变。甚至想象的疾病也能变成真实的疾病。对于世界的其余部分，我的假设则不能扰乱其中事物的秩序。〕

---

① 他的著作最著名的版本是由格里塞巴赫（1871）和维尔布兰特（1893）编辑出版的。《格言集》首次出版于1902年。

下面是他关于人的定义：

〔人是一种寻求原因的动物；在精神的种类中，人可以被称做原因寻求者。其他种类的心灵也许是用别的——对我们来说是不能想象的——范畴思考事物的。〕

这些词句有一种康德哲学的味道，尤其表现在这些话意味着因果范畴深深植根于我们自身以至它可以成为对人类下定义的特征；但是，我们只以排他的因果术语来思考事物这一情况仍然只是一个“生物性的”事实（而不是一种先天的“必然性”）；因为别的生物可能在别的参照系中进行思维和感觉，不过这些经验可能是什么却超出我们的认识范围之外，因为我们就是我们事实上之所是，而不可能将视野超出我们自己的——显然是不可改变的——地平线以外。

最后是哲学本身的定义：

〔哲学永远是做出区别的艺术，你愿意怎样看这个问题就怎样看好了。农民虽然也应用最抽象的哲学的一切命题，但是这些命题就像物理学家和化学家所说的那样，是隐含着的、嵌埋着的、纠缠纷乱的、**潜在的**；哲学家把这些命题以它们的纯粹形态呈现给我们。〕

在这条格言中，利希滕贝格非常简明地表达出这样一种概念，即，哲学就是在我们时代被称为“分析”的活动——它不是一种用来发现关于世界的新真理的工具，而充其量只是以可能达到的最大精确性与严格性引出已经包含在普通言语中的东西，以便区别、分离、研究、分类、考察言语（或思想）的各种方式和表达的各种类型的相互关系和功能，它们的种种独特性是不可能很好地(或根本不能)在这种——模糊的、含混的、模棱两可的和“不纯”的——成分丰富的混合物中被观察到的，只要这种混合物在现实生活的行为中是有用的，那么普通语言所不可少的必然的东西总是存留于这种混合物中。哲学家的任务就是把引起各种哲学问题的句子“拆”成它们的组成成分,并把日常谈话的粗绳子解析为组成它的线股，如果不这样做，那些问题就不可能解决或“消失”。这肯定是历来关于哲学的最有独创性的论点之一。